김병조의 마음공부

[下]

김병조金炳朝

본은 광산光山. 자는 선백鮮伯. 호는 응봉鷹峰.

一. 학력
부친 길재공吉齋公으로부터 한학 수업
1968년 광주고 졸업
1972년 중앙대학교 예술대학 연극영화학과 졸업

二. 방송 경력
1975년 방송 데뷔(동양방송 TBC)
1980년 문화방송 MBC 이적 후 〈일요일 밤의 대행진(1981~1988년)〉 진행 외
수십 편의 방송 진행 및 출연
1990년 서울방송 SBS 〈코미디 전망대〉 진행 외 수십 편의 방송 진행
1990~2013년 불교방송 진행

三. 강의 경력
1990~2013년 〈김교수의 명심보감〉 방송 진행
1998~현재 중앙부처, 사법기관, 교육계, 군 및 경찰, 자치단체, 기업체, 각 직능 및 사회단체 등에서 수백 회
강의(고전에서 배우는 생활의 지혜, 공직자의 자세, 부모의 역할, 지도자의 덕목 외)
1998~현재 조선대학교 평생교육원에서 〈명심보감 강독〉 강의
1999~2016년 조선대학교에서 〈현대 생활과 명심보감〉 강의
2010~2017년 조선대학교 교육대학원에서 〈명심보감에서 배우는 인성 교육〉 강의

2008년 중앙공무원 교육원 발간 《명강의 선집》에 수록
2009년 《한국의 명강의》에 수록

四. 수상 경력
문화방송 최우수 연기상
프로듀서 선정 최우수 진행자상
방송유공 국무총리 표창
저축유공 국무총리 표창

현재, 조선대학교 특임교수 겸 동대학 명예평생교육원장 재임 중

동양 인문학의 진수 청주판 명심보감

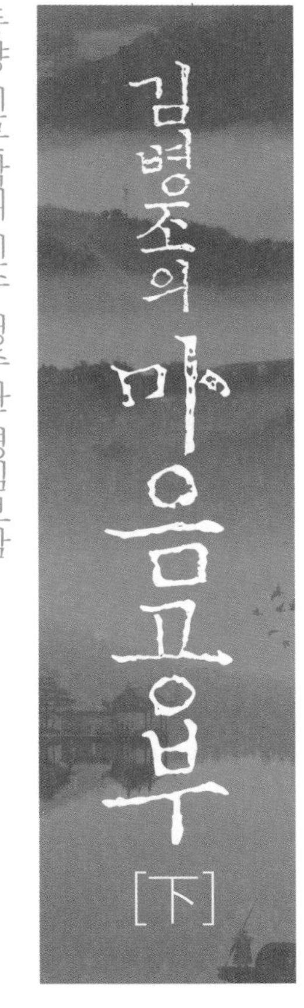

범립본 지음 — 김병조(조선대학교 특임교수) 평역 해례본

'明心(명심)'은 '明心見性(명심견성)',

즉 '모든 잡념을 물리쳐 본성을 깨달음'에서 온 말이요,

'寶鑑(보감)'은 '책'이라는 뜻으로, '明心寶鑑(명심보감)'은

'마음을 맑고 깨끗하게 하는 보배로운 책'이라는 의미를 담고 있다.

이 冊에 대하여

…

물질 만능의 무한 경쟁 시대에 따른 積弊(적폐)를 해소하기 위한 국가 대혁신이 필요한 지금, 기본으로 돌아가자 부르짖는 이때, 교육계의 화두는 단연 人性敎育(인성교육)임은 자타가 인정하는 바이다. 이러한 인성교육의 교재로 『明心寶鑑(명심보감)』만한 책이 없다는 사실은 그간 많은 학자들의 연구로 공인되었고, 필자의 20여 년에 걸친 방송 활동과 강의 및 강연으로 확인되었다.

『明心寶鑑(명심보감)』은 편자인 范立本(범립본)이 서문에서 밝힌 '通俗(통속) 諸書之要語(제서지요어) 慈尊訓誨之善言(자존훈회지선언) 以爲一譜(이위일보) 謂之(위지) 明心寶鑑(명심보감)'이라는 표현처럼, 당시에 읽히던 유가 · 도가류의 제자백가서와 불가의 경전 중에서 교훈이 될 만한 말과 글을 추려 낸 명언집이자 명문집이다.

'明心(명심)'은 '明心見性(명심견성)', 즉 '모든 잡념을 물리쳐 본성을 깨달음'에서 온 말이요, '寶鑑(보감)'은 '책'이라는 뜻으로, '明心寶鑑(명심보감)'은 '마음을 맑고 깨끗하게 하는 보배로운 책'이라는 의미를 담고 있다.

이 책은 범립본의 서문에 나온 刊記(간기)대로 明(명)나라 초인 홍무 26년[조선 태조 2년(1393)]에 중국에서 처음 발간되었고, 이후

조선에 유입된 뒤 경태 5년[단종 2년(1454)]에 우리나라에서 최초로 청주판 『명심보감』이 발간된다.

당시의 충청감사 閔騫(민건)의 思欲廣布(사욕광포 : 널리 반포하고자 하는 생각)로 발간하게 되었다는 유득화 공의 발문이 있으나, 발간에 참여한 淸州牧使(청주목사) 皇甫恭(황보공), 牧判官(목판관) 具人文(구인문), 都事(도사) 金孝給(김효급), 儒學敎授官(유학교수관) 庾得和(유득화) 제공들의 성향, 관력, 가문의 내력과 발간 시기를 보면 당시 시대적 배경과 연관이 있음을 알 수 있다. 청주판은 당시 단종 세력을 제거하고자 일어난 계유정난으로 땅에 떨어진 인륜 도덕을 바로잡기 위해 젊은 간관 출신들이 주축이 되어 발간한 것으로 보이며(필자 졸고, 「淸州版 明心寶鑑의 序文과 跋文에 關한 硏究」 參考) 이러한 상황에 그 당시 윤리 교과서라 할 수 있는 『명심보감』의 유포는 정통성에 하자가 있을 수밖에 없는 정난 세력에게 걸림돌이 되었으리라 추정된다.

그러므로 청주판 『명심보감』이 집권 세력의 구미에 맞게 편집되고, 그 편집본(초략본이 아닌)이 기존 범립본의 서문과 유득화 공의 발문이 삭제된 채 유포되어 후대로 내려오다 보니, 편자에 대한 오해가 생기게 되었다는 것이 필자의 소견이다[편집과 관련하여, 당시 유교 중심 사회에서 불교나 도교와 관련된 구절을 빼다 보니 내용이 줄었다는 설이 있으나 필자의 견해는 다르다(졸고 참조)].

앞서 말한 대로 이 청주판 『명심보감』은 발간된 지 얼마 안 되어 자취를 감추었고, 편집본만이 유행하다 보니 자연히 청주판 『명심보감』이 발견되기 전까지는 그에 관한 연구가 전무할 수밖에 없었을 것이다.

그간 필자는 선친의 유지대로 방송 생활 틈틈이 『명심보감』에 관심을 두고 공부하던 중, 이우성 교수님의 각고의 노력으로 빛을 보게 된 청주판을 접하게 되었고, 이를 토대로 대학에서 강의하던 차에 여러 군데 문절에서 글의 순서가 잘못되거나, 인용의 오류 및 오·탈자가 다수 있음을 발견하게 되었다.

'述而不作(술이부작)'이 도리이나 '捨善不爲(사선불위)'는 후학의 태도가 아니다 싶어 원문을 확인할 수 있는 글은 감히 원문대로 수정하였고, 오·탈자도 바로잡았다. 그리고 고전의 현대화 정신에 입각하여 가능하면 원문대로 해석하되 이해하기 힘든 부분은 쉬운 말로 의역하려 하였다. 이 부분에 대해서는 필자 역시 寡聞(과문)으로 오류가 있을 수 있으므로 선배 학자들의 엄준한 질정을 기대하는 바이다.

작은 바람이 있다면, 청주판 『명심보감』의 발문인 '無人不學善教(무인불학선교) 興民風淳(흥민풍순) 傳之後世無窮矣(전지후세무궁의) 豈曰小補之哉(기왈소보지재) – 모든 사람들이 이 책을 통해 마음을 맑고 바르게 하여 인성을 순화시켜 아름다운 사회를 만들어 후세에 오래도록 전할 수만 있다면 이것이 어찌 작은 일이겠는가.' 하는 선현들의 발원을 받들어, 여러 가지로 부족한 이 책이 세상을 아름답게 하는 데 조금이라도 도움이 되었으면 하는 마음이다.

이 보잘것없는 책이나마, 가난하셨지만 꼿꼿하게 사셨던 선조부 月峯公(월봉공)과 『명심보감』으로 불초를 평생 훈육하신 선고 吉齋公(길재공)의 영전에 바치오며, 이 책을 펴내는 데 한없는 원동력이 되어 준 茶硯(다연), 如圓(여원)과 大路(대로) 而爲堂(이위당)에게 마음을 전한다.

끝으로 필자보다 더한 정성과 사명감으로 출판에 임한 청어람 中平(중평) 徐京錫(서경석) 사장과 직원들의 노고에도 경의를 표하는 바이다.

–甲午年 初秋節 有餘堂에서

차례

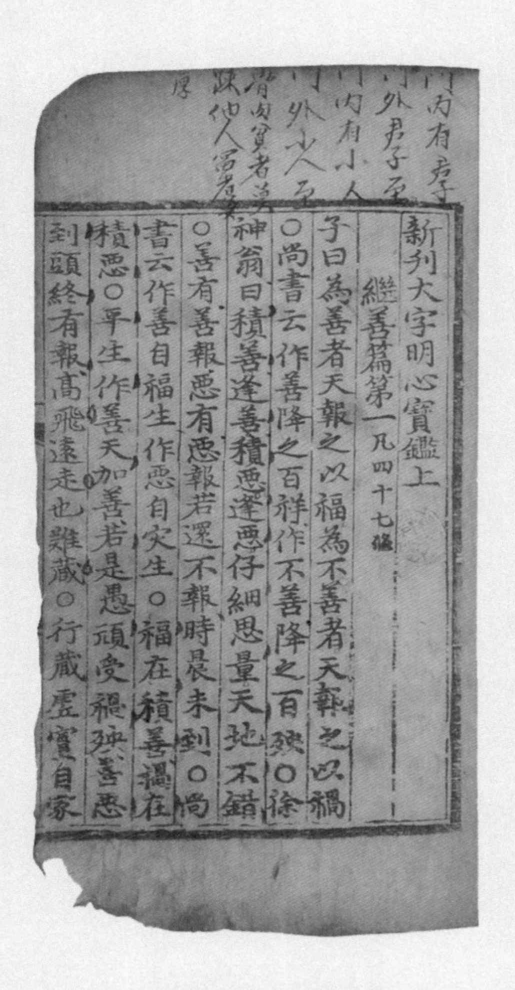
新刊大字明心寶鑑上
繼善篇第一 凡四十七條
子曰爲善者天報之以福爲不善者天報之以禍
○尚書云作善降之百祥作不善降之百殃○徐
神翁曰積善逢善積惡逢惡仔細思量天地不錯
○善有善報惡有惡報若還不報時辰未到○尚
書云作善自福生作惡自災生○福在積善禍在
積惡○平生作善天加善若是愚頑受禍殃善惡
到頭終有報高飛遠走也難藏○行藏虛實自家

清州版(청주판)『明心寶鑑(명심보감)』

국내 초간본(甲戌年)

1454년 간행

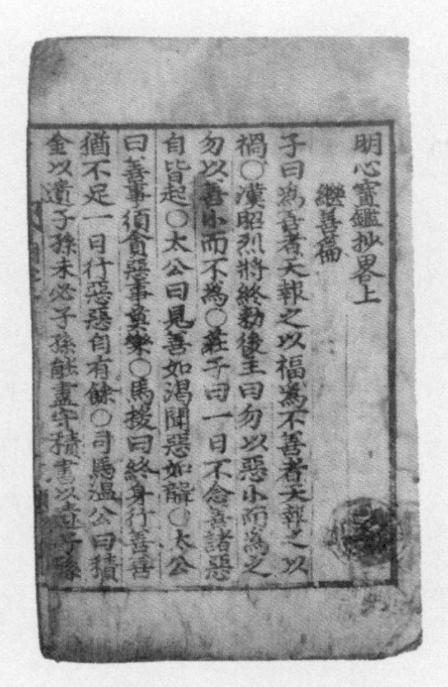

明心寶鑑抄畧上

繼善篇

子曰爲善者天報之以福爲不善者天報之以
禍○漢昭烈將終勅後主曰勿以惡小而爲之
勿以善小而不爲○莊子曰一日不念善諸惡
自皆起○太公曰見善如渴聞惡如聾○太公
曰善事須貪惡事莫樂○馬援曰終身行善善
猶不足一日行惡惡自有餘○司馬溫公曰積
金以遺子孫未必子孫能盡守積書以遺子孫

『明心寶鑑(명심보감)』 초략본(丁丑年)

1637년 간행

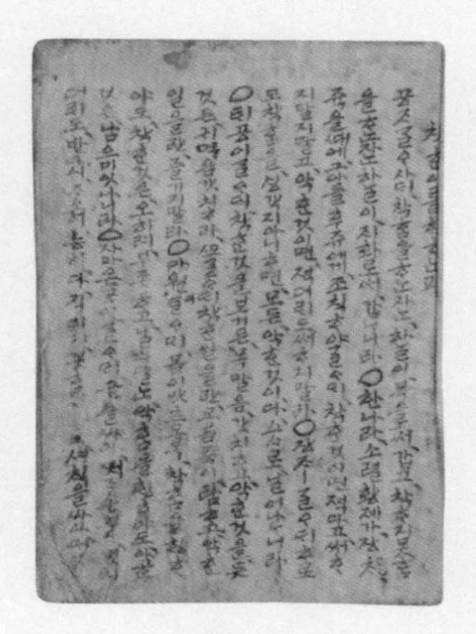

한글판 『明心寶鑑(명심보감)』

19세기 필사본

『明心寶鑑(명심보감)』 序文(서문)

明心寶鑑序

夫爲人在世生居中國稟三才之德爲萬物
之靈感天地覆載日月照臨皇上水土
父母生身聖賢垂教而從敎者達道爲先
非博學無以廣知不明心無以見性
雖有生而知之者近世奇稀昔夏禹王
聞善言猶然下拜何況凡世人乎
曩古聖賢遺誌經書千言萬語只欲
教人爲善所以立仁義禮智信之法
分君子小人之品別賢愚之階辨善惡之異
益爲經書嘉言善行甚多所以懶觀
習行者少況今學者不過學其文藝爲先
未有先學德行爲本及近勸世多勸修
物外之善因少勸爲當行之善事其昔
賢文等書亦迤於世流傳

今人但聽善言君子觀以爲奇罔知古今之
安語是以使人迷惑其心少欲聞聖賢
日用常行之安道以致不肯存心守分
強爲非作胡行
夫爲善惡禍福報應昭然富貴貧賤
成敗興衰似夢時刻須防不測朝夕
如履薄水常存一念中平飛橫自然永息
伏覩太上感應篇曰
故吉人語善視善行善一日有三善三年
天必降之福凶人語惡視惡行惡一日有
三惡三年天必降之禍
節孝徐先生曰
言其所善行其所善思其所善如此而
不爲君子未之有也言其不善行其不善
思其不善如此而不爲小人未之有也

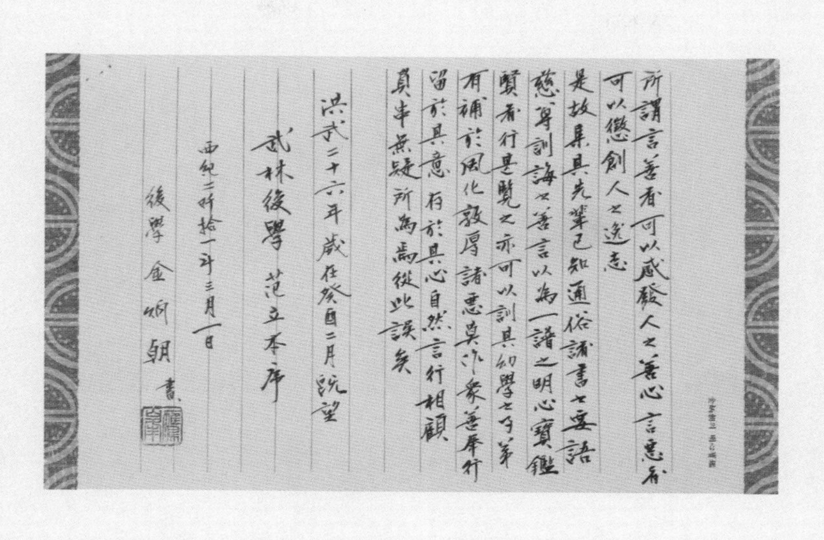
所謂言善者可以感發人之善心言惡者
可以懲創人之逸志
是故集其先輩已知通俗諸書之要語
總尊訓誨之善言以爲一譜之明心寶鑑
賢者行是覽之亦可以訓其幼學之子弟
有補於風化敦厚諸惡莫作衆善奉行
留於其意存於其心自然言行相顧
表裏無疑所爲焉從此誤矣
洪武二十六年歲在癸酉二月既望
武林後學 范立本序
西紀二千拾一年三月一日
後學 金炳朝 書

『明心寶鑑(명심보감)』 跋文(발문)

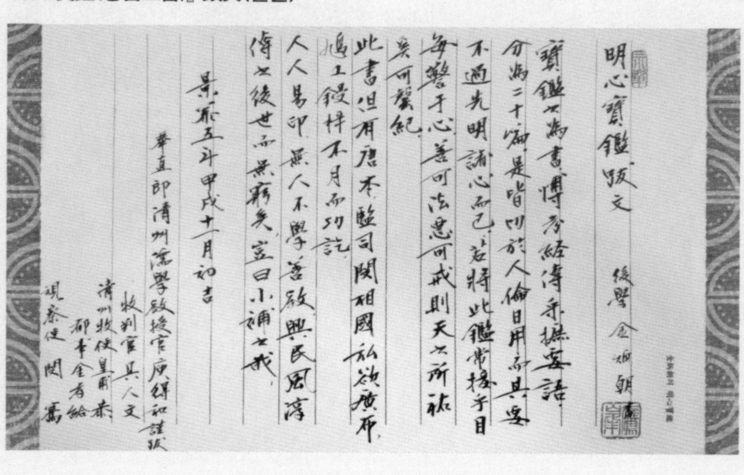
明心寶鑑跋文　後學 金炳朝 書
寶鑑之爲書博采經傳手摭要語
分爲二十篇是皆切於人倫日用而其要
不過先明諸心而已若將此鑑常接乎目
每警于心善可法惡可戒則天之所祐
矣可獲紀
此書但有唐本監司閔相國私欲廣布
鳩工鋟梓不月而功訖
人人易印無人不學善啟興民風淳
傳之後世而無窮矣豈曰小補之哉
景泰五年甲戌十一月初吉
奉直郎清州儒學教授官庾得和謹跋
收判官具人文
清州牧使皇甫恭
郡事金有給
觀察使閔騫

민건 묘소

清州版『明心寶鑑』 발간을 지시한 당시 충청감사 민건 묘소에 이번에 완역한 『김병조의 마음공부(청주판 명심보감)』를 놓고 고유제(告由祭)를 올리고 있는 필자(경기도 여주시 천송동).

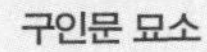

구인문 묘소

清州版『明心寶鑑』 발간을 주도한 인물로 추정되는 당시 청주목판관 구인문 묘소에서 필자(충남 당진시 정미면 봉생리).

구인문 묘소 신도비

신도비 앞에서 필자

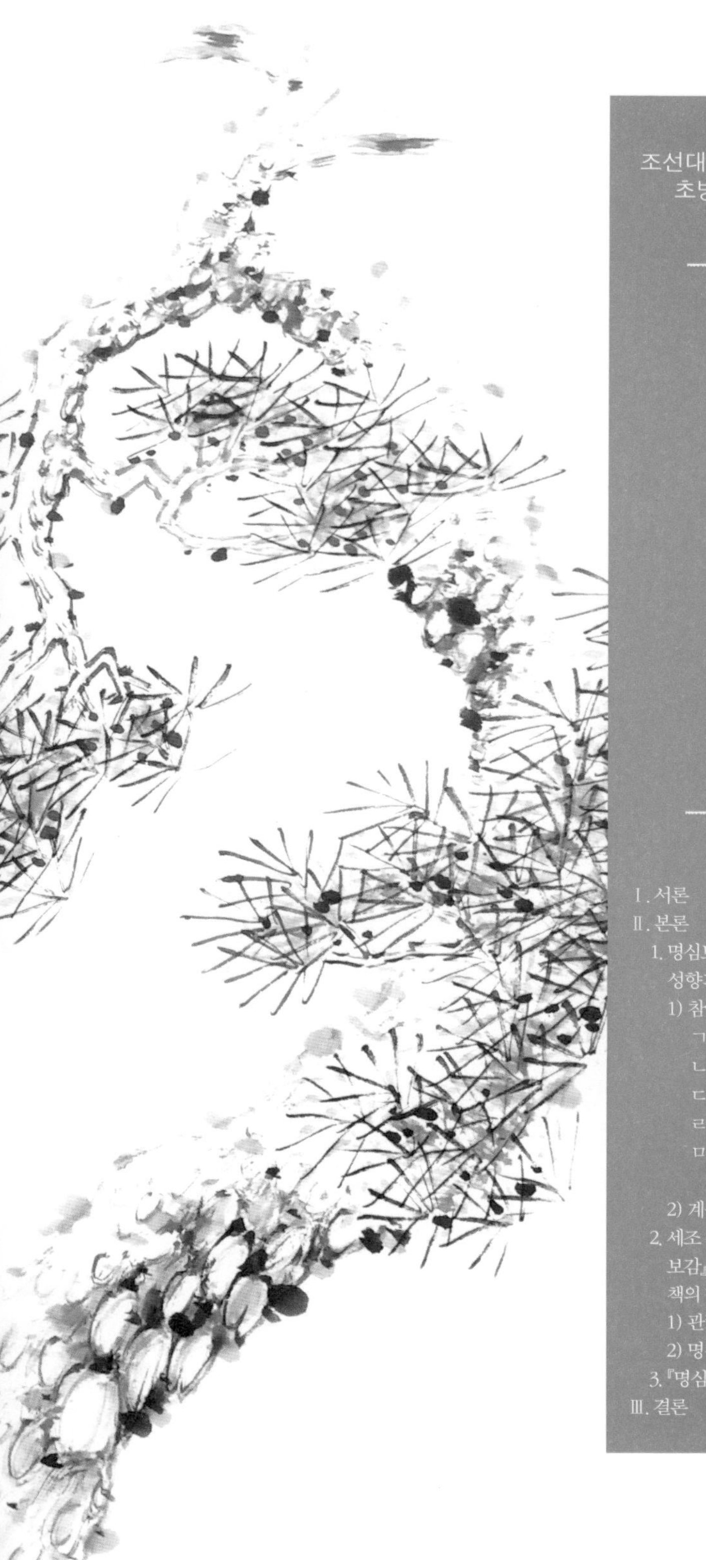

조선대학교 교육대학원
초빙교수 김병조

청주판 명심보감의 서문과 발문에 관한 연구

목차

Ⅰ. 서론

조선조 초기 이래 지금까지도 우리에게 가장 널리 읽히고 가르쳐지면서 사상과 교양, 윤리, 도덕 함양은 물론 우리 문화에 끼친 영향이 실로 상상을 초월하는 고전, 『명심보감』.

그럼에도 한학 초심자들의 교과 과정쯤으로 인식되고 명언, 명문집 정도로만 대하다 보니, 좀 더 깊이 있고 체계적으로 연구하는 자 드물어 그 중요한 '편자', 즉 '이 책을 누가 썼는가.'라는 문제조차 정립되지 않은 채 오늘에 이르렀다.

혹자는 고려 문신 추적(秋適) 선생이 썼다 하고, 명대 초기 재야 학자인 범립본(范立本)이 썼다고도 하고, 또 조선 중기 대표적 선승인 서산대사가 썼을 것으로 추정하는 학자도 있었다.

각기의 주장을 뒷받침하는 근거는 이렇다.

편자가 알려지지 않은 상태에서 조선조 고종 때(1895년) 노당 추적 선생을 모신 대구 인흥서원에서 추씨 가문의 가전전적(家傳典籍)과 함께 『명심보감』 목판본이 발견되었으므로, 후손 추세문 등의 노력으로 추적 선생의 소찬이라는 설이 대두하였고, 1981년 12월 신법인(申法印) 스님에 의해 제기된 서산대사 소작설은, 대사가 쓴 『삼가귀감(三家龜鑑)』 중 '유가귀감(儒家龜鑑)'에 실린 글의 1/3인 열네 군데 장절이 『명심보감』과 유사한 구절이 있음을 토대로 서산대사가 익명으로 쓴 것이라 주장하게 되었다. 또 한편에서는 이우성 교수의 청주판 『명심보감』 발견으로 중국 명대 초기 학자인 범립본이 유 · 불 · 선 삼교의 경전 중에서 후세에 교훈이 될 만한 글들을 뽑아 편집하였으니 이 책이 진본 『명심보감』이라는 것이다. 이러한 주장을 바탕으로 『명심보감』에 실린 구절 수를 두고 원래의 추적본 『명심보감』을 참고하여 범립본이라는 학자가 다른 구절을 삽입하여 증보한 것이라 주장하고, 한편에서는 원래 범립본의 『명심보감』이 유 · 불 · 선 삼교의 경전 중에서 뽑은 구절들로 이루어져 있는데, 당시 조선조는 유교 중심 국가였기 때문에 도교와 불교에 관련된 구절을 선택적으로 삭제하여 축약한 것이라 주장하는 학자도 있었다.

솔직히 고백하거니와 필자도 상당 기간 우리나라 고려조 명신인 추적 선생이 쓰신 것이라 가르쳤고, 1592년 서양에 소개된 최초의 동양고전인 『명심보감』을 우리의 선조가 쓰셨다는 사실에 긍지를 가져야 한다고 강조해 왔다. 그러던 중 우연히 시중 서점에서 이우성 교수의 영인본 청주판 『명심보감』을 보게 되었다. 그 책에는 물론 서문과 발문이 실려 있고 부록으로 초략본도 실려 있었다. 모든 서문과 발문이 그러하듯이 서문에는 이 책을 쓴 범립본[자(字), 종도(從道)]이 책을 쓰게 된 배경과 의의가 담겨 있고, 권말에 기록된 발문에는 이 책을 인쇄하게 된 의미와 배경을 적은 당시 청주유학교수관 유득화의 글이 실려 있다.

본 연구에 귀중한 자료가 되므로 서문을 싣는다.

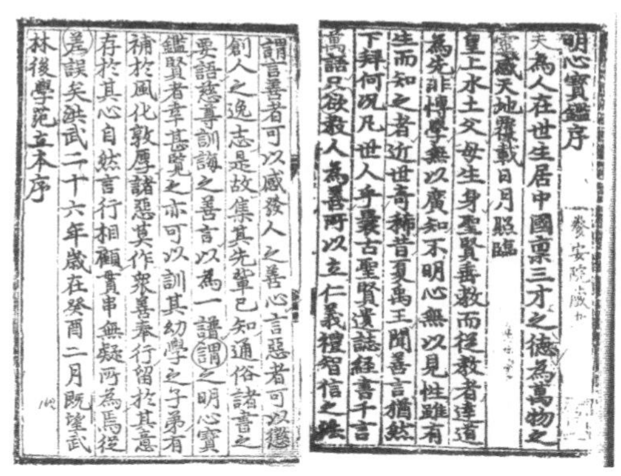
明心寶鑑序

天爲人在世生居中國稟三才之德爲萬物之
靈蓋天地覆載日月照臨
皇上水土父母生身聖賢垂教而從教者達道
爲先非博學無以廣知不明心無以見性雖有
生而知之者近世奇稀昔夏禹王聞善言猶然
下拜何況凡世人乎纂古聖賢遺誥經書千言
萬語只欲教人爲善可以立仁義禮智信之性
謂言善者可以感發人之善心言惡者可以懲
創人之逸志是故集其先輩已知通俗諸書之
要語慈尊訓誨之善言以爲一譜謂之明心寶
鑑賢者覃甚覽之亦可以訓其幼學之子弟有
補於風化敦厚諸惡莫作衆善奉行留於其意
存於其心自然言行相顧貫串無疑所爲焉從
善誤矣洪武二十六年歲在癸酉二月旣望武
林後學范立本序

청주판 『명심보감』의 서문

서문에서 보듯이 이 책은 홍무 26년(1393년) 2월 16일(양력 3월 28일) 명대 초기 재야 학자인 범립본이 쓴 책으로, 세월이 흐르면서 성현들의 가르침은 묻히고 가치가 전도되어 억세고 난잡해져 문란한 짓을 일삼으니['강위란작호행(强爲亂作胡行)'], 풍속을 순화하고['풍화순후(風化淳厚)'] 사소한 악행도 저지르지 않게 하여['제악막작(諸惡莫作)'] 타인들에게 선을 베푸는['봉선중행(奉善衆行)'], 즉 전도된 인륜을 바로잡고자 하는 뜻으로 쓰였다. 이러한 책이 어떠한 경로로 우리나라에 들어와 단종 2년(1454년) 11월에 청주에서 인쇄되었는지는 발문에 나와 있다[세종 2년(1420년), 밀양감사 조치가 명 황제 하사 서적을 가지고 온 일이 있는데, 학자에 따라 이때 들여온 것이 아닌가 추정하기도 함]. 특히 청주판 『명심보감』의 발문은 본 논고의 중요한 단서가 되므로 여기에 전문을 싣는다.

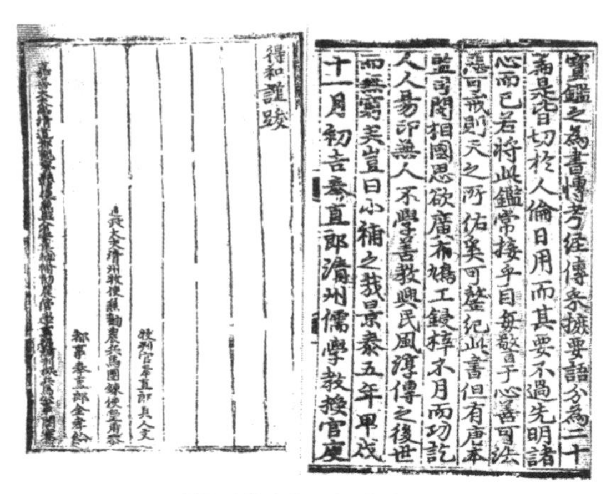
寶鑑之為書博考經傳參撅要語分為二十
篇是皆切於人倫日用而其要不過先明諸
心而已若將此鑑常接乎目每警乎心善可法
惡可戒則天之所佑奚可整紀此書但有唐本
監司閔相國思欲廣布鳩工鋟梓不月而功訖
人人易印無人不學善教興民風淳傳之後世
而無窮矣豈曰小補之哉景泰五年甲戌
十一月初吉奉直郎淸州儒學教授官庾
得和謹跋

청주판 『명심보감』의 발문

발문

이 책은 경전을 널리 상고(자세히 고찰)하여 살아가는 데 꼭 필요한 말과 글을 채집해 20편으로 나누어 만든 책이다. 이것들은 다 매일매일 지켜야 하는, 인륜에 필요한 것으로, 그 요점은 다만 마음을 청정하게 하는 데 있을 뿐이다. 만약 이 책을 항시 눈으로 읽고, 늘 마음을 경계하여, 선을 법으로 삼고 악을 경계할 수 있다면, 하늘이 도울진대 어찌 '인륜과 도덕이 다하였다(땅에 떨어졌다)' 할 수 있겠는가. 이 책은 다만 중국본만 있으므로, 감사 민상국이 널리 알리고자 하는 생각이 있어, 인쇄공을 모아 책을 인쇄하기 시작해, 한 달이 안 되어 그 뜻을 이룰 수 있었다. 사람마다 쉽게 베껴서 배우지 않는 이 없게 잘 가르쳐, 백성들의 마음을 불러일으키고 풍속을 순화하여, 무궁토록 후세에 전할 수 있다면 어찌 이를 작은 보탬이라 하겠는가.

경태 5년 갑술 11월 초길일
봉직랑 청주유학교수관 유득화 근발
목판관 봉직랑 구인문
통정대부 청주목사 겸 권농병마단련사 황보 공
도사 봉직랑 김효급
가선대부 충청도 도관찰출척사 겸 감창안집전수권농관학사제조
형옥병마공사 민건

윗글에서 보듯이 청주판 『명심보감』은 경태 5년(1454년) 11월에 "차서단유당본(此書但有唐本)"이므로 감사 민상국이 '사욕광포(思欲廣布)'하여 인쇄하게 되었다고 적고 있다. 즉, 이 책은 중국본밖에 없으므로 민 감사가 반포하고자 하는 마음이 있어 책을 발간하게 되었다고 적고, 뒷부분에 발간에 참여한 인물들을 간기(刊記)의 순서에 따라 기록하였다.

Ⅱ. 본론

1. 『명심보감』 발간 참여 인물들의 성향과 시대적 배경

당시 민건(閔騫)은 어떤 뜻으로 이 책을 발간하게 되었고, 이우성 교수의 지적대로 발간 후 이 책이 왜 갑자기 자취를 감추게 되었으며, 후에 누구에 의해 초략본이 나오게 되었는지가 본 논문의 주제이다.

이 문제를 풀기 위해 우선 필자는 발간 시의 시대적 배경과 발문에 등장하는 발간 참여 인물들의 성향에 주목했다. 서지학자 김동환 교수는 「명심보감의 서지적 연구」라는 논문에서 참여 인물의 관직과

이름이 차례로 행을 달리하여 기재돼 있는 것으로 보아 이들 모두가 책의 간행에 참여하였음을 알 수 있다고 밝힌 바 있다.

우선 참여 인물의 성향을 파악하기 위해 『조선왕조실록』과 각 문중의 족보, 그리고 관련 서적을 참고하던 중 매우 흥미로운 사실을 발견하게 되었다.

1) 참여 인물의 성향

ㄱ. 충청감사 민건

『명심보감』 간행을 지시한 민건은 당시 명문인 여흥 민씨로, 태종의 국구(國舅)인 민제의 아우이자 도평의사 집현전 학사를 역임한 민개의 손자이며, 세종대 청백리로 그 청백함이 관리의 표상이라 하여 세종으로부터 '불탐(不貪)'이란 사명(賜名)을 받은 민함의 외아들이다. 호는 송천이고 태조 3년 갑술(1394년)생이다. 아버지가 청백리였으므로 관례에 따라 유일(遺逸)로 등사(登仕)하여 관력(표1. 민건의 관력 참조)에서 보듯이 문종 원년에 요직인 승정원 동부승지와 좌부승지를 거쳐 단종 원년 공조참판으로 재직 중 계유정난 직후 단행된 인사이동으로 동년 10월 11일 외직인 충청감사로 내려간다. 그 후 누천(累遷)하여 경기 · 강원 감사와 대사헌을 역임하고, 그의 나이 66세인 세조 6년 5월에 졸(卒)하니, 사관은 평에서 '성품이 강직하여 굽실거리지 않았고, 너그럽고 결백하였으며, 재산을 모으려 힘쓰지 않았다.'고 기록하고 시호는 장절(章節)이라 적었다(『세조실록』 6년 5월조). 이상의 관력에서 보듯이 문종의 유신들이 거세되는 사건이 계유정난임을 감안할 때, 왕의 측근 중의 측근인 동부승지와 좌부승지, 그리고 공조참판을 역임한 사람이 갑자기 외직인 충청감사로 보임됐다는 점에서(신숙주는 계유정난 직후 좌승지, 한명회는 세조 즉위 시 좌부승지를 맡게 된다.) 수양대군의 우호 세력은 아니었던 듯하다. 관로뿐 아니라 가문으로 보아도 민건은 『명심보감』 발간 바로 몇 달 전에 있었던 계유정난에서 김종서의 당이라 하여 문종의 능인 현릉비역소에서 참형을 당하고 아들 보창, 보해, 보석, 보흥까지도 죽임을 당한, 당시 이조판서 민신의 종제이다(표2. 민건의 가계도 참조).

이상 강직하고 굽실거리지 않았던 평소 성품이나 집안 내력과 관력, 특히 그가 충청감사로 있던 시기인 단종 1년 12월 25일, 당시 정난 공신으로 대사헌이었던 권준으로부터 도사 김효급과 함께 '휘하 관리들의 전최(殿最)의 건'으로 삭탈관직의 상소를 받는 것으로 보아도(『단종실록』 참조) 그는 수양대군의 우호 세력이 아니었음이 분명하다.

유일로 천거
세종 17년 의금부 도사
세종 20년 사헌부 지평
세종 24년 사헌부 장령
문종 1년 동부승지 좌부승지

단종 즉위년 공조참판

단종 1년 10월 충청도 관찰사

세조 6년 5월 25일 졸 시호 장절공(『조선왕조실록』)

표1 : 민건의 관력

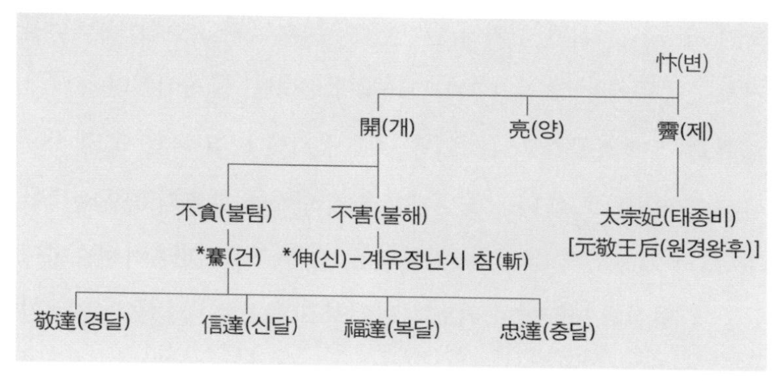

표2 : 민건의 가계도

ㄴ. 청주목사 황보 공

『명심보감』 발간을 주도한 것으로 추정되는 황보 공은 어떤 인물인가. 비록 발문에 '민상국 사욕광포(閔相國 思欲廣布)'라 적혀 있어 민건이 주도한 것처럼 보이나 이것은 지시 차원이라고 추측된다. 민건은 갑술(1394년)생으로 발간 당시(1454년) 이미 예순이 넘은 노인이었고 또한 인쇄 장소가 청주인 점으로 보아도 당시 청주목사였던 황보 공의 역할이 컸음을 알 수 있다. 더욱이 또 다른 참여 인물인 청주목 판관 구인문과 청주유학교수관 유득화가 황보 공의 휘하였음을 보아도 실무 차원에서 황보 공의 역할이 컸음을 추정할 수 있다.

황보 공은 영천인(永川人)으로 헌납 규의 아들이며, 계유정난 때 김종서와 함께 수괴로 지목되어 본인은 물론 아들 석, 흠 그리고 두 명의 손자까지 죽임을 당한 영의정 황보인의 조카다(표3. 황보 공의 가계도 참조). 뿐만 아니라 그의 관력(표4. 황보 공의 관력 참조)에서 보듯이 세종 5년 식년 문과에 급제한 이후 사간원 좌헌납, 우헌납을 거쳐 단종 즉위년 요직인 좌사간을 역임한 간관 출신이었다.

특히 그가 좌사간으로 있었던 단종 즉위년 12월 11일, 고명 사은사(誥命 謝恩使)로 다녀온 수양대군을 명나라에 배종하였던 신하들에게 '가자(加資)의 은전을 베푼 것은 심히 부당하다.'고 상소하니 단종이 '왕실의 어른이니 위로 차원에서 그런 것이다.' 하였으나, 이에 굴하지 않고 '왕실의 어른도 신하일 뿐'이라고 직간한다(『단종실록』). 그러한 구원(舊怨)과 가문의 내력이 있어서인지 좌사간의 중책에 있었던 황보 공이 당시 청주목사로 와 있었다(최승희 교수는 「조선초기 정치문화의 이해(2005)」에서 세조는 간관들을 싫어하여 여러 간관들을 좌천시켰다고 분석했는데, 이러한 측면에서 볼 때 황보 공 역시 지방직으로

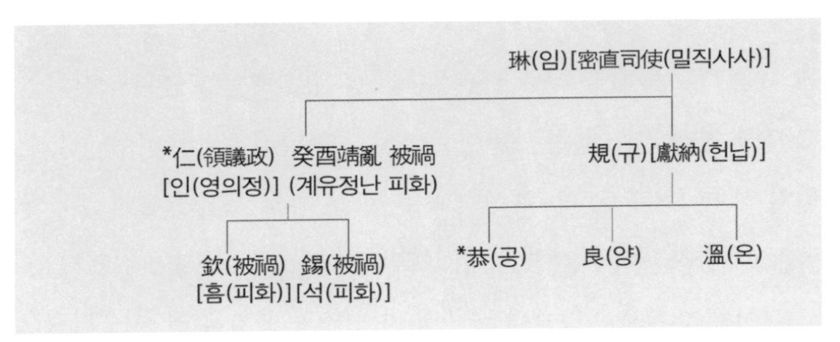

표3 : 황보 공의 가계도

좌천된 것으로 추측해 볼 수 있다). 이러한 일련의 정황으로 미루어 보아도 황보 공 역시 수양대군의 우호 세력은 아니었을 것으로 추정된다.

세종 5년 식년 문과 병과 급제
세종 15년 승문원 부교리
세종 20년 사간원 우헌납
세종 21년 사간원 좌헌납
세종 29년 함길도 도진무
문종 1년 판승문원사
단종 즉위 시 사간원 좌사간
단종 1년 4월 11일 '수양대군 종사관 포상'은 부당함을 상소
세조 2년 4월 황보 공의 고신(告身)을 거둠
세조 2년 4월 13일 외방에 부처(付處)

표4 : 황보 공의 관력

ㄷ. 청주목판관 구인문

구인문(1409~1462)은 능주인(綾州人)으로 자가 장숙, 호는 수옹이다. 판사 구현좌의 차남으로 출생하여 세종 23년(1441년) 식년 문과에 급제한 촉망받는 젊은 학자로 세종조에 집현전 교리를 거쳐 문종 즉위 후에는 간관인 사간원 좌정언의 요직에 있다가 『명심보감』 발간 당시 청주목판관으로 와 있었다(표5. 구인문의 관력 참조). 즉, 황보 공과 마찬가지로 간관으로 있다가 지방관으로 좌천된 것이다.

실록에 따르면 그는 세조가 집권한 후 음성 현감을 제수받았으나 불취(不就)하고 청맹(青盲)을 칭하여 고향 해미에 은둔한 절신으로, 사후 정조 15년(1791년) 3월 5일 사육신 등이 복관될 때 당시 좌의정 채제공의 상소로 충절을 뒤늦게 인정받아 이조판서의 증직과 충장의 시호를 받은 충신이다[채제공은 상소에서 '교리 구인문은 청맹을 행세하여 평생 벼슬을 하지 않았고, 온천에 목욕을 간다는 핑계로 단종께 문안을 드렸으니 그 드높은 충절은 순절한 신하들에 비해 손색이 없다(『정조실록』 15년 3월 15일조).']. 이러한 역사적 사실로 보아 특히 그는 수양대군의 철저한 반대 세력이었음을 알 수 있다.

세종 23년 식년 문과 급제
세종 홍문관 교리
문종 즉위년 사간원 좌정언
단종 2년 청주목판관
세조 5년 음성 현감 불취
정조 15년 2월 27일 교리 구인문, 생육신에 버금가니 배향할 만하다. 상소
정조 15년 3월 15일 좌의정 채제공의 상소로 이조판서 추증
정조 17년 12월 21일 충장의 시호

표5 : 구인문의 관력

ㄹ. 도사 김효급

도사 김효급은 상산인(商山人)으로, 구인문, 유득화와 함께 세종 23년 식년 문과에 정과(丁科)로 합격한 뒤(문과방목) 문종 즉위년에

는 사간원 우정언으로 있다가(당시 구인문은 좌정언) 역시 좌천되어 충청도 관찰사 민건의 보좌관인 도사로 와 있었다(표6. 김효급의 주요 관력 참조).

특히 그는 앞서 밝혔듯이 계유정난 공신인 대사헌 권준으로부터 민건과 함께 삭탈관직의 상소를 받는다(『단종실록』 원년 12월 25일. '관찰사가 모든 수령들의 인사고과를 매기면서 모두에게 높은 점수를 주었으니 이는 질서를 어긴 것이므로 민건과 김효급을 삭탈관직하소서.' 권준의 상소).

그 후 그는 세조 즉위 후 한성 소윤을 거쳐, 세조 3년 3월 풍기군사로 내려가 재직하는 동안 공물로 바칠 표피(豹皮) 값을 민간에게 거두고 사용축료를 백성에게 징수하였으니 파출 되어야 한다는 상소를 받고 세조 4년 파직 당한다. 이상을 종합하면 간관으로서의 본인의 성향과 정난 세력으로부터 탄핵을 받는 일련의 사건 전개로 보아 그 역시도 수양대군의 우호 세력이 아닌 것으로 추정된다.

세종 23년 식년 문과 정과 급제
문종 즉위 시 사간원 우정언
단종 1년 12월 25일 파직 상소를 받음
세조 1년 12월 삼등공신에 녹훈
세조 3년 한성 소윤
세조 4년 파출

표6 : 김효급의 주요 관력

ㅁ. 청주유학교수관 유득화

발문을 쓴 유학교수관 유득화 공은 무송인(茂松人)으로, 판관 영(營)의 아들이다. 그 역시 구인문, 김효급과 함께 등과(登科) 동기로 세종 23년 식년시에 정과(丁科)로 급제한 후 경직(京職)인 훈련원 주부에서 향직인 청주유학교수관으로 와 있었고, 그 이후로 관력은 실록에 보이지 않는다. 관력의 이동 상황으로 미루어 볼 때 그도 역시 수양대군의 우호 세력은 아닌 듯하다.

이상의 분석에서 볼 수 있듯이 『명심보감』 청주판 발간에 주도적으로 참여한 모든 인물의 성향이나 가문, 관력으로 보아 그들은 하나같이 수양대군의 우호 세력이 아니었다.

여기서 주목할 점은 구인문과 김효급, 유득화 3인은 세종 23년에 식년 문과에 함께 급제한 동방(同榜)의 연이 있고, 황보 공, 구인문, 김효급은 사간원의 좌사간, 좌정언, 우정언으로 공히 간관 출신이라는 점이다. 더욱 중요한 것은, 『명심보감』의 발간이 계유정난[단종 원년(1453년 10월 10일)]이 있고 바로 일 년 뒤인 1454년 11월에 이루어진다는 점이다.

비록 일 년 뒤라고는 하나 준비 기간을 감안하면 바로 몇 달 후다. 이 시기는 이듬해인 1455년 윤(閏)유월에 세조가 즉위하는, 정치적으로 매우 급박한 때이다[이 부분은 발문 중 '不月而功訖(불월이공흘)'이라는 구절로 보아 발간을 서두른 것으로 알 수 있다].

2) 계유정난과 『명심보감』

계유정난은 어떤 사건인가?

주지하는 바와 같이 단종 원년(1453년 계유년) 10월, 세종과 문종의 유지를 받들어 어린 단종을 보필하던 영의정 황보인, 좌의정 김종서, 우의정 정분, 이조판서 민신 등을 수양대군과 그 동조 세력이 왕위를 찬탈할 목적으로 친왕 세력을 제거하고 그들의 가족은 물론 노복들까지도 몰살한 대사건이었다.

이 사건을 두고 왕권 강화를 위한 불가피한 선택이었다는 견해도 있으나, 유학이 지배 이념으로 자리잡은 당시의 윤리나 명분으로 보아 이는 분명 용납될 수 없는 사건이었다. 비록 왕의 숙부이긴 하나 신하의 위치에 있던 수양대군이 군부인 왕을 농락한 하극상의 쿠데타였다. 상과 하, 선과 악, 정과 사가 뒤바뀌어 곧은 선비들이 역적으로 몰려 참살당하고, 문종의 유지를 받은 충신들이 오히려 역도로 몰려 당사자뿐 아니라 6세 이상의 친자(親子)는 모두 교살당하여 결국 사망자가 300명이 넘었던, 조선왕조 사상 최대의 비극적인 사건 가운데 하나이다.

이 혼돈의 시기, 즉 인륜이 땅에 떨어지고 강상이 무너진 시기에[발문에서의 경기(罄紀)], 그것도 한마디 말로도 멸문지화를 당할 수 있었던 서슬 퍼런 시대적 상황 속에서, 더욱이 정통성과 도덕성에 하자(瑕疵)가 있을 수밖에 없었던 수양대군 측에서 보면 약점으로 작용할 수밖에 없는 윤리 교과서와 다름없는 『명심보감』이 발간되었던 것이다.

더욱 특기할 것은 『명심보감』 발간에 참여한 인물 중 황보 공, 구인문, 김효급이 공히 사간원에서 근무했던 정통 간관 출신이라는 점이다.

왕에 대한 간쟁과 정치에 대한 언론을 담당하는 간관들은 때로는 목숨을 내놓고 상소하는 강직한 성품을 지녔다는 점과 실권을 장악한 수양대군은 간관들을 싫어하여 지방으로 좌천시켰다는 점을 상기하면 사간원 출신 중 세 명이 같은 시기에 같은 지역에 근무하며 이 일에 참여했다는 점은 시사하는 바가 크다.

더 나아가 사적인 내용을 기록하고 펴내는 개인 문집도 아니요, 비록 외직이기는 하나 충청도 청주목이라는 공공기관에서, 그것도 익명이 아닌 실명으로, 더욱이 명나라에서 들여와 당시 몇 권 되지 않던 새로운 책을['단유당본(但有唐本)'] 다량으로 발간하는 일을 이 민감한 시기에 기획, 실행하였다는 사실은 당시 시대적 상황으로 보아 매우 중요한 의미를 지닌다.

일련의 정황을 종합적으로 분석하건대, 이 일은 발문에서 보듯 인륜에 절실하니['절어인륜(切於人倫)'], 선을 법으로 삼고['선가법(善可法)')], 악을 경계하여['악가계(惡可戒)'], 어지러워진 풍속을 정화하고['풍순(風淳')], 백성들의 마음을 일깨우고자['흥민(興民)'], 곧 교육을 통해['선교(善教)'] 선과 악을 구별케 하여['명제심(明諸心)'] 당시 계유정난으로 땅에 떨어진 강상(綱常)과 인륜 도덕을 바로잡고자['경기(罄紀)] 하는 충의의 발로가 아니었을까 추정한다.

당시 이 책을 접한 수양대군 측의 입장을 생각해 보자.

서문이야 애당초 중국의 범립본이 쓴 글이니 차치하고라도, 그들은 발문을 어떻게 받아들였을까(전기 발문 참조). 아울러 인륜과 명분을 중시하는 유교 사회에서 정통성과 도덕성에 하자가 있을 수밖에 없던 세조와 그 동조 세력들의 입장에서 이 책의 발간은 결코 환영할 만한 일은 아니었을 것이다. 역사에 가정(假定)은 있을 수 없으나, 단종이 왕위를 이어갔다면 『명심보감』의 발간에 참여한 자들은 모두 그 공을 인정받았을 법하다.

그러나 역사는 그 반대로 전개되어 책의 발간이 있고 몇 달 후 1455년 단종이 폐위되고 세조가 등극한다. 이러한 하극상의 쿠데타로 집권한 세조는 명분과 정통성의 부족을 만회하기 위해 왕권 강화에 집중했을 것이고, 정권을 불안하게 하는 역모와 난언(亂言)을 철저히 차단할 수밖에 없었을 것이다.

그 과정에서 언관과 언론에 대해 그것이 왕권에 저촉되는 것이라면 탄압과 억압을 서슴지 않았다는 최승희 교수의 지적과(「조선 초기 정치문화의 이해」, 최승희), 당시 와언(訛言)이 횡행하니 이를 단속해야 한다는 실록(『세조실록』)의 글이 이를 뒷받침한다. 이 추론을 증명이라도 하듯 관련 인물 모두 세조 집권 후 몰락의 길을 걷는다.

2. 세조 집권 이후 청주판 『명심보감』 관련 인물의 행적과 책의 향방

1) 관련 인물의 행적

ㄱ. 민건

세조 집권 후에도 관로(官路)가 이어진다. 이는 추정하건대 그는 갑술생으로 이미 예순이 넘어 연로하였고, 강원도 관찰사를 제수하였을 때 사직 상소에서 보듯(『세조실록』) 외아들로 노모를 모시고 있었기에 위해(危害)를 가하지 않은 것으로 보인다. 결국, 그도 세조 6년에 세상을 뜬다.

ㄴ. 황보 공

세조 2년 청주목사 재직 시 부민(府民)이 증여한 계집종을 받은 탐오(貪汚)라 하여 고신(告身)을 거두고(4월 11일) 이틀 후 13일에 외방 부처(외지에 귀양)당한다. 공교롭게도 이때 함께 탐오로 지목받은 공주목사 이종효는 용서된다(『세조실록』).

ㄷ. 구인문

세조가 즉위하고 단종이 승하하자 청맹을 칭하고 고향 해미에 은둔한다. 그 후 정조대에 이르러서야 신원(伸寃)이 된다(『세조실록』, 『정조실록』).

ㄹ. 김효급

세조 4년 3월 18일 풍기군사 재직 시 공물로 바치는 표피(豹皮)를 부민에게 거두고 사용(私用)의 축료(가축 사료)를 부민에게 부담시켰다는 죄목으로 파직 당한다(『세조실록』).

ㅁ. 유득화

훈련주부 이상의 관력이 보이지 않는 것으로 보아 관로가 막힌 듯하다(『무송유씨 족보』).

2) 『명심보감』의 향방

관련 인물들의 관력에서 볼 수 있는 역사적 사실과 당시 수양 세력의 입장에서 보아 민감할 수밖에 없었던 책의 내용상 기존의 청주판 『명심보감』은 몰수나 회수당했을 가능성을 배제할 수 없다. 그랬기에 이우성 교수의 지적대로 어느 순간, 이 청주판 『명심보감』이 자취를 감춘 것이 아닌가 추정된다(「명심보감 해제」, 이우성).

그러나 진시황의 분서갱유에서도 살아남은 책이 있듯이 불행 중 다행으로 몇 권이 남아, 이우성 교수의 각고의 노력으로 임진왜란 때 넘어갔을 것으로 추정되는 일본 쓰쿠바 대학(筑波大學) 소장 『명심보감』을 영인(影印)할 수 있게 되었다. 졸고를 빌어 이우성 교수의 각고와 심노(心努)에 경의를 표한다.

3. 『명심보감』의 편집

현재 청주판 『명심보감』 이후 가장 오래된 축약본은 정축본이다. 이로 미루어 인조 16년(1637년) 이전에 이미 『명심보감』이 초략되었음을 알 수 있다. 그렇다면 『명심보감』의 초략은 어떤 이유로 누구에 의해 이루어졌던 것일까. 결론부터 말하자면 책의 성격이 윤리 교과서적이고 발간 참여 인물들이 세조의 반대 세력이었다는 점, 그리고 당시 시대적, 정치적 상황으로 볼 때 청주판『명심보감』은 발간 후 얼마 되지 않아 회수되었고, 회수된『명심보감』은 다시 당시의 집권 세력에 의해 편집 · 초략되었을 것으로 추정된다. 그 근거는 다음과 같다.

ㄱ. 특정 내용을 담은 구절들이 삭제되었다.

1. 경행록에 이르기를, 충성하고 효도하는 자의 자손은 번창하고 얄은꾀로 행동하는 자의 자손은 망한다(계선편).
2. 강태공이 말하기를, 어질고 자애로운 자 오래가고 흉포한 자 망한다(계선편).
3. 자왈, 천명을 아는 자 잇속으로 움직이지 않고 죽음에 이르러서도 원망하지 않는다(순명편).
4. 자기 부모를 사랑하지 않으면서 남을 사랑하는 자를 패덕이라 하고 자기 부모를 공경하지 않으면서 남을 공경한다고 하는 자를 패례라고 한다(효행편).
5. 의롭지 않은 부와 귀는 내게 뜬구름과 같도다(안분편).
6. 혈기에 노하는 자 작은 용기요, 의리에 노하는 자 큰 용기이니라(계성편).
7. 용맹하기 좋아하고 배우기 싫어하면 난을 일으키기 쉽고, 강하기 좋아하고 배우기 싫어하면 광분하기 쉽다(근학편).

8. 좌전에 이르기를, 뜻이 맞으면 원수도 친해지고 뜻이 맞지 않으면 피붙이도 원수가 되느니라(성심편).
9. 서경에 이르기를, 업신여기고 뽐내며 스스로 어질다고 하며 도리에 배반하고 덕을 손상시키면서 소인은 벼슬자리에 있고 군자는 재야에 있구나(성심편).
10. 자왈, 의를 보고 의롭지 않은 행동을 하는 것은 용(勇)이 아니다(성심편).
11. 집안이 어려울 때 효자가 나오고 세상이 어지러워야 충신을 알 수 있다(성심편).
12. 노자왈, 국가가 혼란하면 충신이 없다(성심편).
13. 자왈, 의로운 다음에 취해야 그 취함을 다른 사람이 싫어하지 않는다(성심편).
14. 경행록에 이르기를, 고인들은 수신으로 명예욕을 피하는데, 지금의 사람들은 자기를 꾸며서 이름을 내려 한다. 그러므로 고인들은 대절에 임하여 지조를 바꾸지 않는데, 지금의 사람들은 작은 이익에 뜻을 쉽게 바꾼다(성심편).
15. 충신은 죽음을 두려워하지 않는다. 죽음을 두려워하는 자, 충신이 아니다(치정편).
16. 안자왈, 윗사람이 무례하면 아랫사람을 부릴 수 없고, 아랫사람이 무례하면 윗사람을 모시지 않는다(준례편).
17. 익지서에 이르기를, 군신이 불신하면 나라가 불안하고, 부

자가 불신하면 집안이 불목하고, 형제가 불신하면 정이 깊지 못하고, 친구끼리 불신하면 우정을 잃게 된다(존신편).

ㄴ. 맹자의 구절이 전부 삭제되었다.

1. 맹자에 이르기를, 올바른 정치를 하면 돕는 이 많으나 도리를 잃으면 돕는 이 적을 것이다(성심편).
2. 맹자왈, 황제가 어질지 않으면 세상을 보전할 수 없고, 제후가 어질지 않으면 사직을 보전할 수 없고, 벼슬아치가 어질지 않으면 종묘를 보전할 수 없다(성심편).
3. 힘으로 복종시키는 자는 상대가 진심으로 복종하는 것이 아니라 힘이 부족하기 때문이요, 덕으로 승복시키는 자는 상대가 마음속으로 기뻐하여 진실로 따르는 것이다(정기편).

외 26편이 모두 삭제되었다.

특히 맹자의 모든 글이 삭제되었음은 의미하는 바가 크다. 의(義)를 중시하는 맹자의 성향으로 보아 세조 세력에는 부담되었을 것이다.

ㄷ. 초략본에는 서문과 발문이 없다.

그렇다면 왜 초략본에는 서문과 발문이 없는가. 본디 서문과 발문이란 간행 경위, 편집 내역과 그 의의를 밝히는 글이다. 그러나 상기의 사정이 있었기에 초략의 근거를 밝힐 수 없었을 것이다. 그리고 특히 구인문은 정조 15년(1791년)에 이르러서야 사육신과 함께 신원복권(伸寃復權)된다는 점을 감안하면 그 이름을 책에 실을 수 없음은 자명한 일이고 그들이 복권되기 전의 일이니 당연히 그 이름이 들어가야 하는 서문과 발문을 실을 수 없었을 것이다. 그렇기에 인조 정축본(1637)이나 그 이후에 나오는 어떤 『명심보감』 초략본에도 서문과 발문이 없었을 것으로 추정된다.

요약하면,

- 명분이 정당하지 못했을 것이므로 편집의 경위를 밝힐 수 없었을 것이다.
- 세조의 입장에서 보면 역도의 무리가 발간한 책이므로 그 이름을 밝힐 수 없었을 것이다.
- 세조 후손들이 왕조를 이어간다(예 : 조의제문과 무오사화).

즉, 명분과 도덕성에 하자가 있는 수양대군 측 입장에서 보아 민감할 수밖에 없는 의리에 관한 구절과 의를 중시한 맹자의 글을 뺀 나머지 구절들을 편집하여 민간에 유포한 듯하다.

한편, 『명심보감』이 불교와 도교에 관한 구절이 많아 유학자들이 배척하였고, 그런 맥락에서 초략되었다는 설이 있으나 이는 설득력이 떨어진다. 청주판 『명심보감』에 주도적으로 참여한 인물들이 모두 문과 급제 출신의 유학자들이었고, 특히 황보 공과 구인문, 김효급은 당시 사간원에 근무할 때 불교를 배척하는 상소를 여러 번 올릴 정도로 불교 배척에 앞장섰던 인물들이었다(『단종실록』).

그렇다면 그들이 『명심보감』을 발간할 때 이미 불교에 관한 내용을 초략했어야 하는 것이 아닌가.

이러한 역사적 상황 변화에 따라 편집된 초략본이 유포되고, 서당과 민간인들에게 널리 읽히고 가르쳐지면서 조선조 말기까지 내려오게 된 듯하다. 그랬기에 추적본에 나오는 율곡(栗谷)의 서문을 진본(眞本)으로 본다 하더라도 거기에 편자에 관한 기록이 없게 된 것이다.

이와 같은 과정에서 『명심보감초(明心寶鑑抄)』 중 抄(초)자는 빠지고 또 서문과 발문도 없이 시중에 유포되다 보니, 더욱이 그때까지는 청주판 『명심보감』이 발견되지 않았으므로 서론에서 밝힌 바와 같이 찬자(撰者)에 대한 여러 가지 추론이 가능하여 그 유추한 바가 사실화되면서 오늘에 이른 것으로 생각된다.

Ⅲ. 결론

필자는 이상의 연구를 통하여 다음과 같은 결론을 얻었다.

1. 『명심보감』은 명초(明初) 재야 학자인 범립본이 고금의 경서를 참고하여 후세에 교훈이 될 만한 글들을 뽑아 이십 편으로 나눈 명언, 명문집이다.
   근거 : 청주판 명심보감의 발문에 참여한 인물들이 '급제자정록'과 『조선왕조실록』에 등장하는 실존 인물이므로, 그들에 의

해 발간된 책의 서문이 진본이고 '단유당본(但有唐本)'의 글귀에도 신빙성이 있어 범립본이 편자가 분명하다.

2. 상기(上記)의 책을 당시 충청감사였던 민건의 지시하에 청주목사 황보 공과 사간원 간관 출신인 김효급, 구인문, 그리고 두 사람과 동방인 유득화가 의기투합하여 당시 계유정난으로 땅에 떨어진 강상과 전도된 인륜을 바로잡고자 이 책을 발간하였다.

근거 :

1) 책의 내용이 인륜을 중시하는 윤리 교과서이다.

2) 세조의 세력이 집권하게 되는 계유정난이 있고 불과 몇 달 후에 책의 편찬이 준비된다[발문 중 '不月而功訖(불월이공흘)'이라는 구절을 보아 발간을 서둘렀던 것으로 보인다].

3) 참여 인물들이 수양대군의 우호 세력이 아니었으며 특히 강직한 간관 출신이다.

4) 참여 인물들이 세조 집권 후 거의 제거된다.

3. 상기의 목적으로 발간된 책이었기에 청주판 『명심보감』은 발간되고 얼마 안 있어 당시 집권 세력에 의해 회수되었던 것으로 추정된다.

근거 :

1) 현존하는 청주판 『명심보감』이 희귀하다.

2) 청주판의 필사본이 남아 있지 않다.

3) 『조선왕조실록』이나 발간 참여인들의 개인 기록에도 『명심보감』 편찬에 관한 기록이 전혀 없다.

4. 회수 후 세조 세력에 의해 편집된 듯하다.

근거 :

1) 편집본이, 그것도 서문과 발문도 없이 인조 정축년간에 발간되는 것으로 보아 이미 그 이전에 편집되었다.

2) 청주판에 비해 초략본은 의리를 강조한 구절이 눈에 띄게 줄어 있다.

3) 맹자가 순자보다 우대받던 시기였음에도 청주판에 보이는 스물아홉 구절의 맹자의 글이 편집본에서는 모두 삭제되었다. 이는 맹자의 '의'를 중시한 성향 때문인 듯하다.

4) 명분과 정통성, 도덕성에 관한 민감한 부분들이 편집되었다.

5) 가장 중요할 수밖에 없는 「효행편」이 청주판에 비해 너무도 치졸한 내용으로 편집되었다. 이는 수양대군이 결과적으로 부왕인 세종과 문종의 유지를 어겼고, 상왕을 폐위시켜 불효의 상징이 될 수 있었기 때문이라 추정된다.

6) 세조는 집권 후 언관, 언론, 난언을 철저히 단속한다(『조선왕조실록』).

그러므로 본 연구의 총체적 결론은, 『명심보감』은 단종 세력에 의해 제작, 유포되고, 책의 내용상 민감해할 수밖에 없었던 세조 세력에 의해 회수, 초략된 것으로 추정된다[아울러 이상의 연구를 통해 얻은 필자의 작은 바람이 있다면 사육신이나 생육신보다 앞서 저술과 교육을 통해 불의에 항거하고자 했던 민건, 황보 공, 구인문, 김효급, 유득화 제공(諸公)들의 충의가 재조명되는 것이다].

凡例

- 이 책을 역주함에 이우성 교수의 『亞細亞文化史刊 淸州版 明心寶鑑』을 원문으로 삼았다.
- 직역을 원칙으로 하되 뜻이 매끄럽지 못한 부분은 이해를 돕기 위해 의역을 덧붙였다.
- 명언, 명문집이므로 원전을 밝히려 노력하였다.
- 잘못 인용된 부분이나 오 · 탈자는 원본에 의거하여 수정하였다.

* 잘못된 부분을 述而不作(술이부작)이라는 이유로 放置(방치)하게 되면 그것이 먼 훗날 원문인 양 인식될 수 있고, 사실 이 부분 때문에 그간 『명심보감』이 제대로 평가받지 못하였으므로, 잘못 인용된 부분이나 오 · 탈자는 과감하게 수정하였다. 이 부분에 관하여는 필자의 과문으로 인한 오류가 있을 수 있으므로 선배 학자들의 뜨거운 질정을 기대하는 바이다.

- 異本(이본)을 구하기 어려운 상황에서 임동석 교수가 인용한 『越南本 明心寶鑑(월남본 명심보감)』이 교정에 많은 도움이 되었다.
- 글의 이해를 돕기 위해 같은 의미의 문장을 채집하여 실었다.
- 『명심보감』을 가르치는 도중 뜻이 순통치 않은 부분에는 거의 誤刻(오각)과 誤字(오자)가 발견되었다. 오각과 오자는 글자의 모습이 유사할 때 발생함을 알 수 있었다.

예) 君과 老　刘와 到　忿과 念
傳과 博　巧와 功　便과 使
恒과 但　往과 性　燈과 澄

명심보감 서문

…

무릇 사람으로 태어나 이 세상에 살게 됨은 삼재(三才 : 천 · 지 · 인)의 은덕을 받은 것이니, 만물의 신령스러운 감응과 하늘과 땅의 조화, 그리고 해와 달의 밝은 빛이 임하는 가운데, 부모님께서 황상의 영토에 이 몸을 낳으셨다.

성현의 가르침을 모범으로 삼고, 그 가르침을 따르려 하는 자에게는 도를 이루는 것이 제일의 목표일 것이다. 널리 배우지 않으면 많이 알지 못하며, 맑은 마음(지혜)이 없이는 견성(본래의 성품을 밝히는 일 – 깨달음)할 수 없다.

비록 태어나면서부터 아는 자(성현)가 있다고 하나 근래에는 기이하게도 찾아보기 힘들다.

옛날 하나라의 우왕은, 훌륭한 말을 들으면 기뻐하며 상대가 아랫사람이어도 절을 하였다고 하는데, 평범한 세상 사람들이야 오죽했겠는가?

그 옛날, 성현들이 남기신 기록이나 경서의 수많은 말들은 다만 사람들에게 '선한 일을 하라.'는 것을 가르치고자 할 뿐이었다. 그러한 까닭으로 인 · 의 · 예 · 지 · 신의 법도를 세우고 군자와 소인의 품격을 갈랐으며, 현명한 이와 어리석은 이의 단계를 구별하고 선과 악의 다름을 분별한 것이었다.

대개 경서에 가언선행이 많이 실려 있으나 지금의 사람들은 게을러, 보고 익히고 행하는 자가 적다. 아울러 지금의 학자라는 사람들도 그 배움의 목적이 문예(글짓기, 글재주)에만 있을 뿐 그 덕행을 배우는 데 목적을 두지 않아, 급기야 세상 사람들을 권함에 있어서도 현실에서 벗어난 공허한 선을 많이 전하게 되었고, 사람으로서 당연히 실천해야 할 선행에 대한 권면이 적어지게 되었다.

그 옛날 어진 이들의 글이나 책 역시 이런 상황(풍조) 속에서 세상에 흩어져 전하게 되다 보니, 좋은 말을 듣고자 하는 군자라는 사람들 역시 기이함(이상야릇함)만을 좇게 되어 고금의 긴요한 말에 어둡게 되었다. 그리하여 사람들의 마음이 미혹(헷갈리게)하게 되어 성현들이 날마다 쓰고 늘 행하던 중요한 도를 듣고자 하는 이가 줄었고, 급기야 존심수분(正道, 본심을 잃지 않고 분수를 지키는 것)을 옳지 않게 생각하는 풍조마저 깊어져 세상이 더욱 거칠어지고 난잡해지기에 이르렀다.

무릇 선행과 악행으로 인한 재앙과 복은 그 (인과)응보가 분명하지만, 부와 귀, 가난과 곤궁, 성공과 실패, 흥망과 성쇠는 흡사 꿈과 같은 것이다. 모름지기 언제라도 조석으로 변하여 예측할 수 없는 근심과 걱정거리에 대비해, 마치 살얼음을 딛는 심정으로 조심하는 마음이 변치 않는다면 그 어떤 재난과 재앙이 닥쳐온다 하더라도 평온한 가운데 자연히 종식될 것이다.

엎드려 살펴보건대, 『태상감응편(도교의 경전. 권선징악)』에 이르기를, 그 말이 선하고 그 보는 눈이 선하고 그 행함이 선한 이는 그 행함이 날마다 그러하여 3년이면 하늘이 반드시 복을 내린다 하였고, 그 말이 악하고 보는 눈이 악하고 행함이 악한 이는 그 행함이 날마다 그러하여 3년이 되면 하늘이 반드시 재앙을 내린다 하였다.

절효 서선생(徐積, 효자)도 말하기를, '그 말이 선하고 그 행함이 선하며 그 생각이 선하다면 군자가 되지 못할 자 없을 것이며, 그 말이 불선하고 그 행함이 불선하며 그 생각이 불선한 자로 소인되지 않을 자 없을 것이다.' 하였다.

그렇다. 좋은 말은 다른 사람을 감동시켜 선한 마음을 일으키게 할 수 있는 것이요, 악한 말은 다른 사람의 훌륭한 생각마저 누르고 상처를 입히는 것이다. 이런 이유로 선인들과 내가 알고 있는 여러 책 중에서 요긴한 말을 고르고, 부처님의 가르침 중 좋은 말들을 엮어 한 권의 책을 만드니, 그것이 이름하여 '명심보감'이다.

현자들이 깊이 들여다보고 깨달아 어린 학생들을 가르치되, 풍속을 돈독하고 후덕하게 교화하는 데 보탬이 되고, 사소한 악행도 저지르지 않게 하며, 모두들 선을 받들어 행하게 하여 그 뜻이 거기에 머물고, 그 마음이 그곳에 있어 자연스럽게 언행을 돌아보아 깊은 믿음(의심 없는 마음)으로 꿰뚫게 된다면(이 책을 대할 수 있다면), 어찌 어긋나고 그릇됨을 따르는 일이 되겠는가(나쁜 길로 갈 수 있겠는가).

홍무 26년 1393년 2월 16일 무림 범립본 서(序)

응봉 김병조 역(譯)

物極則反물극즉반이요 否極泰來비극태래니라

세상만물은 극에 달하면 처음으로 돌아오고

불운도 극에 달하면 행운으로 온다.

제11편 | 성심편

省心篇

자신의 마음을 늘 살펴라

'省心(성심)'이란 문자 그대로 자신의 마음을 늘 살펴보라는 것이다. 고개 들어 상대에게 관심을 보이기 이전에 고개 숙여 자신을 보라는 뜻이다. 요즘 사람들이 왜 괴로운가? 관심이 상대에게 있기 때문이다. 그러나 정작 관심을 기울여야 할 곳은 자기의 마음이요, 자신의 행동이다. '一日三省(일일삼성)'이라 하지 않았는가?

1.

資世通訓자세통훈[1]에 云운하되

陰法음법은 遲而不漏지이불루요

陽憲양헌은 速而有逃속이유도니라

자세통훈에 이르기를

천벌은 느리나 지나치는 법이 없고

국법은 빠르나 도피하는 자가 있다.

> 法網(법망)은 빠져나갈 수 있을지 모르나 하늘에 지은 죄
>
> 즉, 천벌은 그 누구도 피할 수 없다.

「天命篇(천명편)」에 나오는 '種瓜得瓜(종과득과) 種豆得豆(종두득두) 天網恢恢(천망회회) 疏而不漏(소이불루)'와 같은 의미다.

陰法(음법) : 自然(자연)의 法(법). 天罰(천벌).

遲(지) : 늦을 지.

陽憲(양헌) : 刑法(형법). 刑罰(형벌). 國法(국법).

速(속) : 빠를 속.

逃(도) : 도망갈 도. 도피할 도.

1_『資世通訓(자세통훈)』: 弘武(홍무)8년, 375년 太祖(태조) 朱元璋(주원장)이 펴낸 책. 大臣(대신)이 不忠(불충)하면 嚴罰(엄벌)한다는 내용으로 臣下(신하)들의 충성을 유도할 목적으로 쓴 책.

2.

陽網양망은 密而易漏밀이이루하고
陰網음망은 疏而難逃소이난도니라[2]

法網(법망)은 그물코가 빽빽하나 빠져나가기 쉽고
天網(천망)은 그물코가 성기나 도피하기 어려우니라.

> 이 글 역시 '天網恢恢(천망회회) 疏而不漏(소이불루)'와 같은 뜻으로, 인위적인 형벌보다는 자연의 재량에 맡겨 無爲(무위)의 정치를 해야 한다는 道家(도가)의 가르침이다.

의역하면, '악인을 처벌하기 위한 국법은 오히려 빠져나가기 쉬우나, 하늘이 악인을 잡기 위해 쳐 놓은 천망은 보이지 않으나 빠져나가기 어렵다.'이다.

陽網(양망) : 法網(법망).
密(밀) : 빽빽할 밀.
陰網(음망) : 天網(천망).

2_ 淸州本(청주본)에는 '陽網(양망)은 疎而易漏(소이이루)하고 陰網(음망)은 密而難逃(밀이난도)'로 나와 있다. 인쇄 과정에서 착오가 있었던 듯하다.

3.

景行錄경행록[3]에 云운하되

無瑕之玉무하지옥은 可以爲國瑞가이위국서[4]요

孝弟之子효제지자는 可以爲家寶가이위가보니라

경행록에 이르기를

흠 없는 옥은 가히 국가의 귀한 보물이 되고

효도하고 공경하는 아이는 가히 집안의 귀한 보배가 되느니라.

瑕(하) : 티 하 ; 玉(옥)의 티.

國瑞(국서) : ① 나라의 吉兆(길조). ② 국보.

瑞(서) : 상서로울 서.

弟(제) : 아우 제. 공경할 제 ; '悌(제)'와 같은 뜻. 부모를 받들고 형을 받들어 순종하는 일.

3_『景行錄(경행록)』 : 宋代(송대)의 책으로, 史弼(사필)이 쓴 격언집이다.

4_ 淸州本(청주본)에 '可以爲國稅(가이위국세)'로 나와 있으나 『景行錄(경행록)』 원본에 따라 '可以爲國瑞(가이위국서)'로 수정하였다. '國瑞'를 '國稅'로 한 까닭은 책을 발간할 당시 황제였던 주원장의 字(자)가 '國瑞'였으므로 避諱(피휘) 차원에서 그러한 듯하다.

4.

景行錄경행록에 云운하되

寶貨보화는 用之有盡용지유진이나

忠孝충효는 享之無窮향지무궁이니라

경행록에 이르기를

재물과 돈(금전)은 써 버리면 다함이 있으나(없어져 버리지만)

충직하고 효도함은 아무리 실천해도 다함이 없다.

> 재물이야 쓰면 없어지는 것.
>
> 그러나 충과 효는 하면 할수록 그 빛이 더하니
>
> 有限(유한)한 재물에 연연하지 말고
>
> 주어진 일에 최선을 다하고[忠] 어른을 공경하는[孝]
>
> 마음씨를 갖자는 가르침이다.

寶貨(보화) : 화폐. 돈 ; 周(주)나라와 新(신)나라의 화폐.

盡(진) : 다할 진. 끝 진.

享(향) : 누릴 향 ; 향유하다.

無窮(무궁) : 永遠無窮(영원무궁).

窮(궁) : 다할 궁.

5.

家和가화면 貧也好빈야호어니와

不義불의인데 富如何부여하리오

但存단존 一子孝일자효면

何用하용 子孫多자손다리오

집안이 화목하다면 가난해도 좋거니와

(가족 간에) 의롭지 못한데 부자인들 무엇하리오.

다만 효성스러운 자식 한 사람만 있다면(그것으로 그만인데)

자손이 많다 하여 다 어디에 쓰겠는가?

> 비록 가난하더라도 화목한 가정이,
>
> 부자로 살면서 의롭지 못한 가정보다 더 행복하다는 뜻이다.
>
> 있는 자들의 재산 싸움을 보면서 이 말씀에 더욱 공감한다.

家和(가화) : 집안이 화목함.

也(야) : 또 야.

義(의) : '의좋은 형제' 할 때의 '의'임. 화목하고 의리 있는. 정이 있는.

如何(여하) : 무엇하리오.

但(단) : 다만 단.

何(하) : 어찌 하.

6.

父不憂心부불우심은 因子孝인자효요
夫無煩惱부무번뇌는 是妻賢시처현이라
言多語失언다어실은 皆因酒개인주요
義斷親疏의단친소는 只爲錢지위전이니라

부모님이 근심하지 않으심은 자녀가 효성스럽기 때문이요
남편이 괴로워하지 않음은 아내가 현명하기 때문이다.
말이 많아져 말로 실수하게 됨은 다 술 때문이요
의가 끊겨 가까운 사람이 멀어지는 것은 다만 돈 때문이니라.

> 해야 할 일과 조심해야 할 일을 적은 글이다.
> 부모님의 뜻을 따르고 남편을 정성으로 내조하고,
> 술을 조심하고, 가까운 사람끼리는
> 금전 거래 에 신중을 기하라는 가르침이다.

憂(우) : 근심 우.
煩惱(번뇌) : 괴로움.
只(지) : 다만 지.

7.

景行錄경행록에 云운하되

既取기취 非常樂비상락이어든

須防수방 不測憂불측우하라

경행록에 이르기를

이미 분에 넘치는 즐거움을 얻었거든

모름지기 뜻밖의 근심에 대비하라.

> 이 세상에 영원한 것은 없으니
>
> 큰 즐거움(돈, 권력, 명예, 인기)을 얻었거든,
>
> 교만하거나 자만심에 빠지지 말고
>
> 자신을 낮추어 어려워졌을 때를 대비해야 한다.

비슷한 의미로, '戰勝者喪禮處之(전승자상례처지)'라는 말도 있다. 이겼거든 자만하지 말고 마치 상을 당한 것처럼 근신하라는 뜻이다.

既(기) : 이미 기.

取(취) : 취할 취. 얻을 취.

非常(비상) : 정상이 아닌. 평소보다 더한. 분에 넘치는.

須(수) : 모름지기 수.

測(측) : 잴 측.

8.

樂極悲生 낙극비생

즐거움이 극에 달하면 슬픔이 발생한다.

> 인생행로에는 기복이 있어 즐거움이 도에 지나치면
> 슬픔이 생기는 법. 그러니 멈출 줄 알아야 한다.
> '樂而不淫(낙이불음)－즐기되 도에 지나치지 않으며
> 樂而不荒(낙이불황)－즐기되 거칠지 않아
> 그 正道(정도)를 벗어나지 마라.'는 것이다.

같은 내용으로, '興盡悲來(흥진비래) 否極泰來(비극태래) 苦盡甘來(고진감래)'가 있다.

'樂極則悲(낙극즉비) 酒極則亂(주극즉난)'이란 말도 있다.

9.

得寵思辱득총사욕하고

居安慮危거안려위하라[5]

큰 사랑을 얻었거든 치욕 받았다 생각하고

편안하게 살 때는 위태롭다고 생각하라.

> 칭찬받고 사랑받는 것은 시기 질투의 근원이 되는 것,
> 그러니 항상 조심해야 한다.

잘나갈 때 조심하라는 것이다.

그러나 사람들은 지위가 높아지거나 총애를 받으면 그것이 영원할 거라 생각하여 교만해지고 상대를 업신여기며 不義(불의)를 행하게 된다. 또한 평안하고 건강하면 나태해져 자기 관리에 소홀해진다. 그러나 사랑을 받는 순간 질투는 깊어지고, 편안하다고 게을러지는 순간 위태로움은 싹트는 법이다.

신기하다. 연예계에서 좋아하는 연기자 순위와 싫어하는 연기자 순위가 반대여야 함에도 일치함은 웬일인가? 좋아하는 사람이 많다는 것은 그만큼 싫어하는 사람도 많다는 것이고, 편안하고 안락하다는 것은 그만큼 위태롭다는 것이다.

5_『增廣賢文(증광현문)』에 나오는 글이다.

『易經(역경)』에 '君子(군자) 安而不忘危(안이불망위) 存而不忘亡(존이불망망) – 편안할 때 위태롭게 될 것을 잊지 말고, 보존되고 있을 때 없어질지 모른다는 생각을 잊지 마라.'는 이를 두고 하는 말이다.

비슷한 의미로, 다음과 같은 글도 있다.

大名之下難久居대명지하난구거

큰 이름을 얻으면 시기 질투하는 사람이 많아져 오래 버티기 힘들다.

高山之巓無美木고산지전무미목

높은 산꼭대기에는 아름다운 나무가 없다. 즉, 바람을 많이 타기 때문에 나무가 크게 자랄 수 없듯 높은 지위에 있게 되면 비난을 받아 상처 받기 쉽다는 뜻이다.

爵高者人妬之작고자인투지

지위가 높으면 모든 사람이 질투한다.

名臺進一級명대진일급 謗屋高十層방옥고십층

명예가 한 등급 올라가면 비방은 십 층이나 올라간다.

寵(총) : 괼 총. 사랑할 총.

慮(려) : 생각 려.

10.

景行錄경행록에 云운하되

榮輕辱淺영경욕천이요

利重害深이중해심이니라

경행록에 이르기를

영예를 가벼이 여길 때, 치욕이 적어지고

잇속을 중히 여길 때, 손해는 깊어지느니라.

> 名譽(명예)와 利益(이익)을 지나치게 추구하지 마라.
>
> 그에 따르는 不作用(부작용)이 생긴다. 모든 일에는 세금이 있다.
>
> 아, 그러나 지금은 어떤가?

같은 의미로, 『抱朴子(포박자)』에 '金玉崇而寇盜至(금옥숭이구도지) 名位高而憂責集(명위고이우책집) – 재물을 귀하게 여기면 재앙이 따르고, 명예를 귀하게 여기면 근심과 질책이 모여든다.'가 있다.

淺(천) : 얕을 천. 적을 천.

深(심) : 깊을 심. 많을 심.

11.

景行錄경행록에 云운하되

盛名성명엔 必有重責필유중책이요

大功대공[6]엔 必有奇窮필유기궁이니라

경행록에 이르기를

훌륭한 명성엔 반드시 무거운 책임이 있어야 하고

크나큰 공적엔 반드시 남다른 궁리가 있어야 한다.

> 훌륭한 명성을 얻었으면 그에 따르는 무거운 책임 의식이
> 있어야 하고, 큰 공적을 이루고자 한다면
> 남다른 노력이 수반되어야 한다.

같은 의미로, 『蜀志(촉지)』에 '爵高者憂深(작고자우심) 祿厚者重責(녹후자중책) – 지위가 높은 자 근심이 많고, 녹봉이 많은 자 무거운 책임이 따른다.'와 『抱朴子(포박자)』에 '名位高而憂責集(명위고이우책집) – 명예와 지위가 높으면 근심과 책임이 따른다.'가 있다.

盛名(성명) : 큰 명예. 훌륭한 명예.

奇窮(기궁) : 奇異(기이)한 窮理(궁리). 남다른 노력.

6_ 越南本(월남본)에 '大巧(대교)'가 '大功(대공)'으로 나와 있는데, '大功'이 맞을 듯하다. '功'과 '巧'의 글자 모양이 비슷하여 誤刻(오각)한 듯하다. 공명(功名)이라는 점에서도 大功의 맞은 듯하여 수정하였다.

12.

景行錄경행록에 云운하되

甚愛必甚費심애필심비요

甚譽必甚毁심예필심훼요

甚喜必甚憂심희필심우요

甚藏必甚亡심장필심망이니라[7]

경행록에 이르기를

애착하는 마음이 깊으면 마음고생도 깊고

칭찬이 많으면 헐뜯음도 많고

기쁨이 많으면 근심도 많고

너무 많이 간직하면 잃는 것도 많다.

욕망을 눌러 스스로 만족할 줄 알고

분수를 지켜 스스로 멈출 줄 알아야 한다.

의역하면, '사랑이 너무 깊으면 마음고생 또한 많아지고, 칭찬을 너무 받으면 헐뜯음 또한 많아지고, 기쁨이 도를 지나치면 근심 또한 많아지고, 너무 많이 쥐고 있으면 잃는 것도 많게 된다.'이다.

7_ 淸州本(청주본)에는 '甚藏必甚亡(심장필심망)'이란 문장 중 '藏'자가 '賍'으로 되어 있다. '뇌물이 많으면 크게 망한다.'로 일견 뜻은 되나, 老子(노자) 『道德經(도덕경)』 44장 '甚愛必大費(심애필대비) 多藏必厚亡(다장필후망)'에 의거하여 '藏(장)'으로 수정하였다. 前後(전후) 맥락으로 보아도 '藏'이 맞을 듯하다.

13.

恩愛生煩惱은애생번뇌하여 追隨大丈夫추수대장부요
庭前生瑞草정전생서초[8]는 好事호사나 不如無불여무니라

사랑에 집착하면 번뇌가 생겨 대장부의 뒤를 쫓고(마음을 괴롭히고)
뜰 앞에 상서로운 풀이 돋아남은 좋은 일이나 없느니만 못하느니라.

> 사랑에 너무 집착하면 사나이 가는 길에
> 장애가 되어 앞날을 그르칠 수 있고,
> 뜰 앞에 상서로운 풀은 일견 좋은 징조인 듯하지만
> 차라리 없느니만 못하다.

앞에 나온 12번과 상통하는 글이다. 사랑이 깊으면 마음고생이 깊고, 기쁨은 근심을 수반하는 일이 되니 '好事多魔(호사다마)'를 경계하라는 것이다.

① 우리 속담에 '無子息(무자식) 上八字(상팔자)'라는 말이 있다.
② 극단적인 例(예)이긴 하나, 계백 장군은 황산벌 싸움에 나가기 전, 가족을 斬(참)하였다는 설이 있다.

恩愛(은애) : 남녀 간의 깊은 사랑.
追隨(추수) : 뒤를 쫓다.
瑞草(서초) : 상서로운 풀. 녹차.

8_ 淸州本(청주본)에 '亭前生瑞草(정전생서초)'의 '亭前'을 원전에 의거하여 '庭前'으로 수정하였다.

14.

子曰 자왈

不觀高崖 불관고애하고

何以知顚墜之患 하이지전추지환이며

不臨深泉 불림심천하고

何以知沒溺之患 하이지몰익지환이며

不觀巨海 불관거해하고

何以知風波之患 하이지풍파지환이리오[9]

스승께서 말씀하시기를

높은 낭떠러지에 서 보지 아니하고

굴러 떨어지는 공포를 어찌 알 것이며

깊은 샘을 들여다보지 아니하고

물에 빠지는 무서움을 어찌 알 것이며

큰 바다에 가 보지 아니하고

높은 파도의 두려움을 어찌 알 것인가.

> 경험의 소중함을 간파한 글이다.
>
> 그렇다. 군대에 갔다 오지 아니한 이가 고된 훈련을 마치고
>
> 작대기 하나(이등병 계급장)를 달 때의 그 뿌듯함을 어찌 알겠는가?
>
> 그러니 젊어서 고생은 사서도 할 일이다.

9_『孔子家語(공자가어)』「困誓篇(곤서편)」과 『說苑(설원)』「雜言篇(잡언편)」에 나오는 글이다.

‘不經一事(불경일사) 不長一智(부장일지) – 한 가지 일을 경험하지 않으면 한 가지 지혜가 늘지 않는다.’와 상통하는 말이다.

원문에는 다음 문장이 이어진다.

失之者其在此乎실지자기재차호

士愼此三者則無累於身矣사신차삼자즉무루어신의니라

실수하는 것이 세 가지가 있으니 선비가 이 세 가지를 조심한다면 자신에게 누가 되는 일은 없을 것이다.

崖(애) : 낭떠러지 애.

顚(전) : 구를 전.

墜(추) : 떨어질 추.

沒(몰) : 빠질 몰.

溺(익) : 빠질 익(닉).

15.

荀子순자[10]에 云운하되

不登高山부등고산이면 不知天之高也부지천지고야요

不臨深谿불림심계면 不知地之厚也부지지지후야며

不聞先王之遺言불문선왕지유언이면

不知學問之大也부지학문지대야니라[11]

순자에 이르기를

높은 산에 올라 보지 않고는 하늘의 높음을 알 수 없고

깊은 계곡에 가 보지 않고서는 땅의 두께를 알 수 없으며

선왕(堯·舜·禹·湯·文·武-요·순·우·탕·문·무)의

가르침을 배우지 않고서는 학문의 위대함을 알 수 없느니라.

登(등) : 오를 등.

谿(계) : 시냇물 계 ; 물이 많이 모인 곳을 '溪'라 하고, 적게 모인 곳을 '谿'라 함.

厚(후) : 두터울 후.

先王(선왕) : 성현.

遺(유) : 남길 유.

10_『荀子(순자)』: 여기서는 책 이름.

11_『荀子(순자)』「勸學篇(권학편)」 제1에 나오는 글이다.

16.

素書소서[12]에 云운하되

推古驗今추고험금은 所以不惑소이불혹이니라

소서에 이르기를

옛것을 미루어 현재를 驗明(험명)함은

의혹을 없애고자 함이니라.

> '옛것을 익혀 새 도리를 터득하다.'의 의미인
>
> '溫故而知新(온고이지신)'과 통하는 말이다.

推(추) : 밀 추 ; 추구하다. 근본을 추구함.

驗(험) : 경험할 험. 증험할 험 *驗明(험명) : 분명하게 밝히다.

所以(소이) : 까닭. 이유.

惑(혹) : 의심할 혹.

12_『素書(소서)』: 張良(장량)의 스승인 黃石公(황석공)이 지었다고 전해지는 책. 漢代(한대) 황석공이 쓰고, 宋代(송대) 장상영이 주석한 兵書(병서).

17.

欲知未來욕지미래커든 先察已往[13]선찰이왕하라

미래를 알고자 한다면 먼저 지나간 과거를 살펴보라.

> 현재는 과거의 산물이요, 미래는 현재의 산물이니,
> 미래를 알고자 한다면 지나온 과거를 살펴보라.
> '因果應報(인과응보)'요, '뿌린 대로 거두는 법'이다.

같은 내용의 글로, 『鶡冠子(할관자)』「近迭篇(근질편)」에 '欲知未來察往(욕지미래찰왕) 欲知古者察今(욕지고자찰금)'이란 문장이 나온다.

또 '欲觀千歲則審今日(욕관천세즉심금일) – 먼 장래 일을 알고자 한다면 오늘 일을 살펴보라.'는 말도 있다.

先察(선찰) : 먼저 살피다.
已往之事(이왕지사) : 이미 지나 버린 일.

13_ 편집본에는 '已往(이왕)'이 '已然(이연)'으로 나와 있다. 淸州本(청주본)대로 하였다.

18.

子曰 자왈

明鏡명경은 所以察形소이찰형이요

往古왕고는 所以知今소이지금이니라[14]

스승께서 말씀하시기를

맑은 거울은 몸가짐을 살피는 바탕이 되고

지나간 과거는 현재를 아는 바탕이 된다.[15]

의역하면 다음과 같다.

맑은 거울을 준비하는 것은 몸가짐을 살피고자 함이요,

옛것을 익혀 공부하는 것은 현재를 이해하고자 함이다.

'溫故而知新(온고이지신)'을 돌려 표현한 것이다.

鏡(경) : 거울 경.

察形(찰형) : 모순을 살피다.

知今(지금) : 현재를 알다.

14_『孔子家語(공자가어)』「觀周篇(관주편)」에 나오는 글이다.

15_ 異本(이본)에는 明鏡可以察形(명경가이찰형) 鑑古可以知今(감고가이지금) 맑은 거울로는 모습을 살필 수 있고 옛날을 거울 삼으면 현재를 알 수 있다로 되어있다. 참고로 싣는다.

19.

過去事과거사는 明如鏡명여경이요
未來事미래사는 暗似漆암사칠이니라

지나간 일은 밝기가 거울과 같고
미래의 일은 어둡기가 칠흑과 같다.

> 과거의 일을 교훈 삼아, 미래를 대비하라는
> '溫故而知新(온고이지신)'의 또 다른 표현이다.

의역하면, '지나간 일은 거울에 비추듯 환히 알 수가 있는데, 미래의 일은 칠흑처럼 어두워 한 치 앞도 볼 수 없구나.'이다.

漆(칠) : 옻 칠.

20.

景行錄경행록에 云운하되

明旦之事명단지사[16]를 薄暮박모에 不可必불가필이요

薄暮之事박모지사를 哺時포시에 不可必불가필이니라

경행록에 이르기를

내일 아침 일을 해 질 녘에 기약할 수 없고(단정 지어 알 수 없고)

해 질 녘의 일을 새참 먹는 시간에 기약할 수 없느니라.

한 치 앞을 내다볼 수 없는 것이 人生事(인생사)이니

그저 지금, 이 순간 최선을 다하라는 뜻이다.

明旦(명단) : 내일 아침. 明朝(명조)와 같은 뜻.

薄暮(박모) : 해 질 녘. 황혼이 질 무렵.

不可必(불가필) : 기필할 수 없다. 기약할 수 없다.

哺時(포시) : 申時(신시). 오후 3~4시.

*哺(포)는 '餔(포)'와 같은 뜻으로, 새참 먹는 시간을 이른다.

16_ 편집본에 明旦之事(명단지사)가 明朝之事(명조지사)로 된 까닭은 태조 이성계의 이름을 成桂(성계)에서 旦(단)으로 개명한 뒤 避諱(피휘)한 듯 하다.

21.

天有不測風雨[17]천유불측풍우요

人有旦夕禍福인유단석화복이니라

하늘엔 예측할 수 없는 바람과 비가 있고

사람에겐 아침저녁으로 재앙과 복이 있구나.

> 이 글 역시 한 치 앞을 볼 수 없는 人生事(인생사)를 말한 것이다.
>
> 그러기에 명심보감 서문에도
>
> '時刻須防不測朝夕(시각수방불측조석) 如履薄氷(여리박빙)
>
> —한 치 앞을 볼 수 없는 것이 인생사이니 항상 깊은 강, 얇은 얼음을 딛고 지나가는 심정으로 조심하라.'고 밝히고 있다.

사람에게 아침저녁으로 재앙과 복이 있다는 말은 '자고 일어나니 스타가 되어 있더라.' 또 '아침에 나갈 때 멀쩡하더니 저녁에 보니 쓰러져 있더라.'와 같은 의미다.

測(측) : 잴 측 ; 예측하다.

旦(단) : 아침 단.

17_ 淸州本(청주본)에 '風雲(풍운)'으로 나와 있으나 '風雨(풍우)'가 맞을 듯하다. 편집본에도 '風雨'로 나와 있다.

22.

未歸三尺土미귀삼척토엔 難保百年身난보백년신이요
已歸三尺土이귀삼척토엔 難保百年墳난보백년분이니라

무덤에 들어가기 전에는 백 년의 몸을 보존하기 어렵고
무덤에 들어간 뒤에는 백 년의 무덤을 보존하기 어렵다.

> 이 세상에 永遠(영원)한 것은 없으니 현재에 충실하라.
> 지금 이 순간 최선을 다하자는 것이다.

의역하면, '살아 백 살을 넘기기 어렵고, 죽어 백 년의 무덤을 유지하기 어렵다.'이다.

하버드대를 나온 뒤 숭산 스님의 제자가 된 푸른 눈의 현각 스님에게 어떤 기자가 '어느 經(경)을 가장 좋아하십니까?' 묻자, '瞬間經(순간경)'이라 대답했다. 의미 있는 대답이 아닐 수 없다.

우리 모두 매 순간순간 최선을 다하자!

未歸(미귀) : 돌아가기 전.
*선인들의 '歸(귀)'라는 표현에 감동한다. 죽는 것이 아니라 땅으로 돌아간다는 것이다.
三尺土(삼척토) : 석자의 흙. 무덤.
保(보) : 지킬 보 ; 보존하다. 살다.
已歸(이귀) : 이미 돌아가다. 죽다.
墳(분) : 무덤 분.

23.

巧厭多勞교염다로하고 拙厭閑졸염한하며

善嫌懦弱선혐나약하고 惡嫌頑악혐완이라

富遭嫉妬부조질투요 貧遭辱빈조욕이며

勤曰貪婪근왈탐람하고 儉曰慳검왈간이라

觸目不分촉목불분이면 皆笑蠢개소준하고

見機而作견기이작이면 又言奸우언간이라

思量那件사량나건하여 當敎做당교주나

爲人難做위인난주요 做人難주인난이니라

재주 있는 사람은 일이 많다고 싫어하고

재주 없는 사람은 한가히 빈둥거린다 싫어한다.

선한 사람은 나약하다고 미워하고

악한 사람은 꽉 막힌 사람이라 미워한다.

부자로 살면 질투의 대상이 되고

가난하게 살면 (멀쩡한 사람이 놀고먹는다고) 치욕의 대상이 된다.

부지런하면 욕심 많다고 말하고

검소하면 인색하다고 수군댄다.

어떤 일을 당하여 분간을 못 하면 어리석다 모두 놀려 대고

기회를 포착하여 행하면, 간사하다고 말한다.

여러 경우를 생각하여, 가르쳐야 함이 마땅하나

사람 되도록 하기도 어렵고, 사람 만드는 것도 어렵도다.

사람이 사람으로 태어나 사람답게 산다는 게

참으로 쉽지 않음을 간파한 글이다.

仰不愧於天(앙불괴어천) 俯不怍於人(부부작어인)

하늘을 우러러 한 점 부끄러움이 없고, 땅을 굽어보아도

부끄러움이 없는 삶을 살 것이며

중용을 잃지 않는 삶을 추구할 일이다.

厭(염) : 싫을 염.

多勞(다로) : 많이 움직이다. 많은 노력.

閑(한) : 한가할 한. 막을 한.

嫌(혐) : 싫을 혐 ; 혐오하다.

懦(나) : 게으를 나.

頑(완) : 굳을 완.

遭(조) : 만날 조. 망할 조.

貪婪(탐람) : 탐욕스럽다. 욕심이 많다.[18]

慳(간) : 아낄 간. 인색할 간.

觸目(촉목) : 보자마자. 보고도.

蠢(준) : 꿈틀거릴 준. 어리석을 준.

那(나) : 많을 나.

做(주) : 지을 주 ; 作(작)의 俗字(속자).

爲人(위인) : 사람이 되게 하다.

做人(주인) : 인재를 양성하다. 사람 되는 것.

18_ 원전에 의거 貪圖(탐도)를 貪婪(탐람)으로, 又疑奸(우의간)을 又言奸(우언간)으로 수정하였다.

24.

寫得紙盡筆頭乾사득지진필두건이니

更寫幾句爲人難갱사기구위인난이로다[19]

사경[20]을 하다 보니 종이도 다 하고 붓끝도 말랐구나.

다시 또 몇 구절을 더 써야 하나. 아, 사람 되기 힘들구나.

寫(사) : 베낄 사 ; 쓰다. 여기서는 '寫經(사경)'의 의미.

筆頭(필두) : 붓끝.

乾(건) : 마를 건.

幾(기) : 몇 기.

箇(개) : 낱 개.

19_ '寫經(사경)'은 經(경)을 베껴 쓰는 修行(수행)의 한 방법이다. 성경이나 불경을 사경하면서 '一字一拜(일자일배) – 한 글자를 쓰고 한 번 절하는 정성'의 마음으로 수행하는 방법이니, 이를 말한 것이다.

20_ 원전에 의거 箇(개)를 句(구)로 수정하였다.

25.

老子曰노자왈

上士聞道상사문도면 勤而行之근이행지하고

中士聞道중사문도면 若存若亡약존약망하고

下士聞道하사문도면 大笑之대소지하나니

不笑불소면 不足以爲道부족이위도니라[21]

노자께서 말씀하시기를

훌륭한 사람[上士]이 도를 들으면 부지런히 행하여 실천하고

평범한 사람[中士]이 도를 들으면 긴가민가[半信半疑(반신반의)]하여

긍정은 하되 실천하지 않으며

어리석은 사람[下士]이 도를 들으면 (웃기는 말로 듣고) 크게 웃는다.

(만약) 비웃지 않는다면, 그것은 도가 되기에 만족스럽지

못 한 것이다(그것은 진정한 도가 아니다).

예를 들어 누군가 '올바르게 살아라.' 하고 조언하면

上士(상사)는 바르게 살기 위해 최선을 다해 실천하고

中士(중사)는 긍정은 하되 실천하지 않으며

下士(하사)는 '그렇게 살다가는 바보 소리 듣는다.'며 손가락질 한다는 것이다.

그런데 지금은 어떤가? 下士(하사)가 판을 치는 세상이다.

21_『老子(노자)』 제41장에 나오는 글이다.

26.

子曰 자왈

朝聞道조문도면 夕死석사라도 可矣가의니라[22]

스승께서 말씀하시기를

아침에 도를 들어 깨달을 수 있다면 저녁에 죽는다 하더라도 하겠다.

아침에 人生(인생)의 이치인 도를 들어 터득할 수 있다면

저녁에 죽는다 한들 여한이 없겠다.

공자께서 도에 뜻을 둔 者(자), 드물어

안타까운 마음으로 하신 말씀이다.

22_『論語(논어)』「里仁篇(이인편)」 여덟 번째 글이다.

27.

景行錄경행록에 云운하되

木有所養則根本固而枝葉茂목유소양즉근본고이지엽무하여

棟梁之材成동량지재성하고

水有所養則泉源壯而流派長수유소양즉천원장이류파장하여

灌漑之利博관개지리박하고

人有所養則志氣大而識見明인유소양즉지기대이식견명하여

忠義之士出충의지사출이니

可不養哉가불양재리오

경행록에 이르기를

나무도 잘 길러야 뿌리가 견고하고 잎이 무성해져

기둥이나 대들보로 쓸 수 있고

물도 잘 관리해야 샘물이 콸콸 솟아 그 흐름이 장대하여

관개(물대기)에 많은 이득을 주고

사람도 잘 길러야 뜻과 기개가 커지고 식견이 밝아져

충의지사(큰 인물)로 키울 수 있으니

어찌 기르지(인재 양성) 않을 수 있겠는가?

인재 양성의 중요성을 나무와 물에 비유하여 간파한 명문이다.

灌漑(관개) : 농사를 짓는 데 필요한 물을 논밭에 댐.

可不養哉(가불양재) : 어찌 기르지 않을 수 있겠는가?

28.

直言訣직언결에 曰왈

鏡以照面경이조면이요

智以照心지이조심이나니

鏡明則塵埃不染경명즉진애불염이요

智明則邪惡不生지명즉사악불생이니라[23]

직언결에서 말하기를

거울은 얼굴을 비추기 위함이요

지혜는 마음을 밝게 하는 것이니

거울이 맑으면 얼굴에 때가 낄 수가 없고

지혜가 밝으면 (마음에) 사악함이 일어나지 않는다.

『莊子(장자)』에는 '鑑明則塵垢不止(감명즉진구부지) – 거울이 맑으면 먼지가 끼지 않는다.'로 나와 있다.

照(조) : 비출 조.

塵(진) : 티끌 진.

埃(애) : 먼지 애.

往(왕) : 갈 왕.

邪(사) : 사악할 사.

23_ 淸州本(청주본)에는 뒤에 나오는 29번 글과 연결된 것처럼 되어 있으나 내용상으로 보아 분리함이 좋을 듯하여 그렇게 하였다.

29.

人之無道也인지무도야면 如車無輪여거무륜하여

不可駕也불가가야니

人而無道인이무도면 不可行也불가행야니라

사람에게 도가 없으면 이는 마치 차에 바퀴가 없어

타고 갈 수 없는 것과 같으니

사람으로서 도리를 모르면 (잠시도) 행세할 수 없느니라.

> 사람이 도리를 모르면 마치 차에 바퀴가 없는 것과 같아
>
> 잠시도 살아갈 수 없다.

輪(륜) : 바퀴 륜.

駕(가) : 탈 가.

行(행) : 다닐 행 ; 行實(행실). 행세하다.

30.

景行錄경행록에 云운하되

自信者자신자는 人亦信之인역신지하여

吳越皆兄弟오월개형제요

自疑者자의자는 人亦疑之인역의지하여

身外皆敵國신외개적국이니라

경행록에 이르기를

스스로를 믿는 사람은 다른 사람도 그를 믿게 되어

원수지간도 다 형제가 되고

스스로를 의심하는 사람은 다른 사람도 그를 의심하여

모두가 다 적이 되느니라.

> 긍정적인 사고, 적극적인 사고, 할 수 있다는
> 자신감으로 살아야 한다.

'나는 안 된다.' '우리는 안 된다.' 하는 패배주의는 금물이다.

필자는 그간 오랜 방송 생활을 통해 수많은 사람과 인터뷰할 기회가 있었는데, 성공한 분들의 공통점은 하나같이 긍정적이고 적극적인 사고를 지니고 있었다는 것이다.

같은 내용의 글로, 『老子(노자)』에 '愛以身爲天下者乃可以託天下(애이신위천하자내가이탁천하) – 자신을 사랑하는 것처럼 천하를 사랑한다면 그에게 천하를 맡길 만하다.'가 있다.

31.

左傳좌전[24]에 曰왈

意合則의합즉 吳越오월도 相親상친이요

意不合則의불합즉 骨肉골육도 爲讐敵위수적이니라

좌전에서 말하기를

뜻이 맞으면 원수지간도 서로 친해질 수 있고

뜻이 맞지 않으면 뼈를 나눈 피붙이도 원수나 적이 되느니라.

같은 의미의 글로, '志合則胡越爲昆弟(지합즉호월위곤제) – 뜻이 맞으면 생소하기 짝이 없는 초면이라도 형제처럼 다정해진다.'는 말도 있다.

意(의) : 뜻 의.

骨肉(골육) : 골육지친. 뼈와 살을 나눈 피붙이.

讐(수) : 원수 수.

* 胡(호)는 북쪽 미개인, 越(월)은 남쪽 미개인.

24_『左傳(좌전)』: 『春秋左氏傳(춘추좌씨전)』. 周(주)나라의 史官(사관)인 左丘明(좌구명)이 쓴 책.

32.

素書소서에 云운

自疑자의면 不信人불신인이요

自信자신이면 不疑人불의인이니라

소서에 이르기를

스스로 의심하는 마음이 있으면 남도 또한 믿지 못하고

스스로 믿는 마음이 있으면 남도 또한 의심하지 않는다.

自疑(자의) : 스스로 의심함.

不信人(불신인) : 남을 믿지 못함.

不疑人(불의인) : 남을 의심하지 않음.

33.

疑人의인이어든 莫用막용하고

用人용인이어든 莫疑막의하라[25]

의심이 가는 사람이거든 쓰지 말고

이미 썼거든 의심하지 마라.

의역하면 다음과 같다.

의심이 가거든 채용하지 말고

이미 채용한 사람이라면 의심하지 마라.

유사한 내용으로, 『金史(금사)』「熙宗紀(희종기)」에 '疑人勿使(의인물사) 使人勿疑(사인물의)'란 글이 있다.

또, 『荀子(순자)』에는 '勞於索之而休於使之(노어색지이휴어사지)'란 글도 있다. '인재를 찾을 때는 많은 힘을 기울이고, 찾았을 땐 그에게 맡기고 편히 쉬어라.'는 뜻이다.

莫用(막용) : 채용, 등용하지 마라.

用人(용인) : 채용한 사람.

莫疑(막의) : 의심하지 마라.

25_『通俗篇(통속편)』「交際(교제)」에 나오는 글이다.

34.

語어에 云운하되

物極則反물극즉반이요 樂極則憂낙극즉우며

大合必離대합필리[26]요 勢盛必衰세성필쇠니리[27]

속담에 이르기를

모든 사물은 극에 달하면 처음으로 돌아간다.

즐거움이 극에 달하면 근심이 생기고

천하가 통일되어도 필경엔 쪼개지고

세력도 성하면 반드시 쇠퇴하게 되어 있느니라.

> 이 세상에 영원한 것은 아무것도 없다.
>
> 諸行無常(제행무상)이요, 生老病死(생로병사)의
>
> 과정을 거치게 되어 있다.
>
> 會者定離(회자정리)요, 生者必滅(생자필멸)이며
>
> 權不十年(권불십년)이니 그저 겸손할 일이다.

極(극) : 끝 극.

大合(대합) : 통일된 나라. 大合은 황제의 영토를 뜻한다.

衰(쇠) : 쇠할 쇠. 쇠퇴할 쇠.

26_ 청주본의 六合必離(육합필리)를 大合必離(대합필리)로 수정하였다. 천하가 통일이 되어도 필경엔 쪼개진다는 뜻이다.

27_ 불경『仁王經(인왕경)』에 '盛者必衰(성자필쇠) 實者必虛(실자필허)'의 구절이 있다.

35.

物極則反물극즉반이요

否極泰來비극태[28]래니라

세상 만물은 극에 달하면 처음으로 돌아오고

불운도 극에 달하면 행운으로 온다.

> 이 세상에 영원한 것은 없다.
>
> 행복도 영원하지 않고 불행도 영원하지 않다.
>
> 그러니 다만 주어진 일에 최선을 다할 뿐이다.

비슷한 말로, '樂極哀生(낙극애생) 樂而不淫(낙이불음) – 즐거움이 도를 지나치면 슬픔이 생기듯, 사물은 극에 달하지 않는 것이 좋으니, 즐기되 그 正道(정도)를 넘지 마라.'가 있다.

否(비) : 막힐 비. 아닐 부 ; 『周易(주역)』에 나오는 말. '塞(막힐 색)'과 같은 뜻.
泰(태) : 통할 태 ; 뚫리다. '通(통할 통)'과 같은 뜻.
否極泰來(비극태래) : '窮則通(궁즉통)'과 같은 뜻.

28_ '否(비)'나 '泰(태)'는 易(역)의 卦(괘) 명.

36.

家語가어[29]에 云운하되

安不可忘危안불가망위요

治不可忘亂치불가망난이니라

공자가어에 이르기를

편안할 때는 위태로워질 때를 잊지 말고(생각하고)

다스려질 때는 어지러워질 때를 잊지 마라(생각하라).

> '有備無患(유비무환)'이니 늘 긴장하라는 뜻이다.
> '憂患意識(우환의식)'으로 살아야 한다.
> 나라가 평온할수록 긴장을 늦추어선 안 된다는 가르침이다.

같은 의미의 글로, '安而不忘危(안이불망위) 存而不忘亡(존이불망망)'이 있다. '편안할 때 위태롭게 될 것을 잊지 말고, 보존되고 있을 때 없어질지 모른다는 생각을 잊지 마라.'는 뜻이다.

不可忘(불가망) : 잊지 마라.

不可忘危(불가망위) : 위험해질 때를 잊지 마라.

29_『家語(가어)』: 三國(삼국) 魏(위)나라 王肅(왕숙)이 지은 『孔子家語(공자가어)』를 이른다. 공자의 언행이나 일화 및 제자들의 사적을 모아 편찬한 책. 10권 44편.

37.

書서에 云운하되

致治於未亂치치어미란하고[30]

保邦於未危보방어미위하여

預防其患也예방기환야니라

상서에 이르기를

혼란이 일어나기 전에 잘 다스리고

위기가 닥치기 전에 나라를 잘 지켜

그 환란을 미연에 방비하라.

> 有備無患(유비무환), 미리 대비하여 환란이 없게 하라.

致治(치치) : 다스림을 다하다. 다스림에 힘쓰다.

邦(방) : 나라 방.

豫(예) : 미리 예 ≒ 預(예).

防(방) : 둑 방 ; 방비하다.

30_ 청주본의 制治於未亂(제치어미란)의 制治(제치)를 致治(치치)로 수정하였다.

38.

諷諫풍간[31]에 云운

水底魚天邊雁수저어천변안은

高可射兮低可釣고가사혜저가조어니와

惟有人心咫尺間유유인심지척간이나

咫尺人心不可料지척인심불가료니라

풍간에 이르기를

물 깊은 곳의 고기나 하늘가를 나는 저 기러기는

높아도 쏠 수 있고, 깊어도 낚시질할 수 있으나

오직 사람의 마음은 지척 간에 있음에도

(지척에 있는) 그 마음 헤아릴 수 없구나.

| 알 수 없는 사람의 마음을 풍자한 글이다.

底(저) : 밑 저. 바닥 저.

邊(변) : 가 변.

雁(안) : 기러기 안.

釣(조) : 낚시 조.

咫尺(지척) : 가까운 거리. 咫(지)는 8寸(촌), 尺(척)은 10寸(촌).

料(료) : 헤아릴 료.

31_ 諷諫(풍간) : 풍자를 통해 깨우치는 글. 넌지시 간함. 완곡하게 타이름.

39.

天可度而地可量천가탁이지가량이나

惟有人心不可料[32]유유인심불가료니라

하늘도 헤아릴 수 있고 땅도 헤아릴 수 있으나

오직 사람의 마음은 헤아릴 수 없구나!

의역하면 다음과 같다.

하늘의 뜻도 헤아릴 수 있고

땅의 이치도 헤아릴 수 있으나

오직 사람의 마음은 헤아릴 수 없구나.

度(탁) : 헤아릴 탁. 법 도.

量(량) : 헤아릴 량.

料(료) : 헤아릴 료.

32_ 淸州本(청주본)에 '不可防(불가방)'은 '不可料(불가료)'의 誤記(오기)이므로 수정하였다.

40.

畵虎畵皮화호화피나 難畵骨난화골이요
知人知面지인지면이나 不知心부지심이니라[33]

호랑이를 그리되 가죽은 그릴 수 있으나 뼈는 그릴 수 없고
사람을 알되 얼굴은 알겠으나 마음은 알 수 없구나.

> 그러기에 진정한 친구를 일러 '知己(지기)'라 하고
> '心許(심허)', 마음을 허락한다는 표현을 쓰는 것이다.

이 글을 보니 노래 가사가 생각난다. 방주연의 노래, 당신의 마음.
바닷가 모래밭에 손가락으로 그림을 그립니다.
당신을 그립니다.
코와 입 그리고 눈과 귀, 입가에 미소까지 그렸지만
마지막 한 가지 못 그린 것은
지금도 알 수 없는 당신의 마음…….
아! 알 수 없는 것이 사람의 마음이다.

畵(화) : 그림 화. 그릴 화.
皮(피) : 가죽 피.
骨(골) : 뼈 골.

33_『通俗篇(통속편)』「獸蓄條(수휵조)」에 나오는 글이다.

41.

對面共語대면공어라도

心隔千山심격천산이로다

얼굴을 맞대고 함께 이야기하고 있으나

마음은 천 리 먼 산처럼 떨어져 있도다.

같은 뜻으로, '同床異夢(동상이몽)'이 있다.

또, 陳亮(진양)이 朱子(주자)에게 보낸 편지글 가운데 '同床各做夢(동상각주몽)'이란 글도 있다.

對(대) : 대할 대.

共(공) : 함께 공.

隔(격) : 떨어질 격.

42.

海枯終見底해고종견저나

人死不知心인사부지심이니라

바다도 마르면 마침내 그 바닥을 볼 수 있으나

사람은 죽어도 그 마음을 모른다네.

> 그 넓은 바다도 언젠가 바닥을 볼 수 있겠지만
>
> 사람의 마음은 죽어도 모른다는 것은
>
> 알 수 없는 것이 사람의 마음이니
>
> 마음을 터놓고 살자는 소망의 의미다.
>
> 우리 마음을 터놓고 웃으며 살자.

唐(당)나라 때 시인, 杜荀鶴(두순학)의 詩「感遇(감우 : 우연히 느끼다.)」一部(일부)로, 원문 '大海波濤淺(대해파도천) 小人方寸深(소인방촌심) 海枯終見底(해고종견저) 人死不知心(인사부지심)'에서 따온 글이다. 앞 문장은 '큰 바다 파도는 오히려 얕고, 하찮은 사람의 마음은 오히려 깊구나.'라는 뜻이다.

같은 의미의 글로, 『青莊館全書(청장관전서)』에 '測水深昧人心(측수심매인심) - 물 속 깊이는 알아도 사람의 마음은 알기 어렵다.'가 있다.

枯(고) : 마를 고.

43.

太公曰태공왈

凡人범인은 不可貌相불가모상이요[34]

海水해수는 不可斗量불가두량이니라

태공이 말하기를

평범한 사람은 외모로 판단할 수 없고(겉모양만 보아 알 수 없고)

바닷물의 양은 말(물의 양을 재는 기구)로 잴 수 없느니라.

貌(모) : 외모. 얼굴 겉모습.

斗(두) : 말 두 ; 곡식이나 물의 양을 재는 기구. '升(되)'의 열 배.

相(상) : 서로 상. 운명 상. 점치다.

34_ 청주본에 逆相(역상)으로 나와 있어 해석에 어려움을 느끼던 중 석시현문에 貌相(모상)으로 나와 있음을 확인하였다. 뜻이 더욱 분명해진다. 수정하였다.

44.

勸君권군하노니 莫結寃막결원하라
寃深원심이면 難解結난해결이니
一日일일 結成寃결성원이면 千日천일 解不徹해불철이니라
若將약장 恩報寃은보원이면 如湯여탕 去潑雪거발설이나
若將약장 寃報寃원보원이면 如狼여랑 重見蝎중견갈이라
我見아견 結寃人결원인하니 盡被진피 寃磨折원마절이더라

그대에게 권하노니 (그대여!) 원한을 품지 마라.
원한이 깊어지면 그 원한 풀기 어려워져
하루 원한을 품게 되면 천 일을 푼다 한들 다 풀지 못하게 되느니라.
(그러나) 만약 은덕으로 원한을 갚는다면
이는 마치 끓는 물에 뿌린 눈처럼 사라지겠지만
원한을 원한으로 갚고자 한다면 이는 마치 이리를 만나고
또다시 전갈을 만나게 되는 것과 같은 것이 되느니라.
(그간) 내 원한을 품고 살아가는 사람을 보니
모두 다 그 원한 때문에 번민하고 괴로워하더라(고통을 받더라).

> 『論語(논어)』에 나오는 '以德報怨(이덕보원)'과 같은 뜻으로,
> 원한을 원한으로 갚으면 또 다른 죄의 씨앗을 뿌리는 것이요,
> 또 갚지 못했다 하여 원한을 품고 살면
> 평생 본인만 괴로울 뿐이니, 사랑으로 용서하고 오히려 베풀 때
> 진정 행복의 지름길로 가게 된다는 명문이다.

45.

景行錄경행록에 云운하되

結怨於人결원어인은 謂之種禍위지종화요

捨善不爲사선불위는 謂之自賊위지자적이니라

경행록에 이르기를

상대에게 원한을 품음은 재앙의 씨앗을 뿌리는 일이요

선행을 버려두고 하지 않음은 스스로를 해치는 일이니라.

상대에게 원한을 품지 말고 선행은 버려두지 마라.

'捨善不爲(사선불위) 謂之自賊(위지자적)'과 같은 의미의 글로,

'見善如不及(견선여불급) – 선행을 보거든 미치지 못함을 안타까워 하라.'

'見善如渴(견선여갈) – 선행을 보거든 목마른 사람처럼 하라.'

'見善則遷(견선즉천) – 선행을 보거든 즉시 행하라.'가 있다.

結怨(결원) : 원한을 품다.

謂(위) : 이르다. 같다. '爲(위)'와 같은 뜻.

捨善(사선) : 좋은 일을 할 수 있음에도 버려두는 일.

46.

莫信막신 直中直직중직하고

須防수방[35] 仁不仁인불인하라[36]

옳은 것 중에 옳은 것이라 말해도 함부로 믿지 말고

어지니 어질지 않으니 하는 상대의 평가에도 모름지기 경계하라.

의역하면 다음과 같다.

누가 와서 말하기를

'내 말은 옳은 말 중에 옳은 말이다.' 하는 사람일수록 믿지 말고

'저 사람은 어지니, 어질지 않으니' 하는 말에도 조심하라.

莫信(막신) : 믿지 마라.

直中直(직중직) : 곧은 것 중에 곧은 것. 여기서는 옳은 것 중의 옳은 것.

須防(수방) : 모름지기 대비하라. 모름지기 경계하라.

35_ 淸州本(청주본)에는 '隄防(제방)'으로 되어 있으나 원전을 참고하여 '須防(수방)'으로 하였다.

36_『西遊記(서유기)』,『事林廣記(사림광기)』에 나오는 글이다.

47.

常防賊心상방적심하고

莫偷他物막투타물하라

상대를 해치려는 마음을 항상 경계하고

남의 물건일랑 훔치지 마라.

賊心(적심) : 해치려는 마음. 헐뜯는 마음. 깎아내리려는 마음.

偸(투) : 훔칠 투.

48.

若聽一面說약청일면설이면

便見相離別변견상이별이리라

만약 한쪽 말만 듣는다면

문득 서로 갈라지게 됨을 보리라.

> '한쪽 말만 듣고 訟事(송사) 못 한다.'는 속담이 떠오르는 말이다.
>
> 사람들은 항상 자기에게 유리한 쪽으로 말을 하게 되어 있다.
>
> 서로의 말을 들어보고 私心(사심) 없이 판단해야 한다.

황희 정승의 일화가 생각나는 구절이다.

어느 날, A와 B 두 여종이 싸우다가 A가 황희 정승에게 와서 B를 헐뜯었다. 그 말을 들은 황희 정승은 A에게 "네 말이 옳다."고 하였다. 잠시 뒤, 이번에는 B가 와서 A를 헐뜯었다. 그 말을 들은 황희 정승은 B에게도 "그래, 네 말도 옳다." 하였다. 그러자 옆에 있던 부인이 "아니, 대감께서는 A도 옳다, B도 옳다 하시는데 그럼 대체 누가 옳은 겁니까?" 하자, "그래, 부인 말씀도 옳소!" 하였다고 한다.

若(약) : 만약 약.

便(변) : 문득 변. 편할 편.

離(이) : 헤어질 이(리).

別(별) : 떨어질 별.

49.

禮儀生於富足예의생어부족이요

盜賊起於饑寒도적기어기한이니라

예의는 넉넉하고 풍족한 데서 생기고

도적질은 춥고 배고픈 데서 (그 마음이) 생기게 된다.

이 글도 『明心寶鑑(명심보감)』 본래의 뜻과는 배치되는 俗言(속언)이다. 궁할 때에도 예의를 지키는 君子(군자)들을 보라.

다만 교훈은 두 번째 문장에 있다. 饑寒(기한)에 盜賊(도적)이 되기 쉬우니 조심하라는 뜻으로, 반어적 표현의 글이다.

禮儀(예의) : 예절과 의례.

富足(부족) : 풍부하고 풍족함.

饑寒(기한) : 주리고 추움. 어려움.

50.

貧窮不與下賤而下賤自生빈궁불여하천이하천자생이며

富貴不與驕奢而驕奢自至부귀불여교사이교사자지이니라[37]

빈궁과 하천(비천)은 함께하는 것이 아니라

비천이 스스로 생기는 것이요

부귀와 교만과 사치가 함께하는 것이 아니라

교만과 사치에 스스로 이르는 것이다.

> 다 마음먹기 나름이다.
>
> 가난하다고 다 비천한 것이 아니라 비천해지기 쉽다는 것이요,
>
> 부귀하다고 다 교만하고 사치하는 것이 아니라
>
> 교만하고 사치해지기 쉬우니, 조심하라는 가르침이다.

의역하면, '가난하고 곤궁하면 비천한 것이 아니라 비천함이 저절로 발생하는 것이요, 넉넉하고 귀하면 교만하고 사치하는 것이 아니라 교만하고 사치하는 마음이 저절로 일어난다.'이다.

같은 의미의 글로, 『唐書(당서)』에 '貧不學儉(빈불거검) 富不學奢(부불거사) – 가난하면 배우지 않아도 저절로 검소해지고, 부유하면 배우지 않아도 저절로 사치하게 된다.'가 있다.

37_ 淸州本(청주본)에는 '貧窮不與下賤(빈궁불여하천) 下賤而自生(하천이자생) 富貴不與驕奢(부귀불여교사) 驕奢而自至(교사이자지)'로 되어 있으나 文脈(문맥)상 '而'를 빼고 '下賤自生'과 '驕奢自至'로 해야 맞을 듯하여 수정하였다.

51.

飽煖포난에 思淫慾사음욕하고
飢寒기한에 發道心발도심이니라[38]

배부르고 따뜻하면 삿된 생각을 하게 되고
춥고 배고플 때 道心(도심)이 생기느니라.

> 어렵고 힘들 때 자기 발전이 있고, 넉넉하면 해이해지기 쉽다.
> 주위에서 헝그리 정신으로 열심히 뛰다가 형편이 나아지면서
> 나태해지는 경우를 종종 본다. 그러므로 '愼終如始(신종여시)'
> 늘 처음처럼 변함없는 마음으로 '平常心(평상심)'을 키우라는 말이다.

의역하면, '생활이 풍족하면 딴 생각하기 쉽고 어렵고 힘든 생활 속에 바른 마음 싹튼다.'이다.

페스탈로치는 '고난과 눈물이 나를 높은 예지로 이끌었다.'고 하였고, 영국 속담에 '가난은 사람을 분발하게 한다.'는 말이 있다. 사람은 어려움 속에서 성장하는 것이니 젊은이들이여, 苦難(고난)을 사랑하라.

飽(포) : 배부를 포.
暖(난) : 따뜻한 난 ; '煖(난)'과 같은 뜻.
飢(기) : 주릴 기.

38_『事林廣記(사림광기)』에는 '飽煖生淫慾(포난생음욕) 飢寒發善心(기한발선심)'으로 나와 있다.

52.

長思장사 貧難危困빈난위곤하니 自然不驕자연불교요
每想매상 官病熬煎관병오전하니 並無愁悶병무수민이라

가난하고 어렵고 위태롭고 곤란을 당하던 시절을 늘 잊지 않으니
자연스레 교만한 마음이 없어지고
몸에 병이 들어 괴로웠던 시절을 늘 생각하니
근심과 고민이 모두 다 사라지네.

어려웠던 시절을 잊지 마라. 그래야 현재의 행복을 느낄 수 있다.

같은 의미로, '貴而忘賤者不久(귀이망천자불구) – 성공한 다음 어려웠던 시절을 잊으면 그 성공은 오래가지 못한다.'는 구절이 있다.

長思(장사) : 오랫동안 생각하다. 每想(매상)과 같은 의미.
危(위) : 위태로울 위.
困(곤) : 곤란한 곤.
官(관) : 몸 관.
熬(오) : 볶을 오.
煎(전) : 졸일 전.
熬煎(오전) : 지지고 볶다. 힘들게 하다.
並(병) : 모두 병.
悶(민) : 고민할 민. 번민할 민.

53.

太公태공이 曰왈

法不加於君子법불가어군자요

禮不責於小人예불책어소인이니라

태공이 말하기를

군자에게 법을 加(가)하지 말고

소인에게 예로 책망하지 마라.

의역하면 다음과 같다.

법의 잣대로 군자를 대하지 마라(법 없이도 살 사람이다).

예절로써 소인을 꾸짖지 마라(예절이 통하지 않는 사람이다).

비슷한 말로, 『禮記(예기)』「曲禮篇(곡례편)」에, '禮不下庶人(예불하서인) 刑不上大夫(형불상대부)'가 있다. 예는 아래로 서인에게까지 적용되지 않으며 刑(형)은 위로 대부까지 적용되지 않는다. 즉, 피지배 계층은 법으로 다스리되, 지배계층은 예로 다스리라는 뜻이다.

加(가) : 더할 가.

責(책) : 꾸짖을 책 ; 책망하다.

54.

桓範曰환범왈

軒冕以重君子현면이중군자요

縲紲以罰小人유설이벌소인이니라

환범이 말하기를

높은 관직은 군자를 억누르고

포승줄은 소인을 얽어맨다.

> 높은 관직이 타인이 보기에는 선망의 대상일지 모르나
>
> 가실 본인에겐 짐이요, 부담이다.
>
> 이름값 하기가, 자릿값 하기가 얼마나 어려운 일인가.
>
> 하물며 그가 바르게 살고자 노력하는 군자임에야.

참고로, 『抱朴子(포박자)』에 나오는 글 가운데, '金玉崇而盜寇至(금옥숭이도구지) 名位高而憂責集(명위고이우책집) - 금과 옥(재물)을 숭상하면 도적이 들고, 명성과 지위가 높으면 근심과 책임이 몰려오네.'라는 구절이 있다.

桓範(환범) : 魏(위)나라 사람.

軒(헌) : 가마 헌 ; 大夫(대부) 이상이 타는 수레.

冕(면) : 면류관 면 ; 대부 이상이 쓰는 禮冠(예관).

軒冕(헌면) : 높은 관직을 이름.

縲(유) : 포승 유(류). 紲(설) : 포승 설.

55.

易역에 曰왈

禮防君子예방군자요

律防小人율방소인이니라[39]

주역에 이르기를

예에 어긋날 까 조심하는 자, 군자이고

법률에 저촉될까 두려워하는 자, 소인이니라.

禮(예) : 예도 예 ; 예절.

律(율) : 법칙 율(률).

防(방) : 막을 방 ; 조심하다.

39_『周易(주역)』에는 없는 글이다.

56.

景行錄경행록에 云운하되

好食色貨利者호식색화리자 氣必吝기필린이요

好功名事業者호공명사업자 氣必驕기필교니라

경행록에 이르기를

食(식)과 色(색)과 재화와 이익을 선호하는 자

기질이 인색하기 마련이고

공훈과 명예와 업적을 선호하는 자

그 기질이 교만하기 마련이니라.

> 이익을 추구하는 자, 인색하기 마련이고
>
> 명예를 추구하는 자, 교만하기 마련이다.

色(색) : 빛 색 ; 여색.

貨(화) : 재화 화 ; 돈.

吝(인) : 인색할 인.

氣(기) : 기운 기 ; 기질. 기품.

事業(사업) : 경영하여 이룬 일. 業績(업적).

57.

子曰 자왈

君子喻於義 군자유어의요

小人喻於利 소인유어리이니라[40]

스승께서 말씀하시기를

군자는 義(의)에 밝고

소인은 利(이)에 밝으니라.

군자는 義理(의리)에 움직이고

소인은 利益(이익)에 움직인다.

군자는 義理(의리)를 추구하고

소인은 利益(이익)을 추구한다.

아! 그러나 지금은 어떤가? 이제 다시 시작하자.

喻(유) : 밝을 유 ; '曉(효)'와 같은 뜻.

義(의) : 義理(의리).

利(이) : 利益(이익).

40_『論語(논어)』「里仁篇(이인편)」에 나오는 글이다.

58.

說苑설원[41]에 云운하되

財者재자는 君子之所輕군자지소경이요

死者사자는 小人之所畏소인지소외니라

설원에 이르기를

재물은 군자가 가벼이 여기는 것이고

죽음은 소인이 두려워하는 것이다.

의역하면 다음과 같다.

군자는 재물을 가벼이 여기고

소인은 죽음을 두려워한다.

財者(재자) : 재물이라는 것은.

所輕(소경) : 가벼이 여기는 것.

所畏(소외) : 두려워하는 것.

41_『說苑(설원)』: 劉向(유향)이 쓴 儒家(유가)의 책. 춘추시대부터 漢初(한초)까지 여러 학자들의 傳記逸事(전기일사)가 기록되어 있으며 총 20권으로 구성되어 있다.

59.

疏廣[42]曰 소광[43]왈

賢人多財 현인다재면 損其志 손기지하고

愚人多財 우인다재면 益其過 익기과니라[44]

소광이 말하기를

어진 사람이 재물이 많으면 그 뜻을 손상하고

어리석은 사람이 재물이 많으면 그 허물이 깊어진다.

> 너무 많은 재물은 오히려 독이 되느니
>
> 만족하고 멈출 줄 알라는 가르침이다.

원문은 '賢而多財則損其志(현이다재즉손기지)

愚而多財則益其過(우이다재즉익기과)'이나 줄인 듯하다.

같은 의미로, 『景行錄(경행록)』에 '務財者殺其後(무재자살기후) 財多累身(재다루신) – 재물에 힘쓰면 그 후손을 해치고 재물이 너무 많으면 몸에 누가 된다.'는 글이 있다.

42_ 淸州本(청주본)에는 '武蘇(무소)'로 되어 있으나 원전에 의거하여 '疏廣(소광)'으로 수정하였다.

43_ 疏廣(소광) : 前漢(전한)의 학자. 字(자)는 仲翁(중옹). 춘추에 통달하여 太傅(태부)가 됨.

44_ 『漢書(한서)』「疏廣傳(소광전)」과 『小學(소학)』「善行篇(선행편)」에 나온다.

60.

老子曰노자왈

多財면 失其守眞다재면 실기수진이요

多學이면 惑於所聞다학이면 혹어소문이니라[45]

노자께서 말씀하시기를

재물이 너무 많으면 지키고자 하는 뜻(주관, 철학, 가치관)을 잃기 쉽고

많이 배워 알게 되면 소문에 미혹되기 쉽다.

첫 구절은 '多財則損其志(다재즉손기지)'처럼 재물이 많으면 그 순수성을 잃기 쉽다는 말이고, 두 번째 구절은 『道德經(도덕경)』의 '絶學無憂(절학무우)'가 떠오르는 구절이다.

老子(노자)는 사람들이 학문에 힘쓰기 때문에 오히려 근심이 많아지고 갈팡질팡하게 된다고 했다. '학문을 그만두면 걱정이나 미혹 따위는 있을 리 없다.'는 것이 노자의 사상이다 [老子(노자) 『道德經(도덕경)』 제20장].

守眞(수진) : 지키고자 하는 진리. 주관. 철학.

惑(혹) : 의심할 혹. 미혹할 혹.

所聞(소문) : 들리는 모든 것. 소문.

45_ 老子(노자)의 글에는 나와 있지 아니하다.

61.

人非堯舜인비요[46]순[47]인데

焉能每事盡善언능매사진선이리오[48]

사람이 요순 임금이 아닐진대

어찌 매사가 모두 선할 수 있겠는고?

> 우리가 聖君(성군)이 아닌 이상,
>
> 과실을 免(면)할 수 없다는 인간적인 글이다.

보라. 모든 문제는 상대가 완벽하기를 바라는 데서 오지 않던가? 진정한 사람은 상대의 약점을 사랑하는 것이다.

焉(언) : 어찌 언.

能(능) : 어찌 능. 능할 능.

盡(진) : 다할 진.

46_ 堯(요) : 요 임금. 上古時代(상고시대) 전설상의 성인.

47_ 舜(순) : 순 임금.

48_『資治通鑑(자치통감)』「晉紀(진기)」에 나오는 글로, 王述(왕술)이 王導(왕도)를 평한 말 가운데 나오는 구절이다.

62.

子貢曰자공[49]왈

自生民以來자생민이래로

未有盛於孔子也미유성어공자야니라[50]

자공이 말하기를

인류가 생성한 이래로

공자님보다 높고 훌륭한 덕을 지닌 이는 있지 아니하였다.

公孫丑(공손추)가 孟子(맹자)에게 伯夷(백이)와 伊尹(이윤)이 孔子(공자)님과 동등하냐 물으니 [伯夷伊尹(백이이윤) 於孔子(어공자) 若是班乎(약시반호)], 위와 같이 대답하였다.

이어지는 글에, '自生民以來(자생민이래) 未有夫子也(미유부자야)(子貢曰).'라는 구절이 보이는데 윗글 '未有盛於孔子也(미유성어공자야)'와는 차이가 있다.

生民(생민) : 인류가 생성한.

盛(성) : 성할 성 ; 盛德(성덕) : 높고 훌륭한 덕.

49_ 子貢(자공) : 공자의 제자로 성은 端木(단목), 이름은 賜(사). 언변이 뛰어났다고 한다. 魯(노)나라 · 魏(위)나라 재상을 지냈다.

50_ 『孟子(맹자)』「公孫丑章句(공손추장구)」 상편에 나오는 글이다.

63.

人貧智短인빈지단이요

福至心靈복지심령이니라[51]

사람이 가난하면 지혜도 짧아지고

복이 이르면 생각도 영민해진다.

> 적당한 富(부)가 필요하다는 뜻으로,
>
> 사람의 마음을 풍자적으로 표현한 俗言(속언)이다.

의역하면, '사람이 궁핍해지면 생각도 짧아지고 여유가 생기면 생각도 영특해지더라.'로, 일상생활의 적당한 부를 강조한 글이다.

'생활이 지나치게 곤궁하면 생각도 짧아진다.'는 표현은 현대 생활에서도 느낄 수 있는 단편들이다. 당장 먹을 것이 없는데 무슨 생각의 여유가 있을 수 있겠는가?

아마도 이 글은 '安貧樂道'를 추구하던 어떤 분이 현실에서 느끼는 悲感(비감)을 표현한 것이 아닌가 한다. 실제로 「古逸詩(고일시)」에 '福至心靈(복지심령)이요, 禍來神昧(화래신매) – 복이 오니 마음도 맑아지고 재앙이 닥치니 정신도 흐릿해진다.'를 봐도 그렇다.

51_ 미국 하버드 프린스턴대 공동연구진은 지난해 7월 30일, 과학전문지인 사이언스지에 '人貧志短(인빈지단)'과 관련한 흥미로운 결과를 발표했다. '가난이 사람의 지적 능력을 떨어뜨린다.'는 것이다. 당장 눈앞의 먹고살 일을 걱정하느라 다른 문제는 올바로 판단하고 결정하지 못하게 된다는 것이다. '福至心靈(복지심령)'과 관련해서는 주머니가 두둑할 때 IQ가 9~10 높아진다는 연구 결과도 있다.

『五燈會元(오등회원)』이란 책에는 '人貧志短馬瘦毛長(인빈지단 마수모장)'이란 구절이 보인다. 사람이 빈곤해지면 생각도 둔해지고, 말이 여위면 털만 길어진다는 뜻이다. 『孟子(맹자)』에 나오는 '無恒産(무항산) 無恒心(무항심) – 안정된 재산이 없으면 안정된 도덕성도 없어진다.'도 비슷한 의미의 글이다.

智短(지단) : 지혜가 짧아지다. 생각이 짧아지다. 異本(이본)에는 '志短(지단)'으로 나와 있다.

心靈(심령) : 생각이 영민해지다. 마음이 넉넉해지다. 마음이 靈明(영명)해지다.

64.

不經一事불경일사면
不長一智부장일지니라

한 가지 일을 경험하지 않으면
한 가지 지혜가 늘지 않는다.

> 경험의 소중함을 간파한 글이다.
> 지혜는 경험 속에서 온다는 말이다.
> 그러니 젊어서 고생은 사서도 할 일이다.

필자가 군대 시절 훈련소에서 있었던 일이다.

훈련이 끝나면 이등병 계급장을 손수 달게 되어 있었다. 그때, 모두들 '논 열 마지기와 작대기 한 개를 바꾸지 않겠다.'라고 말한 것이 떠오른다.

이런 경험이 없는 사람이 이 말의 의미를 어찌 알 것인가? 그러니 젊은이들이여! 어려움을 피하려 하지 말고 실패를 두려워하지 마라!

經(경) : 지낼 경.
智(지) : 지혜 지.

65.

成則妙用성즉묘용이요

敗則不能패즉불능이더라

성공하면 묘한 작용이 일어나고

실패하면 할 수 있는 일도 안 되더라.

> 성공하니 안 되던 일도 잘 되더니
>
> 실패하니 되던 일도 안 되더라.
>
> 다시 말해, 잘될 놈은 넘어져도 참외밭에 넘어지고
>
> 안 될 놈은 넘어져도 거름밭에 넘어지더라.

이 말 또한 '세상만사 다 그렇더라.' 하는 俗言(속언)이다.

成(성) : 이룰 성 ; 성공하다.

妙用(묘용) : 묘한 작용.

66.

是非終日有시비종일유라도

不聽自然無불청자연무니라

시비가 하루 종일 이어져도

들어 주지 않으면 자연스레 없어지느니라.

> 시비에 말려들지 말라는 것이다.
>
> 이쪽에서 보면 이 말이 맞고 저쪽에서 보면 저 말이 옳다.
>
> 말은 말을 낳고, 시비는 또 다른 시비를 낳아서
>
> 派黨(파당)이 생기고 편이 생겨, 또 다른 시비를 양산하는 법이니
>
> 世上事是非(세상사시비)에 말려들지 않는 것이 좋다는 말이다.

是非(시비) : 옳고 그름.

終日(종일) : 하루 종일.

聽(청) : 들어주다. 동조하다.

67.

來說是非者내설시비자가

便是是非人변시시비인이니라

(내게) 와서 시시비비를 이야기하는 사람

이 사람이 바로 시비를 거는 사람이니라.

> 나를 헐뜯는 사람도 나쁘지만 나를 헐뜯는다고 와서
>
> 이야기해 주는 사람이 더 나쁜 법이다.
>
> 혹 어떤 사람이 나를 나쁘게 이야기하더라도
>
> 둘 사이를 화해시키기 위해 애쓰는 사람이 훌륭한 사람 아니겠는가.

같은 의미의 글로, 「正己篇(정기편)」에 다음과 같은 구절이 있다.

聞人言人之惡문인언인지악이라도 未嘗和미상화하라

어떤 사람이 와서 또 다른 사람의 잘못을 말하거든 조금도 화답하지 마라.

來說(내설) : 와서 이야기하다.

便是(변시) : 문득 이 사람이.

68.

擊壤詩격양시[52]에 云운하되

生平[53]不作皺眉事생평부작추미사면

天下應無切齒人천하응무절치인이리라[54]

격양시에 이르기를

평생을 살며 (남에게) 눈썹 찌푸릴 일 하지 않았다면

천하에 이 갈 일 (화낼 일) 응당 없을 것이다.

> '因果應報(인과응보)'라는 것이다.
> 본인이 폐를 끼치는 일을 했기에, 또 상처를 주었기에
> 상대도 그렇게 대한 것인데, 자기의 잘못은 탓하지 않고
> 잘못에 대응하는 상대만 탓하는 사람의 마음을 꾸짖는 글이다.

같은 의미로, '若要人重我(약요인중아)커든 無過我重人(무과아중인)하라 – 만약 상대가 나를 重(중)히 여기길 바란다면 내가 먼저 상대를 중히 여겨야 한다는 사실을 간과하지 마라.'라는 글이 있다.

皺(추) : 찡그릴 추.

52_ 「擊壤詩(격양시)」: 宋(송) 邵雍(소옹)의 詩(시). 『擊壤集(격양집)』 20권.

53_ 淸州本(청주본)에 '生平(생평)'이 '平生(평생)'으로, '天下(천하)'가 '世上(세상)'으로 되어 있어 원전에 따라 수정하였다.

54_ 원전은 邵雍(소옹)의 文集(문집) 『擊壤集(격양집)』의 '詔三下答鄕人不起之意(조삼하답향인불기지의)'로 題(제)한 七言律詩(칠언율시)에 나오는 첫 구절로, '生平不作皺眉事(생평부작추미사) 天下應無切齒人(천하응무절치인)'으로 나와 있다.

69.

你害別人니해별인을 猶自可유자가면
別人你害별인니해를 却如何각여하리오

그대가 남을 해치는 것을 오히려 옳게 여긴다면
(반대로) 남이 그대를 해쳤을 땐 어찌할 것인가?

매사 易地思之(역지사지)하라는 가르침이다.

你(니) : 너 니 ; 그대가.
別人(별인) : 本人(본인)의 반대. 나 아닌 他人(타인).
猶(유) : 오히려 유.
可(가) : 옳을 가 ; 가능하다.
却(각) : 도리어 각.
如何(여하) : 어찌하다.

70.

嫩草怕霜눈초파상이나 霜怕日상파일이요

惡人自有악인자유 惡人磨악인마니라[55]

새싹은 서리를 두려워하고 서리는 햇살을 두려워하듯

악인에겐 그 악인을 못살게 구는 또 다른 악인이 있기 마련이다.

> 힘으로 누르는 자, 또 다른 힘에 눌리게 되어 있다.
>
> '뛰는 놈 위에 나는 놈 있고, 나는 놈 위에 붙어 가는 놈 있다.'는
>
> 俗言(속언)과 통하는 말이다.
>
> 이 세상에 영원한 강자는 없으니 조심하라는 말이다.

같은 의미로, '飛者上有跨者(비자상유고자) – 나는 놈 위에 걸터 앉은 놈.'이라는 속담이 있다.

嫩(눈) : 어릴 눈.

嫩草(눈초) : 새싹.

怕(파) : 두려워할 파.

磨(마) : 갈 마. 고생할 마 ; 곤란을 당하다.

55_ 金瓶梅(금병매) 43회 西湖二集(서호2집)에 나오는 글이다.

71.

有名豈在鐫頑石 유명기재전완석인가

路上行人口勝碑[56] 노상행인구승비라네

이름을 알리려고 어찌 굳은 돌에 그 이름 새기는가?

길 가는 사람의 입이 비석보다 낫다네.

> 훌륭한 사람의 명성은 굳이 비석에 새기지 않아도
>
> 입소문에 의해 알려지게 되어 있다.
>
> 비석보다 무서운 것은 길 가는 이, 즉 세간의 평판이라는 뜻의
>
> 이 말은 寸鐵殺人(촌철살인)이다.

有名(유명) : 알려진 이름. 이름을 알리다.

鐫(전) : 새길 전.

頑(완) : 굳을 완.

口(구) : 입 구 ; 입소문. 평판.

56_『通俗篇(통속편)』에는 '口勝碑(구승비)'가 '口似碑(구사비)'로 되어 있다.

72.

有麝自然香유사자연향인데
何必當風立하필당풍립고

사향을 지녔다면 자연스럽게 향이 나는 법인데
어찌하여 바람을 맞고 서 있으려 (향기를 풍기려) 하는고?

의역하면, '덕을 쌓으면 노력하지 않아도 다 알려지는 법인데 무엇하려 이름을 남기려 노력하는가.'이다.

꽃향기는 꽃에 依(의)해 향기가 전해지는 것이 아니라 바람에 依(의)해 사람들에게 전해지는 것처럼, 사람의 향기 역시 스스로 뽐내지 않아도 절로 맡아지는 것이니, 자신의 잘난 점을 굳이 내세우지 않아도 그 향기는 절로 풍긴다는 뜻이다.

옛말에 '囊中之錐(낭중지추)'라는 말이 있다. 주머니 속의 송곳은 삐져나오기 마련이어서 노력하지 않아도 지혜와 덕을 갖춘 이는 모두들 흠모하게 되어 있다는 뜻이다.

또, '桃李不言下自成蹊(도리불언하자성혜) – 복숭아나 자두나무 아래에는 길을 만들지 않아도 저절로 길이 생긴다.'는 글도 있다. 한마디로 '光而不耀(광이불요) – 빛이 있어도 빛내지 않음'을 이르는 말이다.

麝(사) : 사향노루 사.
何必(하필) : 왜 하필.

73.

自意得其勢자의득기세면
無風可動搖무풍가동요니라[57]

제멋대로 세력을 얻게 되면
바람이 없어도 흔들리게 된다.

> 정당하지 않은 방법으로, 즉 정통성을 무시하고 집권하면
> 外部(외부)의 작은 움직임에 민감하게 반응한다는 말로
> '뿌리 깊은 나무는 바람에 흔들리지 않는다.'는 구절이
> 떠오르는 말이다.

自意(자의) : 제멋대로. 방자하게. 恣意(자의)와 같은 뜻.
動搖(동요) : 움직일 동. 흔들릴 요 ; 동요하다. 흔들리다.

57_ 당연히 이 문장도 편집본에는 없다. 당시 계유정난으로 집권한 세조 세력들(정통성에 하자가 있을 수밖에 없는) 입장에서 보면 민감한 구절이었을 것이다. 그럼에도 이런 구절이 들어 있는 『明心寶鑑(명심보감)』을 발간하였다는 것은 대단한 용기가 아닐 수 없다. 발간에 참여했던 분들의 忠義(충의)를 다시 한 번 느끼게 하는 대목이다(필자 졸고, 「淸州版 明心寶鑑의 序文과 跋文에 關한 硏究」 參考).

74.

得道득도면 誇經紀과경기요

時熟시숙이면 好種田호종전이니라

도를 터득한 이에겐 엄한 법도 쓸모가 없고

때가 무르익으면, 씨 뿌리기에 좋다고 느껴진다.

'德不孤必有隣(덕불고필유린) – 덕을 베푸는 자 외롭지 않다. 반드시 이웃이 있다.'라는 말이 떠오르는 글이다.

의역하면 '이치대로 사니 국법도 남의 일이고 때가 무르익으니 씨뿌리기도 좋구나.'이다.

得道(득도) : 도를 터득하다. 成佛(성불)하다. 올바르게 살다.

誇(과) : 공허하다. 헛일이다.

熟(숙) : 익을 숙.

經紀(경기) : 綱紀(강기). 국가의 기강. 治國(치국)의 大法(대법).

75.

孟子맹자에 云운하되

得道者득도자 多助다조요

失道者실도자 寡助과조니라[58]

맹자에 이르기를

법도대로 하는 자, 돕는 이 많을 것이요

도를 잃는 자, 돕는 이 적을 것이다.

의역하면, '仁政(인정)을 베풀어 지도자가 법도대로 한다면 돕고 따르는 자 많을 것이요, 그렇지 못하여 도를 잃는 자, 따르는 이 적을 것이다.'이다.

원문은 다음과 같다.

得道者득도자는 多助다조하고

失道者실도자는 寡助과조라

寡助之至과조지지에는 親戚친척이 畔之반지하고

多助之至다조지지에는 天下順之천하순지니라

도를 얻으면 도와주는 자 많아지고

도를 잃으면 도와주는 자 적어지는 것이니

도와주는 이가 적음의 끝은 친척이 배반하는 것이고

도와주는 이가 많음의 끝은 천하가 따르는 것이다.

58_『孟子(맹자)』「公孫丑章句(공손추장구)」 하편에 나오는 글이다.

76.

張無盡曰장무진[59] 왈

事不可做盡사불가주진하고 勢不可使盡세불가사진하며[60]

言不可道盡언불가도진하고 福不可享盡복불가향진하라

장무진이 말하기를

일을 하되 깡그리 해치우지 말고

세력이 있다하여 다 부리지 말며

말을 하되 모든 것을 다 말하지 말고

복을 누리되 다 누리지 마라.

남겨 두라는 말이다. 일을 하되 끝장을 보려 하지 말고, 세력이 있다 하여 다 부리지 말며, 말을 함에 모든 것을 다 말하지 말고, 복을 다 누리지 말고 남겨 두라는 말이다.

'言不可道盡(언불가도진)'과 같은 의미로, '逢人且說三分話(봉인차설삼분화) 未可全抛一片心(미가전포일편심) – 사람과 만나 이야기 하되 십분의 삼쯤만 말하고 속마음 한 조각까지 다 말하지 마라.'가 있다.

59_ '張無盡(장무진)'이란 위 문장처럼 '다하지 마라.'는 것이 그의 信條(신조)여서 얻은 號(호)인 듯하다.

60_ 원전에 의거 使盡(사진)을 做盡(주진)으로, 倚盡(기진)을 使盡(사진)으로 수정하였다. 글자의 유사함에서 온 오각(誤刻)인듯 하다

77.

有福莫享盡유복막향진하라

福盡身貧窮복진신빈궁이니라

有勢莫使盡유세막사진하라

勢盡寃相逢세진원상봉이니라

福兮常自惜복혜상자석하고

勢兮常自恭세혜상자공하라

人生驕與侈인생교여치면

有始多無終유시다무종이니라

복(재물)을 받았다고 해서 그 복을 다 누리지 마라.

그 복 다하고 나면 몸에 가난과 곤궁이 있을 뿐이다.

세력이 있다 하여 그 세력을 다 부리지 마라.

세력이 다하고 나면 원성이 따르는 법이다.

복 받은 이여 항상 스스로 아끼고

세력이 있는 자여 항상 스스로 공손하여라.

사람이 살아가면서 교만하고 사치하게 되면

처음은 있으나 끝이 없게 되는 경우가 많으니라.

> 복이 있을 때 아끼고 세력이 있을 때
>
> 겸손하라는 말은 만고의 명언이다.

보라! 조금 있다 하여 사치하고 낭비한 자, 세력이 좀 있다 하여 교만 방자하던 자, 그들은 지금 어디에서 무엇을 하고 있는가?

法頂(법정) 스님의 말씀이 떠오른다. '주어진 가난은 가난이지만 선택한 가난은 가난이 아니다.' 진정한 멋이란 외제차를 타고 다녀도 될 만큼 부유한 사람이 지하철을 타고 다니는 것이다. 자, 이제 우리 좀 가난하게 살자!

寃(원) : 원통할 원. 원성을 살 원.

惜(석) : 아낄 석.

侈(치) : 사치할 치.

78.

太公태공이 曰왈

貧不可欺빈불가기하고 富不可勢부불가세하라

陰陽相推음양상퇴하여 周而復始주이부시니라

태공이 이르기를

가난하다 하여 (자신과 타인을)속이지 말고

넉넉하다 하여 위세 떨지 마라.

음지와 양지는 서로 밀어내어

돌고 돌아 다시 시작한다.

의역하면, '가난하다 하여 상대를 속이지 말며 부자라 하여 위세 부리지 마라. 음지가 양지 되고 양지가 음지 되어 돌고 돌아 다시 처음으로 가는 것, 그것이 자연의 이치니라.'이다.

欺(기) : 속일 기 ; 업신여기다. 欺瞞(기만)하다.

勢(세) : 세력 세.

推(퇴) : 밀 퇴 ; 밀어내다. 변하다. 推移(추이).

周(주) : 두루 주 ; 돌다.

復(부) : 다시 부. 회복할 복.

79.

王參政四留銘 왕참정[61] 사류명

留有餘不盡之巧유유여부진지교하여 以還造物이환조물[62]하고
留有餘不盡之祿유유여부진지록하여 以還朝廷이환조정하며
留有餘不盡之財유유여부진지재하여 以還百姓이환백성하고
留有餘不盡之福유유여부진지복하여 以還子孫이환자손하라

왕참정 사류명
타고난 재주를 다 써 버리지 말고 남겨 두었다가
조물주에게 돌려주고
녹봉을 다 써 버리지 말고 남겨 두었다가 조정에 돌려주며
재물을 다 써 버리지 말고 남겨 두었다가 백성에게 돌려주며
(재산을 다 써 버리지 말고 남겨 두었다가 사회에 환원하고)
복을 받았거든 다 누리지 말고 남겨 두었다가
자손들에게 돌려주어라.

> 남겨 두라는 말은, 다 써 버리지 말고 아껴 두라는 말이다.
> 재주 있다고 교만 떨지 말고 그 재주를 아끼라는 말이요,
> 봉급도 아껴, 국가 발전에 도움이 되도록 하고
> 재물도 아껴 써, 남은 재물은 사회에 환원하고
> 후손들의 미래를 위해 一身(일신)만의 복록을
> 다 누리지 말라는 가르침이다.

61_ 王參政(왕참정, 957~1017) : 북송대의 정치가. 王旦(왕단). 字(자)는 子明(자명).
62_ 청주본의 造化를 원전에 의거 造物로 하였다.

80.

漢書云한서운

勢交者세교자 近勢竭而亡근세갈이망하고

財交者재교자 密財盡而疎밀재진이소하며

色交者색교자 親色衰而絕친색쇠이절하니라

한서에 이르기를

세력 때문에 사귀는 자는

그 세력이 다하고 나면 우정이 다해지고

재물(돈) 때문에 사귀는 자는

그 재물이(돈 때문에 가까이 했던) 다 하고 나면 정이 멀어지게 되고

여색(미모) 때문에 사귀는 자는

그 美色(미색)이 다 하고 나면 그 정도 끊어지는 법이다.

소인배들의 야박한 처세를 풍자한 글이다.

같은 의미의 글로, 『文中子(문중자)』에 '以勢交者勢傾卽絕(이세교자세경즉절) 以利交者利窮卽散(이이교자이궁즉산) – 세력 때문에 사귀는 자 그 세력 기울면 관계가 끊어지고, 잇속으로 사귀는 자 얻을게 없어지면 관계가 흩어진다.'가 있다. 또, 『戰國策(전국책)』에는 '以色交者 華落而愛渝(이색교자 화락이애투) 以財交者 財盡交絕(이재교자 재진교절) – 미모로 교제하는 자 미모가 쇠하면 사랑이 변하고, 재물로 사귀는 자 그 재물이 없어지면 관계가 끊어진다.'가 있다.

81.

子游曰자유[63]왈

事君數사군삭이면 斯辱矣사욕의요

朋友數붕우삭이면 斯疏矣사소의니라[64]

자유가 말하기를

임금을 섬김에 忠諫(충간)을 자주 하면

이로 하여 치욕을 받을 수 있고

친구를 사귐에 忠告(충고)를 자주 하면

이로 하여 멀어질 수 있느니라.

> 아무리 좋은 말도 한두 번이다.
>
> 忠告(충고)도 자주 하면 관계가 멀어진다.

數(삭) : 자주 삭 ; 여기서는 '忠諫(충간)을 자주하다.'의 의미로 쓰였다. 옳은 길로 가도록 간언함.

疏(소) : 멀 소.

斯(사) : 이 사 ; 이로 하여.

63_ 子游(자유) : 孔門十哲(공문십철) 가운데 한 사람. 吳(오)나라 사람으로, 성은 言(언). 이름은 偃(언).

64_『論語(논어)』「里仁篇(이인편)」에 나오는 글이다.

82.

黃金千兩未爲貴황금천냥미위귀요
得人一語勝千金득인일어승천금이니라

황금 천 냥이 귀한 것이 아니요
득도(깨달은 자, 도를 터득한 자)하신 분의 한 말씀이
천금보다 낫느니라.

> 황금 천 냥보다 성현의 가르침 한마디가
> 더 가치 있다는 얘기다.

得人(득인) : 깨달은 자. 成佛(성불)하신 분. 도를 터득한 사람. 성인.
勝(승) : 나을 승.
千金(천금) : 천 냥의 금.

83.

千金易得천금이득이나

好語難求호어난구니라

천금은 (오히려) 얻기 쉬우나

좋은 말 求得(구하여 얻기는)하기는 어려우니라.

易得(이득) : 얻기 쉽다.

好語(호어) : 좋은 말. 훌륭한 말.

求(구) : 구할 구 ; 얻다.

84.

好言難得호언난득이나

惡語易施악어이시니라

좋은 말 얻어듣기는 어려우나

나쁜 말 내뱉기는 쉬우니라.

> 惡語(악어)가 판을 치는 세상이다.
>
> 칭찬과 격려의 말은 적고
>
> 헐뜯고 비방한자 판을 친다.
>
> 아 好言(호언)을 생활화 하자.

易施(이시) : 쉽게 베풀다. 쉽게 하다. 쉽게 행하다. 퍼져 나가다.

85.

求人不如求己구인불여구기요

能管不如能推능관불여능추니라[65]

남에게 求(구)하고자 하나 자기에게 求(구)함만 못하고

아무리 자기가 관리를 잘 한다고 하나

좋은 사람을 추대함만 못하느니라.

> 해답은 자신에게 있다.
>
> 스스로 하는 것보다 다른 사람을 밀어 주라는 것.
>
> 즉, 상대를 추천하고 자기는 사양함[推讓(추양)]이 군자의 도리다.

이와 관련하여, 철학자 박이문 교수의 말이 떠오른다. '청춘들이여, 멘토를 찾으려 헤매지 마라. 답은 네 안에 있다.'

같은 의미로, 다음과 같은 글이 있다.

推賢讓能추현양능 – 어진 이를 추대하고 능력 있는 자에게 양보하라[『荀子(순자)』].

君子莫大乎與人爲善군자막대호여인위선 – 상대로 하여금 선행을 할 수 있도록 돕는 일보다 위대한 일은 없다[『孟子(맹자)』].

夫仁者己欲立而立人부인자기욕립이립인 己欲達而達人기욕달이달인 – 무릇 군자는 자기가 서고 싶은 자리에 남을 세우고, 자기가 통달하고 싶을 때 남을 통달시킨다[『論語(논어)』「雍也篇(옹야편)」].

65_『通俗篇(통속편)』에 나오는 글이다.

86.

用心閑管용심한관이면 是非多시비다니라

이러쿵저러쿵, 떠도는 말에 마음을 쓰게 되면
시빗거리가 많아지느니라.

用心(용심) : 마음을 쓰다.
閑管(한관) : 잔소리. 이러쿵저러쿵. 떠도는 말. 자질구레한 이야기. 閑談(한담).
是非(시비) : 시빗거리.

87.

能者능자는 拙之奴졸지노[66]니라

능력 있는 자, 서툰 자의 종이니라.

> 사실 알고 보면 맞는 말이다.
>
> 재주 있는 자는 바쁘고 재주 없는 자는 그 덕에 먹고 산다.
>
> 풍자적인 내용이나, 통쾌한 표현이 아닐 수 없다.

能者(능자) : 능력 있는 자.

拙者(졸자) : 재주 없는. 졸렬한. 치졸한 자. 서툰 자.

66_ 편집본에 '巧者(교자)'는 '拙之奴(졸지노)'로 되어 있다. 필자의 小見(소견)으로는 '巧者(교자)'가 맞을 듯하다. 다만 뜻은 같으므로 淸州本(청주본)대로 두었다.

88.

知事少時煩惱少 지사소시번뇌소요

識人多處是非多 식인다처시비다니라

아는 것이 적을 때 괴로움도 적고

아는 사람 많을 때 시빗거리도 많다.[67]

> 아무것도 모르고 지내는 것이 차라리 安樂(안락)하다.
>
> '識字憂患(식자우환)'이라는 것이다.
>
> '無爲自然(무위자연)'의 교훈이다.

67_ 昔時賢文에 나오는 글이다.

89.

小船不堪[68]重載소선불감중재요

深逕不宜獨行심경불의독행이니라

배가 작으면 무거운 짐을 감당할 수 없고

길이 너무 좁으면 혼자 걷기에도 마땅치 않다.(버겁다)

크게 담고자 한다면 '그릇'을 키워야 한다.

그러나 사람들은 자신의 그릇은 키우려 하지 않고

많은 것을 '담으려고만' 한다.

'智小而謀大(지소이모대) 德微而位尊(덕미이위존)

力小而任重(역소이임중) 無禍者鮮矣(무화자선의)'라는 말이 있다.

'지혜는 갖추지 않고 큰일을 도모하거나

덕은 갖추지 않았는데 지위가 너무 높거나

능력은 모자라는데 너무 중요한 일을 맡게 되면

禍(화)를 입지 않는 자 드물다.'는 것이다.

그러니 작은 그릇에 큰 물 을 담으려 말고 먼저 그릇을 키우자.

같은 의미로, 『莊子(장자)』에 '褚小者不可以懷大(저소자불가이회대) 綆短者不可以汲深(경단자불가이급심) – 주머니가 작으면 큰 것을 담을 수 없고, 두레박 끈이 짧으면 깊은 물을 길을 수 없다.'는 구절이 있다.

68_ 편집본에 '不堪(불감)'이 '難堪(난감)'으로 나와 있으나 전후 문장의 對句(대구)로 보아 '不堪'이 맞는 듯하다.

90.
踏實地답실지면 無煩惱무번뇌니라

실제 그곳에 가 본다면 번뇌도 사라질 것이다.

> 가 보지도 아니하고, 해 보지도 아니하고
> 이러쿵저러쿵 얘기하며 괴로워한다는 것이다.
> 그러니 당겨 고민하지 말라는 것이다.
> '서울 가본 놈과 안 가본 놈이 싸우면 안 가본 놈이 이긴다.'는
> 속담과도 상통하는 말이다.

'그냥 합니다.'라는 말이 있다. 일어나야지, 일어나야지 하지 말고 그냥 일어나라는 것이다. 뜨거운 쇳덩이를 들고 어떡하죠 하지 말고 그냥 내려 놓으면 된다는 뜻의 말이다.

踏(답) : 밟을 답 ; 가 보다.
實地(실지) : 실제 그곳.

91.

黃金未是貴황금미시귀요

安樂直[69]錢多안락치전다니라

황금이 귀한 것이 아니요

편안함과 즐거움이 더 큰 가치가 있는 것이다.[70]

> 황금만능주의를 경계한 글이다.
>
> 돈이 많아야 부자인 것이 아니고
>
> 편안하고 즐거운 자리야 진정한 부자다.

直錢(치전) : 물건의 가치. 값.

直(치) : 값 치. 곧을 직 ; 여기서는 '값'의 의미로 쓰였다.

69_ 편집본에 '直(직)'이 '値(치)'로 나와 있으나 본문의 '直(직)'도 '値(치)'의 의미가 있어 淸州本(청주본)대로 하였다.

70_ 昔時賢文에 나오는 글이다.

92.

是病是苦시병시고
是安是樂시안시락이니라

무릇 병이 곧 괴로움이요 (몸이 아픈게 불행이요)
건강이 곧 즐거움이니라. (건강이 곧 행복이니라.)

뭐니 뭐니 해도 건강이 최고의 즐거움이다. 건강을 잃으면 모든 것을 잃는 법이다.

'健康(건강)은 無價之寶(무가지보) - 건강은 값으로 따질 수 없는 보물이다.'의 또 다른 표현이다.

에머슨의 '건강은 행복의 어머니다.'가 떠오른다.

是(시) : 옳을 시 ; 이것. ~이다. 이에. 무릇.
安(안) : 건강할 안. 편안 안 ; 여기서는 '건강하다.'는 의미로 쓰였다.
예) 寇萊公(구래공 : 북송 때 정치가 겸 시인)의 『六悔銘(육회명)』에 '安不將息病後悔(안불장식병후회)'라는 구절이 있는데, 이때의 '安(안)'은 '건강'을 뜻한다. '安寧(안녕)'도 몸의 건강과 마음의 평안을 뜻한다.

93.

非財害己비재해기요

惡語傷人악어상인이니라

그릇된 재물(취해서는 아니 되는 물질)은 자신을 해치고

나쁜 말(피해를 주는 말)은 상대를 해친다.

非財(비재) : 의롭지 않은 재물. 정상적인 방법으로 취득하지 아니한 재물.

害己(해기) : 자신을 해치다.

惡語(악어) : 나쁜 말. 좋지 않은 말.

傷人(상인) : 상대를 해치다.

94.

人爲財死인위재사요

鳥爲食亡조위식망이니라[71]

사람은 돈 때문에 죽고

새는 모이 때문에 죽는다.

> 이 얼마나 통쾌한 寸鐵殺人(촌철살인)인가!
>
> 보라! 모든 사건과 범죄의 원인을 거슬러 올라가면
>
> 대개 돈과 직결되어 있다.
>
> 새는 모이 속에 숨겨져 있는 독약으로 인하여 죽는다는 말도
>
> 대단한 풍자가 아닐 수 없다.
>
> 그러니 見利思義(견리사의), 이로움을 보거든 의로움을 생각하라.

같은 의미의 글로, '高飛之鳥(고비지조) 死於美食(사어미식) 深泉之魚(심천지어) 死魚芳餌(사어방이) – 높이 나는 새는 맛있는 모이 때문에 죽고, 깊은 물의 물고기는 향내 나는 미끼 때문에 죽는다.'가 있다.

爲(위) : 할 위 ; 위하다. 때문에.

食(식) : 밥 식 ; 음식. 먹이. 모이.

亡(망) : 망할 망 ; 여기서는 '死(사)'와 같은 의미로 쓰였다.

餌(이) : 미끼 이.

71_『通俗篇(통속편)』에 나오는 글이다.

95.

景行錄경행록에 云운하되

利可共而不可獨이가공이불가독하고

謀可寡而不可衆모가과이불가중하라

獨利則敗독리즉패하고

衆謀則泄중모즉설하니라

경행록에 이르기를

이익은 여러 사람과 공유하여 혼자 취하지 말고

모의는 적은 사람과 할 일이지 여러 사람과 하지 마라.

이익을 혼자서 독식하면 낭패가 따르고

모의를 여러 사람과 하게 되면 (모의가) 누설된다.

같은 의미로, '利不可獨食(이불가독식) – 이익을 혼자 독식하지 마라.'와 佛家(불가)의 『寶王三昧論(보왕삼매론)』에 '以疎利爲富貴(이소리위부귀) – 이익[私利私慾(사리사욕)]을 멀리하여 진정한 행복을 얻으라.'는 글이 있다.

共(공) : 함께할 공.

謀(모) : 꾀할 모 ; 도모하다. 모의하다.

寡(과) : 적을 과.

泄(설) : 샐 설 ; 새다. 누설하다.

96.

機不密기불밀이면 禍先發화선발이니라

비밀이 치밀하지 않으면 앞서 재앙이 발생한다.

機(기) : 틀 기. 기계 기. 거짓 기 ; 여기서는 '비밀'의 의미로 쓰였다.

密(밀) : 빽빽할 밀. 비밀 밀 ; 은밀하다. 치밀하다.

禍(화) : 재앙 화.

97.

不孝怨父母불효원부모하고

貧苦恨財主빈고한재주니라[72]

불효자는 부모님을 원망하고

빈곤에 허덕이는 사람은 돈 있는 사람을 원망한다.

세상의 人心(인심)을 말한 俗言(속언)이다.

怨(원) : 원망할 원.

貧苦(빈고) : 가난의 고통에 허덕이다.

恨(한) : 한 한 ; 한탄하다. 탓하다. 원망하다.

財主(재주) : 재물의 주인. 돈 있는 사람.

72_ 원본에는 貧苦恨財主(빈고한재주)가 負債恨財主(부채한재주)로 나와 있다. 교정한 것으로 보인다.

98.

貪多탐다면 嚼不細작불세하고

家貧가빈이면 怨隣有원린유니라

탐심이 많은 사람은 (음식도) 잘게 씹지 않고

집안이 가난하면 이웃의 소유에 원망이 생긴다.

> 탐심이 많은 사람은 (뺏길까 두려워) 대강 씹어 그냥 삼키고
>
> 집안이 가난해지면 넉넉한 이웃이 원망스러워진다는 뜻의
>
> 俗言(속언)이다.

貪多(탐다) : 탐심이 많은.

嚼(작) : 씹을 작 ; 음식을 씹다.

隣(린) : 이웃 린.

有(유) : 있을 유 ; 소유. 가진 것.

99.

在家不會邀賓客재가불회요빈객이면

出外方知少主人출외방지소주인이니라

집에 있을 때 손님 대접할 줄 모르면

밖에 나갔을 때 비로소 맞아 주는 사람이 적음을 알게 되리라.

> 행동한 만큼 대우 받는다.
>
> 대접받고자 한다면 먼저 상대를 대접하고
>
> 존경받고자 한다면 먼저 상대를 존경하라.

같은 의미로, 다음과 같은 글이 있다.

'若要人重我(약요인중아) 無過我重人(무과아중인) – 만약 남이 나를 중히 여기길 원하거든 나도 남을 중히 여겨야 한다.' 즉, 내가 대접받기 원하거든 먼저 내가 남을 대접하여야 한다는 말이다.

『孟子(맹자)』에 나오는 '愛人者(애인자) 人恒愛之(인항애지) 敬人者(경인자) 人恒敬之(인항경지) – 상대를 사랑하는 자 상대도 똑같이 그를 사랑하고, 상대를 공경하는 자 상대도 똑같이 그를 공경한다.' 와도 상통하는 말이다.

在家(재가) : 집에 있다.

邀(요) : 맞을 요 ; 대접하다.

方知(방지) : 비로소 알게 되다.

主人(주인) : 손을 맞는 사람. 맞아 주는 사람.

100.

但願有錢留客醉단원유전유객취요
勝如騎馬倚人門승여기마의인문이라[73]

다만 소원이 있다면
얼마간의 돈이 좀 있어 (찾아온) 손님이 취할 때까지 머무르게 하고 싶을 뿐, 말을 타고 다니면서 남의 집 대문을 기웃거리고 싶진 않다네.

소원이 있다면 평범한 시민으로 살고 싶을 뿐, 대접받으려고 옛날 생각 하며 말타고 이집 저집 기웃거리고 싶진 않다네!

의역하면 "적은 돈이라도 대접하며 살고 싶을 뿐, 옛날 생각 하며 대접받고 싶진 않다네."라는 평범한 소망을 얘기한 글이다.

但(단) : 다만 단.
留(유) : 머무를 유.
騎(기) : 말 탈 기.
倚人門(의인문) : 남의 집에 의지하며 어떤 일을 기대하는 것.
門(문) : 문 문 ; 문을 지키다.

73_ 章孝標(장효표)가 벼슬을 사임하며 '이제 무엇에 依支(의지)하여 살 것인가.' 한탄하며 작은 소망을 쓴 詩의 한 구절이다.
*章孝標(장효표) : 唐(당)나라 때 元和(원화) 연간의 진사. 벼슬은 비서성 정자. 대리평사. 시를 잘 지었다고 한다.

101.

貧居鬧市無相識빈거뇨시무상식이더니
富住深山有遠親부주심산유원친이로다

가난할 때는 번화가에 살아도 아는 사람 하나 없더니
집안이 넉넉해지니 깊은 산중에 살아도 멀리서 아는 사람 있구나.

> 세상사 인심을 한탄한 글이다[炎凉世態(염량세태)].

유사한 글로, 曺攄(조거)의 「感舊詩(감구시)」에, '富貴他人合(부귀타인합)이더니 貧賤親戚離(빈천친척리)로다 – 넉넉해지니 남도 모여들고 어려워지니 친척도 떠나는구나.'라는 시가 있다.

鬧(뇨) : 시끄러울 뇨.
鬧(뇨시) : 시중 번화가.
相識(상식) : 서로 알다.
深山(심산) : 깊은 산중.

102.

世情看冷煖세정간냉난이요

人面逐高低인면축고저더라

세상 사람들의 마음은 빈부를 가르고

사람들의 얼굴은 (지위의) 고하를 추구하더라.

의역하면 다음과 같다.

세상 인심은 돈 많은 자를 따르고

사람의 얼굴은 지위 높은 자를 좇더라.

世情(세정) : 세상 사람들의 마음. 속인의 마음.

看(간) : 볼 간. 가리다. 가르다.

冷煖(냉난) : 추위와 더위. 여기서는 '貧富(빈부)'의 의미로 쓰였다.

面(면) : 얼굴 면.

逐(축) : 쫓을 축. 추구하다.

高低(고저) : 지위의 고하.

103.

人義盡從貧處斷인의진종빈처단이요
世情偏向有錢家세정편향유전가니라

사람의 의리는 다 가난한 곳에서 끊어지게 되고
세상 인정은 오로지 돈 있는 집 쪽으로 향하더라.

> 이 글 역시 세태를 한탄하는 글이다.
> 진정한 인간관계는 貧賤之交(빈천지교)
> 어렵고 힘들 때 함께하는 것이라는 가르침이다.

이런 명언이 있다.

'가난이 살며시 집으로 들어오면 엉터리 우정은 부랴부랴 창밖으로 나간다.' - 뮐러 -

盡(진) : 다할 진 ; 모두. 다.
偏(편) : 치우칠 편 ; 기울다. 오로지.

104.

喫盡千般無人知끽진천반무인지요

衣衫襤褸[74]被人欺의삼남루피인기더라

그 많던 음식 다 떨어지니 알아주는 사람 없게 되고

입는 옷이 남루하니 업신여김을 당하는구나.

'貧則疏(빈즉소) – 가난하면 멀어지는' 염량세태를 풍자한 글이다.

'酒食兄弟千個有(주식형제천개유)나 急難之朋一個無(급난지붕일개무) – 술 마시고 밥 먹을 때야 호형호제하는 사람 그리도 많더니, 위급하고 곤란을 당하니(곁에) 한 사람도 없구나.'라는 구절이 떠오르는 글이다.

喫(끽) : 먹을 끽.

般(반) : 가지 반.

衫(삼) : 적삼 삼 ; 옷.

襤(람) : 누더기 람.

褸(루) : 남루할 루 ; 깁다.

欺(기) : 업신여길 기.

74_ 淸州本(청주본)의 '籃褸'를 '襤褸'로 수정하였다.

105.

寧塞無底坑영색무저항이언정
難塞鼻下橫난색비하횡이니라

차라리 밑 빠진 독을 막을지언정
(코 아래 가로로 놓인) 입 막기는 어렵구나.

관련 속담으로, '설움 중에 배고픈 설움이 제일이다.'
'가난 구제는 나라님도 못한다.'
'노름 뒤는 대도 먹는 뒤는 못 댄다.'가 있고, '食爲民天(식위민천) – 먹고사는 일이 하늘만큼 중요하다.'는 글도 있다.

寧(영) : 차라리 영. 편안할 녕.
塞(색) : 막을 색.
底(저) : 밑 저.
坑(항) : 항아리 항. 구덩이 갱 ; '缸'은 俗字(속자).
鼻下橫(비하횡) : 입.

106.

馬行步慢마행보만은 皆因瘦개인수요
人不聰明인불총명은 只爲窮지위궁이니라

말 걸음 느린 것은 그것이 다 수척해졌기 때문이고
사람이 총명하지 못함은 다만 궁해졌기 때문이다.

'人貧智短(인빈지단) 福至心靈(복지심령) – 곤궁해지면 지혜도 줄어들고 복이 이르면 생각도 영민해진다.'는 말을 떠올리면 이해가 가는 글이다.

유사한 글로, 『增廣賢文(증광현문)』에 '馬行無力皆因瘦(마행무력개인수) 人不風流只爲貧(인불풍류지위빈) – 말의 걸음이 힘이 없는 것은 말이 여위었기 때문이고, 사람이 여유로움을 즐기지 못하는 것은 가난하기 때문이니라.'라는 글도 있다.

慢(만) : 늦을 만.
瘦(수) : 야윌 수.
只(지) : 다만 지.

107.

人情皆爲窘中疎인정개위군중소라

사람의 인정은 모두 궁색한 곳에서 멀어진다.

인정의 야박함을 탄식하는 恨歎調(한탄조)의 글이다.

蘇東坡(소동파)의 '富不親兮(부불친혜) 貧不疎(빈불소) 此是人間(차시인간) 大丈夫(대장부) – 잘 산다고 가까이 아니하고 어렵다고 멀리하지 않는 사람이 대장부'라는 교훈을 되새길 일이다.

'貧賤親戚離(빈천친척리) – 가난하면 친척도 떠난다.'는 말도 있다.

窘(군) : 궁색할 군.

108.

樂記악기에 曰왈

豢豕爲酒환시위주가 非以爲禍也비이위화야요

而獄訟益繁이옥송익번이 則酒之流生禍也즉주지류생화야라

是故시고로 先王선왕이 因爲酒禮인위주례에

一獻之禮일헌지례로 賓主[75] 百拜빈주백배하여

終日飮酒종일음주라도 而不得醉焉이부득취언하니

此先王之所以備酒禍也차선왕지소이비주화야니라[76]

악기에 말하기를

돼지를 길러(잡고) 술을 빚는 것이

(그 자체가) 화가 되는 것이 아니라

옥사와 송사가 더욱 빈번해짐이 바로 술 때문에 생기는

재앙이기 때문이다.

그러기에 선왕이 이런 이유로 주례를 행하게 하여

한 잔 올릴 때마다 손님과 주인이 여러 번 절을 하게 하여

종일토록 마셔도 취하지 않게 하였으니

이는 선왕께서 술로 인한 재앙을 미리 방비하기 위함이었다.

> 예전에 '조폭과의 전쟁'에 이어 '주폭과의 전쟁'을 벌인 적이 있다.
> 우리에게 많은 것을 시사하는 구절이다.

75_ 淸州本(청주본)에 '主賓(주빈)'으로 나와 있으나 원문대로 '賓主(빈주)'로 하였다.

76_ 『禮記(예기)』「樂記篇(악기편)」과 『小學(소학)』「敬身篇(경신편)」에 나오는 글이다.

109.

論語논어에 云운하되

唯酒無量유주무량이나 不及亂불급난이니라[77]

논어에 이르기를

(공자께서는) 술에 일정한 양이 없으셨으나

흐트러짐에 이르진 않으시었다.

> 공자님의 모습을 통해 酒道(주도)를 가르치고자 한 글로,
> '공자님은 술을 드시되 절도가 있으시었다.'는 얘기다.

원문은 다음과 같다.

肉雖多육수다나 不使勝食氣불사승식기하시며

唯酒無量유주무량하되 不及亂불급난하시었다

고기는 비록 많이 드셨으나 밥 기운을 누를 정도로

잡숫지는 않으셨고,

비록 술에 양이 없으셨으나 흐트러짐에 이르진 않으시었다.

亂(난) : 흐트러질 난.

77_『論語(논어)』「鄕黨篇(향당편)」에 나오는 글이다.

110.

史記사기[78]에 曰왈

郊天禮廟교천예묘에 非酒不享비주불향이요

君臣朋友군신붕우에 非酒不義비주불의요

鬪爭相和투쟁상화에 非酒不勸비주불권이라

故酒有成敗而不可泛飮之고주유성패이불가범음지니라

사기에 말하기를

하늘에 제를 올리고 사당에 예를 올림에 술이 없으면 모실 수 없고

군신과 친구 간에 술이 없이는 그 의가 깊어지지 아니하며

다투고 난 뒤 화해를 주선함에 술이 없인 어려운 법이다.

그러므로 술에 이 모든 성패가 달려 있으니

함부로 (도에 넘치게) 마셔서는 안 되는 것이다.

> 술은 필요악이다. 술처럼 좋은 것이 없고 또 술처럼 나쁜 것도 없다.
> 잘 마시면 藥(약)이지만, 그러지 못하면 毒(독)이 되는 게 술이다.
> 인간관계에서 술 때문에 친해지거나 멀어지게 되는 경우가 많으므로
> 술에 성패가 달려 있다는 가르침은 명언이다.

郊天(교천) : 天子(천자)가 동지에는 南郊(남교)에서 하늘에, 하지에는 北郊(북교)에서 땅에 지내는 제사.

禮廟(예묘) : 사당에 예를 올리다.

泛飮(범음) : 泛然飮之(범연음지)의 준말. 함부로 마시다.

78_『史記(사기)』: 司馬遷(사마천)이 쓴 역사서.

111.

子曰자왈

敬鬼神而遠之경귀신이원지하면 可謂知矣가위지의니라[79]

스승께서 말씀하시기를

귀신을 공경하되 멀리하면 지혜라 말할 만하니라.

> 조상신을 공경하되 혹하지 않으면 지혜롭다 말할 수 있느니라.

이 부분을 程子(정자)는 '믿는 자는 惑(혹)하고, 믿지 않는 자는 공경하지 않으니 그 중간을 취하라.'는 뜻이라 설명하고 있다.

원문은 다음과 같다.

樊遲問知번지문지하니 子曰자왈 務民之義무민지의요

敬鬼神而遠之경귀신이원지면 可謂知矣가위지의니라

問仁문인하니 仁者先難而後獲인자선난이후획이면

可謂仁矣가위인의니라

번지가 知(지)를 물으니 공자가 대답하기를

'사람이 지켜야 할 도리에 힘쓰고

귀신을 공경하되 멀리하면 지혜라 말할 만하니라.'

仁(인)을 물으니, '인이란 어려운 것을 먼저 하고 그에 대한 보답을 얻는 것은 뒤로 미룰 수 있어야 인이라 하느니라.'하였다.

79_『論語(논어)』「雍也篇(옹야편)」에 나오는 글이다.

112.

子曰자왈

非其鬼而祭之비기귀이제지면 諂也첨야요

見義不爲견의불위면 無勇也무용야니라[80]

공자께서 말씀하시기를

그 귀신이 아닌데도(즉, 제사를 지내지 않아도 되는데도)

제사를 지냄은 정도(正道)가 아니오

의로운 일을 보고도 실천하지 않음은 용기가 없는 것이다.

> '迷信(미신)'을 규정한 글이다.

非其鬼(비기귀) : 제사를 지내지 않아도 되는 대상. 『曲禮(곡례)』에 제사 대상이 아닌데도 제사 지내는 것을 '陰祀(음사)'라 하였고, 음사는 복을 주지 않는다고 쓰여 있다.

諂(첨) : 아첨할 첨 ; 잘 보이기 위해 하는 짓. 사특하다. 정도가 아니다.

80_『論語(논어)』「爲政篇(위정편)」 맨 마지막 글이다.

113.

禮佛者예불자 敬佛之德경불지덕이요

念佛者염불자 感佛之恩감불지은이요

看經者간경자 明佛之理명불지리요

坐禪者좌선자 踏佛之境답불지경이요

得悟者득오자 證佛之道증불지도[81]니라

예불이란 부처님의 지혜와 복덕에 敬拜(경배)하는 것이요

염불이란 부처님의 은덕에 감사하며 그 명호를 부르는 일이요

독경[경을 읽음]이란 부처님의 법[불법]을 밝히는 것이요

좌선이란 부처님의 경지를 따라 행하는 일이요

깨달음은 부처님의 바른 도를 얻는 것이다.

원문은 다음과 같다.

① 禮佛者예불자 敬佛之德경불지덕

② 念佛者염불자 感佛之恩감불지은

③ 持戒者지계자 行佛之行행불지행

(지계란 부처님께서 행하신 바를 따라 행하는 일이요)

④ 看經者간경자 明佛之理명불지리

⑤ 坐禪者좌선자 踏佛之境답불지경

⑥ 參禪者참선자 合佛之心합불지심

(참선은 부처님의 마음에 다가가는 것이요)

81_ '正佛之道(정불지도)'는 원문에 의거하여 '證佛之道(증불지도)'로 수정하였다.

⑦ 得悟者득오자 證佛之道증불지도

⑧ 說法者설법자 滿佛之願만불지원

(설법은 원하는 바를 만족하게 하는 것이다.)

淸州本(청주본)에는 ③, ⑥, ⑧번 문장이 빠져 있고, ⑦번 문장도 '證佛之道(증불지도)'가 '正佛之道(정불지도)'로 나와 있다. 참고하기 바란다.

佛家(불가)에서는 이를 '八事(팔사)'라 한다.

念佛(염불) : 불가에서 말하는 六念(육념)의 첫 번째로 부처님의 '모습과 공덕'을 생각하면서 '나무아미타불'을 부르는 일.

看經(간경) : 경을 보다. 경을 읽다.

坐禪(좌선) : 좌정하여 참선함.

踏(답) : 밟을 답 ; 답습하다. 따라 행하다.

得惡(득오) : 깨닫다. 깨달음을 얻다.

114.

看經未爲善간경미위선이요
作福未爲願작복미위원이니
莫若當權時막약당권시하여
與人行方便여인행방편이니라

경(불경)을 읽는다고 다 선해지는 것이 아니요
복을 짓는다고 원하는 바대로 되는 것이 아니니
형세를 잘 살펴서 상대에게 방편을 행함만 못하느니라.

> 할 수 있는 한 상대에게 '善'을 행하여
> 성불할 수 있도록 도와 方便(방편)하라는 것이다.

등식으로 표현하면 '看經(간경) < 作福(작복) < 方便(방편)'이라는 것으로, 자신을 위한 일보다 남을 위해 선을 행하는 일이 더 값지다는 뜻이다. 환언하면, 내가 복을 받음보다 상대가 복을 받도록 돕는 일이 값지다는 뜻이다.

看經(간경) : 경을 보다.
未爲(미위) : 되는 것이 아니다. 하는 것이 아니다.
作福(작복) : 복을 짓다. 복 받을 일을 하다.
莫若(막약) : ~만 못하다. 같지 않다.
權(권) : 권세 권. 저울대 권 ; 능력. 헤아리다.
權時(권시) : 형세를 헤아리다.

115.

濟顚和尙警世 제전화상[82] 경세

看盡彌陀經 간진미타경하고 念徹大悲呪 염철대비주하니

種瓜還得瓜 종과환득과요 種豆還得豆 종두환득두라

經呪本慈悲 경주본자비인데 寃結如何救 원결여하구인고

照見本來心 조견본래심하라 做者還他受 주자환타수니라

제전화상 경세의 글(세상 사람들에게 경계코자 하는 글)

아미타경을 모두 다 읽고 천수경을 다 외우니

오이를 심으면 오이를 얻고 콩을 심으면 콩을 얻는도다.

경과 주문은 자비행이 근본이라.

어찌하여 원한을 맺어 놓고 구원 받으려 하는가

본래의 마음(참 나)을 비추어 보라.

지은 것은 다시 지은 자가 받느니라.

> 굳이 원한을 풀지 않아도 인과응보의 법칙에 따라
>
> 죄 지은 자가 그 과보를 받게 되어 있으니
>
> 원한을 원한으로 갚아 새로운 악연을 심지 말라는 것이다.

彌陀經(미타경) : 아미타경의 준말.

大悲呪(대비주) : 대비심다라니경의 주문. 千手經(천수경)이라고도 함.

做者還他受(주자환타수) : 지은 것은 다시 지은 자가 받는다.

82_ 濟顚和尙(제전화상) : 宋(송)나라 스님인 道濟(도제)의 별명. '濟公和尙(제공화상)'이라고도 함. 세상을 구제한다고 거짓으로 미친 척하며 돌아다녀 붙여진 명칭으로, 그 후 청나라 때 郭小亭(곽소정)이 그를 소재로 소설 『評演濟公傳(평연제공전)』을 지었다.

116.

自作還自受 자작환자수[83]

스스로 지은 것은 다시 스스로 받는다.

> 행동한 만큼 대우를 받는다는 것이요, 원인 없는 결과가 없으며 행복도 내가 만드는 것이요, 불행도 내가 만드는 것이니 부디 善業(선업)을 쌓으라는 가르침이다.

의역하면, '스스로 지은 악업은 다시 惡報(악보)로 받는다.'이다. '自業自得(자업자득)', '惡因惡果(악인악과)'와 같은 뜻으로, 자기가 저지른 일의 果報(과보)는 자기가 받게 되어 있다는 의미다.

같은 의미의 글로, 『孟子(맹자)』에 '曾子曰(증자왈) 戒之戒之(계지계지) 出乎爾者(출호이자) 反乎爾(반호이) – 증자께서 말씀하시기를 조심하고 조심하라. 네게서 나온 일은 다시 네게로 돌아간다.'가 있다.

83_『佛經(불경)』에 나오는 글이다.

117.

子曰 자왈

志士 지사 仁人 인인은

無求生以害仁 무구생이해인이요

有殺身以成仁 유살신이성인이니라[84]

스승께서 말씀하시기를

뜻 있는 선비나 어진 사람은

생을 구하고자(살기 위해) 인(도리)을 해치는 일이 없으며

몸을 희생해서라도 인을 이루는 경우는 있다.[85]

> 뜻 있는 선비나 어진 사람은
>
> 仁을 이루기 위해, 즉 세상의 옳은 일을 위해서라면
>
> 목숨마저 아끼지 않는다.

志士(지사) : 도에 뜻을 둔 선비.

仁人(인인) : 仁德(인덕)이 있는 이.

84_ 『論語(논어)』 「衛靈公篇(위령공편)」에 나오는 글이다.

85_ '殺身成仁(살신성인)'한 안중근 의사가 대표적인 경우다.

118.

子曰 자왈

士志於道而恥惡衣惡食者 사지어도이치악의악식자는

未足與議也 미족여의야니라[86]

스승께서 말씀하기를

道(도)에 뜻을 둔 선비로, 해진 옷, 거친 밥에

부끄러움을 느끼는 자와는

함께 도를 논하기에 부족하니라.

衣食住가 중요한 것이 아니라 意識이 중요하다는 글이다.

의역하면, '인생을 올바르게 살고자 하는 이로, 자기가 입고 있는 옷, 먹는 밥, 즉 의식주에 연연하는 자와는 함께 道(도)를 논하기에 부족하다.'이다.

未足(미족) : 만족하지 않다. 不足(부족)하다.

與議(여의) : 함께 논하다.

86_『論語(논어)』「里仁篇(이인편)」에 나오는 글이다.

119.

荀子순자 云운하되

公生明공생명하고 偏生闇편생암하며

端慤生通단각[87]생통하고 詐僞生塞사위생색[88]하며

誠信生神성신생신하고 誇誕生惑과탄생혹이니라[89]

순자에 이르기를

(지도자가) 공평하면 세상을 밝게 볼 수 있지만

사심이 생겨 치우치면 세상사 어두워져 보이지 않게 되고

바르고 성실하면 통하게 되고 거짓으로 속이면 막히게 되며

성실하고 진실하면 신통함을 얻게 되고

과장하고 속이면 의혹을 낳는다.

원문에는 다음 문장이 이어진다.

此六生者차륙생자 君子愼之군자신지

而禹桀所以分也이우걸소이분야

이 여섯 가지는 군자가 삼가야 하는 것으로

이를 지키느냐에 따라 현군인 우 임금이 되느냐

폭군인 걸 임금이 되느냐, 갈리게 되는 것이다.

87_ 淸州本(청주본)에 '端熬(단오)'로 나와 있으나 원전을 참고하여 '端慤(단각)'으로 바로잡았다.

88_ 淸州本(청주본)에 '作僞生塞(작위생색)'으로 나와 있으나 원전을 참고하여 '詐僞生塞(사위생색)'으로 바로잡았다.

89_『荀子(순자)』 제2권 「不苟篇(불구편)」에 나오는 글이다.

120.

書云서운

侮慢自賢[90]모만자현은 反道敗德반도패덕이니

其小人之爲也기소인지위야니라[91]

상서에 이르기를

상대를 업신여기고 오만하며 스스로 현명한 척함은

도리를 거스르고 덕을 손상시키는 일이니

이는 소인들이나 하는 짓이다.

원문은 다음과 같다.

侮慢自賢모만자현 反道敗德반도패덕

君子在野군자재야 小人在位소인재위

상대를 업신여기고 오만하며 스스로 뽐냄은

도리를 벗어난 행동이니 그렇게 되면 세상의 도리가 없어져

군자는 재야에 있게 되고 소인이 자리에 있게 된다.

(소인이 세상을 이끌게 된다.)

侮(모) : 업신여길 모.

慢(만) : 오만할 만.

反道敗德(반도패덕) : 도리에 어긋남.

90_ 淸州本(청주본)에 '侮慢人賢(모만인현)'은 원문에 따라 '侮慢自賢(모만자현)'으로 수정하였고, 以下(이하) 문장은 청주본대로 하였다.

91_『書經(서경)』「大禹謨篇(대우모편)」에 나오는 글이다.

121.

荀子云순자운

士有妬友則賢交不親사유투우즉현교불친하고

君有妬臣則賢人不至군유투신즉현인부지니라[92]

순자에 이르기를

선비에게 친구를 질투함이 있게 되면

훌륭한 친구를 가까이 할 수 없고

임금에게 신하를 질투함이 있게 되면

어진 신하(훌륭한 인재)가 다가오지 않는다.

> 선비가 친구를 시기하면 좋은 친구를 사귈 수 없고
>
> 지도자가 아랫사람을 시기하면 훌륭한 사람이 모이지 않는다.

'松茂栢悅(송무백열) – 소나무가 무성하니 잣나무가 기뻐하도다.' 상대가 잘되었을 때 기뻐하라는 것이다. 비슷한 말로, '淵廣者其大魚(연광자기대어) – 넓은 못에 사는 고기는 크다. 즉, 훌륭한 인물 아래 어진 신하가 모인다[『韓詩外傳(한시외전)』].'가 있다.

賢交(현교) : 여기서는 '賢友(현우)'의 뜻. 어진 벗.

92_『荀子(순자)』「大略篇(대략편)」에 나오는 글이다.

122.

太公曰태공왈

治國치국엔 不用佞臣불용녕신이요

治家치가엔 不用佞婦불용녕부이니

好臣호신은 是一國之寶시일국지보요

好婦호부는 是一家之珍시일가지진이니라

태공이 말하기를

나라를 잘 다스리려면 아첨하는 신하를 등용해선 아니 되고

집안을 잘 이끌려면 간사한 며느리를 들여선 안 되는 것이니

훌륭한 신하는 한 나라의 보물이요

훌륭한 며느리는 한 집안의 보배니라.

佞(녕) : 아첨할 녕 ; 간사하다. 아첨하다. 영악한. 한 입으로 두말하다.

123.

讒臣亂國참신난국이요

妬婦亂家투부난가니라

(간사한 말로 남을 헐뜯어 윗사람에게 고하는)

참신은 나라를 혼란에 빠뜨리고

투기하는(형제끼리 질투하는) 며느리는

집안의 질서를 흩뜨려 놓는다.

讒(참) : 참소할 참 ; 거짓을 꾸며 남을 모함하다. 해치다. 중상모략하다.

예) 好言人之惡謂之讒[호언인지악위지참 : 다른 사람의 잘못을 말하기를 좋아함을 '讒(참)'이라 한다(『莊子(장자)』).]

妬婦(투부) : 시기 질투하는 며느리.

124.

太公曰태공왈

斜耕사경도 敗於良田패어양전이요

讒言참언도 敗於善人패어선인이니라

태공이 말하기를

비뚤게 갈아도 기름진 땅에는 영향을 미치지 못하고

헐뜯는 말도 선인에겐 영향을 미치지 못한다.(통하지 않는다.)

斜耕(사경) : ① 直耕(직경)의 반대. 올바른 농사법이 아닌 방법.

② 곧게 갈지 않으면(쟁기질을 할 때).

敗(패) : 지다. 영향을 미치지 못하다.

良田(양전) : 옥토(玉土)

125.

漢書한서에 云운하되

曲突徙薪곡돌사신은 無恩澤무은택이나

燋頭爛額초두난액은 爲上客위상객이라[93]

한서에 이르기를

(화재가 날지 모르니) 굴뚝을 구부려 (벽이나 지붕에서 멀리하고)

땔감을 (불에서 멀게) 옮기라 한 이의 은혜(은덕)와 덕택을 모르더니

(불이 나서 끄느라) 머리가 그을리고 이마를 덴 이는

윗사람 대접을 받는구나.

> 미리 예방하게 한 이는 공이 없고, 사후 처리한 사람에게만
> 공을 돌리는, 本末(본말)이 전도된 상황을 풍자한 글이다.

徐福(서복)이 霍氏(곽씨)의 악행을 알고 여러 번 상소하였으나 시행되지 않다가 결국, 곽씨가 반역을 하여 그를 진압하게 되었는데, 진압한 董忠(동충) 등은 벼슬을 받았으나 유독 서복이 그 공을 인정받지 못하자 어떤 사람이 이 글로 황제에게 上書(상서)하였다.

突(돌) : 굴뚝 돌.
徙(사) : 옮길 사.
薪(신) : 땔나무 신.
澤(택) : 은혜 택 ; 덕택.

93_『自治通鑑(자치통감)』『漢書(한서)』 제12권에 「霍光傳(곽광전)」에 나오는 글이다.

126.

整日梳粧정일소장터니
合面睡합면수로다

하루종일 빗질하고 몸 단장 하더니
결국은 졸려 엎드려 자는구나.

> 빗질하고 화장을 했으면 밖으로 나가 뽐내기라도 할 일이지……
> 준비만 하고 결국 死藏(사장)시키고 마는
> 안타까운 현실을 풍자한 俗言(속언)이다.

밤새 시험 공부하다가 정작 시험장에서 졸 때가 있다. '죽 쑤어 개 바라지한다.'는 俗談(속담)과도 상통하는 말이다.

錦衣夜行(금의야행) : 비단옷을 입고 밤길을 걷는다와 같은 뜻으로 아무 보람없는 행동을 풍자한 글이다.

整日(정일) : 하루 종일. 흔들림 없이.
梳(소) : 빗 소.
梳粧(소장) : 화장하다.
合(합) : 합할 합 ; 만나다. 하게 된다. 결국엔.
合面睡(합면수) : 한의학 용어로 '엎드려 자는것'을 말한다.

127.

畵梁拱斗猶未乾화량공두유미건인데
堂前不見痴心客당전불견치심객이로다

대들보와 두공에 칠한 단청이 아직 마르지도 않았는데
당 앞에 자세히 들여다 보는이 보이질 않네.

'心不在焉(심부재언)이면 視而不見(시이불견)'이라는 말이 있다. 마음이 없으면 보아도 보이지 않는다는 말이다. 마음이 없으니 보일 리가 없다.

畵(화) : 그림 화 ; 채색하다. 단청하다.
拱斗(공두) : 목조 건물의 기둥 위에 지붕을 받치며 장식하기 위해 쌓아 올린 구조물. '斗拱(두공)'이라고도 함.
猶(유) : 오히려 유 ; 아직.
乾(건) : 마를 건.
痴(치) : 마음을 홀리다. 열중하다.
痴心客(치심객) : 열심히 들여다 보는 이.

128.

三寸氣在삼촌기재라야 千般用천반용이요

一旦無常일단무상이면 萬事休만사휴니라[94]

셋셀 동안의 짧은 호흡이라도 그것이 있어야 모든 일이 작용하고

한순간이라도 항상함이 없으면(흐트러지면) 만사가 끝이다.

의역하면 다음과 같다.

숨을 쉬고 있어야 모든 일을 할 수 있고

한순간이라도 일정함이 없으면(숨이 끊기면) 모든게 끝이다.

三寸(삼촌) : 짧은 것의 비유. 세 치.

氣(기) : 기운 기 ; 숨. 호흡.

千般(천반) : 모든 일.

一旦(일단) : 하루아침. 한순간

無常(무상) : 떳떳하지 못함. 항상 같지 않음. 변함.

休(휴) : 쉴 휴 ; 끝나다.

94_ 濟公活佛(제공활불, 1148-1209) 聖訓(성훈)에 一旦無常萬事休貪什麽(일단무상만사휴탐십마) '한순간 무상하면 만사가 끝인데 무엇하러 탐하는가'라는 구절이 있다.

129.

萬物有無常만물유무상이니라

세상 만물에는 무상함이 있다.

> '諸行無常(제행무상)'과 같은 뜻이다.
>
> 이 세상에 영원한 것(변하지 않는 것)은 아무것도 없다는 뜻이다.

'諸行無常(제행무상)'은 『傳燈錄(전등록)』에 나오는 말로, 만물은 항상 變轉(변전)하여 常住(상주)함이 없음을 뜻한다. 인생의 무상함을 비유한 말이다.

無常(무상) : 일정함이 없다. 변한다.

130.

萬物莫逃乎數만물막도호삭이니라

세상만사, 가까이하면 할수록 도망가는 법이다.

돈, 권력, 명예, 여자, 출세는 접근할수록 멀어지게 되어 있다.
'돈은 멀리할수록 들어온다.'는 속담과 일치하는 말이다.

해석할 때 『中庸(중용)』 1장에 나오는 다음 문장을 참고하였다.
莫顯乎微 막현호미 – 미세할수록 잘 보인다.
莫見乎隱 막현호은 – 숨을수록 잘 보인다.

萬物(만물) : 모든 일.
逃(도) : 도망갈 도.
數(삭) : 자주 삭 ; 서두르다. 접근하다.
莫逃乎數(막도호삭) : 가까이할수록 도망가다.

131.

萬般祥瑞不如無만반상서불여무니라

온갖(만 가지) 상서로운 일이

(사실은) 없느니만(그 일이 일어나지 않음) 못한 것이다.

> 좋은 일, 마음에 드는 일이 일어나기만을 바라는 우리들에게
>
> 뜻깊은 교훈이 아닐 수 없다.
>
> 내게 좋은 일이 상대에겐 피해를 주는 일일 수도 있다.

세상만사, 一喜一悲(일희일비), 陰陽相推(음양상퇴), 好事多魔(호사다마), 樂極悲生(낙극비생)이니, 그저 담담한 것이 좋다는 뜻이다.

앞에 나온 글, '庭前生瑞草好事不如無(정전생서초호사불여무) – 뜰 앞에 상서로운 풀이 돋아남은 좋은 일이나, 이는 (이런 일이) 없느니만 못한 것이다.'와 상통하는 말이다.

비슷한 의미로, 다음과 같은 말도 있다.

'位尊身危(위존신위) 財多命殆(재다명태) – 지위가 높으면 그 몸이 위태롭고, 재물이 많으면 (노리는 자 많으므로) 그 목숨이 위태롭다.'

132.

天有萬物於人천유만물어인이나

人無一物於天인무일물어천이로다

하늘은 사람에게 만물을 있게 하시는데

사람은 하늘에게 일물도 있게 하지 않는다.

의역하면 다음과 같다.

하늘은 사람에게 모든 것을 주시는데

사람은 하늘에게 하나의 물건도 드리지 않는다.

그러니 하늘의 마음으로 살라는 것이다[天養人(천양인)].

내줄 뿐, 보답을 바라지 않는 하늘의 마음처럼…….

그렇다면 하늘의 마음이란 무엇일까. 어머니의 마음이 아닐까?

못 먹여서 한이시고, 못 주어서 한이시고, 못 입혀서 한이신 어머니. 아! 어머니…….

於(어) : 어조사 어 ; ~에게.

一物(일물) : 萬物(만물)의 반대 개념. 하나의 물건.

133.

天不生無祿之人천불생무록지인이요

地不長無名之草지부장무명지초니라[95]

하늘은 녹 없는 사람을 내리지 아니하고

땅은 이름 없는 풀을 기르지 아니한다.

다 자기 몫이 있기 마련이다.

어려워도 살아가게 되어 있으니 절망하거나

낙망하지 말고 주어진 일에 최선을 다하라.

祿(록) : 녹 록 ; 녹봉. 봉급. 급호.

長(장) : 기를 장.

95_『通俗篇(통속편)』「草木(초목)」에 나오는 글이다.

134.

大富由天대부유천이나

小富由勤소부유근이니라

큰 부자는 하늘로부터 오지만(하늘이 내리지만)

작은 부자는 근면에서 온다.

> 여기서 중요한 것은 '由天(유천)'이 아니라 '由勤(유근)'이다.
> 부지런함, 근면이야말로 최고의 덕목이라는 것이다.

의역하면, '큰 부자는 천명인지라 인력만으로 이룰 수 있는 것이 아니나 작은 부자는 노력 如何(여하)에 달려 있는 것이다.'이다.

『女論語(여논어)』「榮家篇(영가편)」에 '大富由命(대부유명) 小富由勤(소부유근) – 큰 부자는 천명으로 이뤄지고 작은 부자는 부지런한 생활로 이뤄진다.'라는 글도 있다.

由(유) : 말미암을 유 ; 연유하다. 비롯되다. 이유가 되다.

135.

大富則驕대부즉교요 大貧則憂대빈즉우이니
憂則爲盜우즉위도요 驕則爲暴교즉위포니라[96]

너무 풍부하면 교만해지고
너무 가난하면 근심이 생긴다.
근심하면 훔치게 되고
교만해지면 횡포를 부리게 된다.

A=B, B=C, A=C의 논리대로 풀어 볼 수 있다.
너무 풍족하면 교만해지고, 교만해지면 횡포를 부리게 되므로
너무 풍족하면 횡포를 부리기 쉽다.
너무 가난하면 근심이 생기고, 근심이 생기면 훔치게 되므로
너무 가난하면 훔치기 쉬우니 조심하라는 것이다.

暴(포) : 난폭할 폭. 횡포 부릴 포.

96_ 淸州本(청주본)에 '詩云(시운)'으로 되어 있으나 『詩經(시경)』에는 없다. 다만 어느 詩의 한 구절인 듯하다.

136.

莫道家未成막도가미성하라 成家子未生성가자미생이요
莫道家未破막도가미파하라 破家子未大파가자미대니라

저 집안은 일어나지 않을 거라 말하지 마라.
집안을 일으킬 아이가 태어나지 않았기 때문이요
저 집안은 망하지 않을 거라 말하지 마라.
집안을 망칠 아이가 자라지 않았기 때문이다.

즉, 상대 집안의 흥망성쇠에 대하여 함부로 예견하지 말라는 것이다. 행복은 영원하지 않고 불행도 영원하지 않기 때문이다.

莫道(막도) : 말하지 마라.
未成(미성) : 일어나지 않는다.
未生(미생) : 태어나지 않았다.
未破(미파) : 망하지 않았다.
未大(미대) : 자라지 않았다.

137.

成家之兒성가지아는 惜糞如金석분여금이요
敗家之兒패가지아는 用金如糞용금여분이니라

집안을 일으킬 아이는 분뇨 아끼기를 황금처럼 하고
집안을 망칠 아이는 돈 쓰기를 분뇨 버리듯 한다.

어떤 사람이 큰 부자에게 물었다.

"어떻게 큰 부자가 될 수 있었습니까?"

그러자 부자가 대답하기를

"나는 하찮은 것도 소중하게 생각합니다."

큰 부자일수록 작은 것을 아낀다는 말이다.

그러나 지금은 어떤가? 가계 빚으로 나라가 휘청거린다.

저축하는 사람이 바보가 된 지 이미 오래다.

돈 아끼고 남은 돈으로 생활하던 사람들은 구시대 재테크로 몰린지 이미 오래다. 아, 어쩌자는 것인가?

惜(석) : 아낄 석.
糞(분) : 똥 분 ; 분뇨.

138.

胡文定公曰호문정[97] 공왈

大抵대저 人家須常敎인가수상교 有不足處유부족처하여

若十分快意약십분쾌의라도 隄防제방이면

有不恰유불흡이라도 好事出호사출이니라

호문정공(호안국)이 말하기를

무릇 사람에겐 모름지기 부족한 점이

있어야 함을 가르쳐(너무 완벽함을 경계하여)

모든 일이 잘 풀려 뜻대로 된다 하여도

조심한다면 흡족하진 않다 하더라도

좋은 일이 생기게 될 것이다.

| 완벽함을 경계하여 조금 모자란듯 해야 한다는 가르침이다.

胡(호) : 성씨 호. 오랑캐 호.

抵(저) : 거스를 저 ; 근본. 뿌리.

十分(십분) : 모든 것.

快意(쾌의) : 마음에 맞다. 즐거운 마음.

隄防(제방) : 조심하다. 둑으로 쌓다.

恰(흡) : 흡족할 흡. 맞을 흡.

97_ 胡文定(호문정, 1074~1138) : 胡安國(호안국), 북송학자. 『春秋傳(춘추전)』을 지음. 시호는 文定(문정).

139.

康節邵先生曰강절소[98] 선생왈

閑居愼勿說無妨한거신물설무방하라

纔說無妨便有妨재설무방변유방이요

爽口物多終作疾상구물다종작질이요

快心事過必爲殃쾌심사과필위앙이라

爭先徑路機關惡쟁선경로기관악이요

近後語言滋味長근후어언자미장이라

與其病後能服藥여기병후능복약이라도

不若病前能自防불약병전능자방이니라

강절 소선생이 말하기를

'한가하게 살고 있으니 걱정거리가 없다.'고 삼가 말하지 마라.

그 말(걱정거리 없다) 끝나기도 전에 문득 걱정거리가 생길 것이다.

아무리 좋은 음식도 지나치면 결국엔 병이 되고

즐거운 일도 지나치면 필경 재앙이 되느니라.

앞을 다투어 지름길로 가면 마음먹은 일이 잘못될 수 있고

가까운 사람이라도 말을 뒤에 하면(조심하면)

그 우정이 오래갈 것이다.

98_ 康節邵(강절소, 1011~1077) : 邵雍(소옹). 宋(송)나라 유학자. 소옹의 시호가 강절이어서 '邵康節(소강절)'이라고 한다. 宋朝六賢[송조육현 : 조선 시대 때 文廟(문묘)에 모시고 제사하던 중국 宋(송)나라의 여섯 名賢(명현). 곧 周敦頤(주돈이), 程顥(정호), 程頤(정이), 邵雍(소옹), 張載(장재), 朱熹(주희)] 가운데 한 사람. 李之才(이지재)에게 배우고 易理(역리)에 정통하였다. 그의 학파를 '百源學派(백원학파)'라 부른다. 孔廟從祀(공묘종사)하고 新安伯(신안백)을 追封(추봉)하였다.

병이 들어 좋은 약을 먹은들

병들기 전에 스스로 예방하는 것만 못하느니라.

> 好事多魔(호사다마)란 말이 있다. 또한 過猶不及(과유불급)이라고
> 지나치면 부족함만 못한 법이다. 늘 삼가고 조심할 일이다.

閑居(한거) : 한가하게 살다.

妨(방) : 방해할 방. 거리낄 방 ; 장애.

纔(재) : 겨우 재.

便(변) : 문득 변.

爽(상) : 시원할 상.

疾(질) : 병 질.

快心(쾌심) : 마음에 즐거운. 상쾌한.

徑(경) : 지름길 경.

機關(기관) : 마음먹은 일. 심중의 계략.

近後語言(근후어언) : 가까운 사람이라도 말을 뒤에 하여 조심함.

滋(자) : 붙을 자.

滋味(자미) : 맛이 더해지다. 맛있는 음식. 취미. 재미.

滋味長(자미장) : 그 맛이 더해져 오래가다. 우정이 오래 지속되다.

服藥(복약) : 약을 먹다.

與其~不若(여기~불약) : ~하기보다는 ~하는 것이 낫다.

140.

饒人不是痴요인불시치이니
過後得便宜과후득편의이니라

남에게 양보하는 것이 바보여서가 아니니
먼 훗날(지난 후)에 편익을 얻으리라.

> 남에게 양보하는 일이 일견 손해인 듯 보이나
> 그 과보는 분명 돌아온다는 말로,
> '善因善果(선인선과)'를 설명하는 말이다.

의역하면, '남에게 양보하면 일시적으로 뒤처질 듯 보이나 먼 훗날에 보면 앞서 있으리라.'이다.

원래 민간의 俗言(속언)으로, 명나라 顧起元(고기원)의 『客座贅語(객좌췌어)』「諺語(언어)」에 보인다. 고기원은 萬曆(만력) 年間(연간)의 進士(진사)로 金石學(금석학)에 정통했으며 자는 太初(태초), 호는 澹眞居士(담진거사)이다. 『明心寶鑑(명심보감)』은 明初(명초)의 發刊書(발간서)이고, 그는 명 중기 인물이므로 『明心寶鑑(명심보감)』에서 발췌했거나 민간의 속언을 고기원이 자신의 책에 실은 듯하다.

饒人(요인) : 남을 용서함. 양보함. 다투지 않음.
過後(과후) : 세월이 지난 후에.

141.

趕人不要趕上간인불요간상이요

捉賊不如趕賊착적불여간적이니라

쫓기고 있는 사람 쫓지 말고

도둑은 잡느니 쫓느니만 못하다.

> 쥐도 쫓기면 고양이를 물듯, 위기에 처한 사람을 너무 궁지에 몰면
> 오히려 쫓는 자가 당할 수도 있다는 이치를 간파한 문장이다.

전해 오는 俗言(속언)인 듯하다.

趕(간) : 쫓을 간.
趕上(간상) : 쫓기고 있는.
捉(착) : 잡을 착 ; 체포하다.
不要(불요) : 할 필요가 없다. 하지 마라.
不如(불여) : 같지 않다. ~만 못하다.

142.

梓潼帝君垂訓재동제군[99] 수훈

妙藥묘약도 難醫寃債病난의원채병이요

橫財횡재도 不富命窮人불부명궁인이라

虧心휴심이면 折盡平生福절진평생복하고

幸短행단이면 天敎一世貧천교일세빈이라

生事事生생사사생을 君莫怨군막원하고

害人人害해인인해를 汝休嗔여휴진하라

天地自然천지자연이 皆有報개유보이니

遠在兒孫원재아손이요 近在身근재신이니라

재동제군의 가르침

아무리 좋은 약도 마음으로부터 얻은 병은 고칠 수 없고

노력 없이 얻은 수많은 재물도 명이 다한 사람에겐

재산이 될 수 없다.

양심을 저버려 악한 마음이 차면 평생의 복도 끊기게 되고

있을 때 정을 베풀지 않으면 그로 하여금 평생을

가난케 할 것이다.

(스스로) 일을 만들어 그 결과로 생긴 일에 그대 원망하지 말고

남에게 해를 끼치고 (그로 인해) 입은 해에 대해 그대 성내지 마라.

99_ 梓潼帝君(재동제군) : 도교의 지도자. 본래 이름은 '張亞子(장아자)'. 蜀(촉)땅 七曲山(칠곡산)에 살다가 晋(진)나라 벼슬 도중 戰死(전사). 唐宋代(당송대)에는 王(왕)으로, 元代(원대)에는 帝君(제군)으로 봉해짐.

천지자연(세상만사) 다 과보가 있으니
멀리는 자손들에게, 가까이는 그대 자신에게
그 과보가 따를 것이다.

> '인과응보인데 누구를 탓하랴.'라는 것이다.
> 善因善果(선인선과)–좋은 씨앗을 뿌리면 좋은 열매가 열리고
> 惡因惡果(악인악과)–나쁜 씨앗을 뿌리면 나쁜 열매가 열린다.
> 그러니 善業(선업)을 쌓으라는 가르침이다.

妙藥(묘약) : 신묘한 약.
寃債病(원채병) : 마음의 병. 불가에서는 前世(전세)의 인연으로 생긴 병.
橫財(횡재) : 노력 없이 생긴 큰 돈.
虧心(휴심) : 양심을 저버림. 마음을 속이는 일.
天敎(천교) : 하늘이 명하다.
幸短(행단) : 박정함. 무정함. 베풀지 않음.
汝(여) : 너 여.
嗔(진) : 성낼 진.
報(보) : 갚을 보 ; 인과응보.

143.

藥醫不死病약의불사병이요

佛度有緣人불도유연인이니라

(아무리 좋은) 약도 죽지 않을 병이라야 고칠 수 있고

(그 좋은) 불법도 인연이 있는 사람이어야 제도할 수 있는 것이다.

藥醫(약의) : 약으로 고치다.

佛度(불도) : 佛法(불법)으로 제도하다.

緣人(연인) : 인연 있는 사람.

濟度(제도) : 일체중생을 고해에서 건져 열반의 세계로 인도함.

144.

吳眞人曰 오진인[100] 왈

幸短虧心행단휴심은 只是貧지시빈이니

莫生計巧막생계교로 弄精神농정신하라

得便宜處득편의처라도 休歡喜휴환희면

遠在兒孫원재아손 近在身근재신이니라

오 진인이 말하기를

박정하여 인정머리 없고 마음에 악함이 있으면

이것이 바로 가난이니 교활한 계책으로 정신을 농락하지 마라.

성공하였더라도(상대를 앞지르더라도) 기뻐하지 마라(겸손하라).

(그리하면 그 복이) 멀리는 자손에게

가까이는 그대 자신에게 있으리라.

> 명언이다. 돈이 없는 것이 가난이 아니라
>
> 인정머리 없고 양심을 저버리는 일이 가난이라는 것이다.
>
> 그리고 성공하고 남보다 앞선다 하더라도
>
> 오히려 조심하는 마음 자세가 중요하다는 가르침이다.

'得便宜處(득편의처) 休歡喜(휴환희)'는 '戰勝者(전승자) 喪禮處之(상례처지) – 이겼어도 상을 당한 사람처럼 조심하라.'와 같은 의미다.

100_ 吳眞人(오진인) : 본명 嗚本(오본), 名醫(명의)로 대만에서는 의학의 신으로 받듬. 송나라 仁宗(인종)황후를 고쳐 保生大帝(보생대제)로 불렸다.

145.

十分惺惺십분성성이라도 使五分사오분하여

留取五分유취오분을 與兒孫여아손하라

十分惺惺십분성성 都使盡도사진이면

後代兒孫후대아손 不如人불여인이니라

모든 것을 다 깨우쳤더라도 (그중의) 반만 사용하여

그 반을 남겨 두었다가 후손들이 얻을 수 있도록 하라.

모든 것을 깨우쳤다고 그것을 다 써 버리면

후대의 자손들은 다른 사람만도 못하게 될 것이다.

> 이치를 깨달았거든 남겨 두어 후손들에게
>
> 그 지혜를 가르쳐 주도록 하라.

惺惺(성성) : 스스로 경계하여 깨달음.

留(유) : 머무를 유(류) ; 그대로 두다.

都(도) : 도읍 도 ; 다만. 오로지. 오히려.

不如人(불여인) : 평범한 다른 사람만도 못하게 된다.

146.

越奸越狡월간월교 越貧窮월빈궁[101]이니

奸狡原來간교원래 天不容천불용이라

富貴若從부귀약종 奸狡得간교득이면

世間呆漢세간매한 吸西風흡서풍[102]이니라

지나치게 간교하면 할수록 더욱 곤궁하게 되는 것이니

간교함은 원래 하늘도 용납하지 않는다.

부귀를 만약 간교함으로 얻고자 한다면

세간의 어리석은 자가 서풍을 들여 마시는 격이다.(부자가 될려고)

> 부귀는 간교함으로 얻어지는 것이 아니니
>
> 간교함을 버리고 정도를 지키며 살라.

越奸(월간) : 지나치게 간사하다. 상상을 뛰어넘다.

狡(교) : 간교할 교. 교활할 교.

呆(매) : 어리석을 매.

101_ 清州本(청주본)에 '越教窮(월교궁)'이 越南本(월남본)에는 '越貧窮(월빈궁)'으로 나와 있다. 맥락으로 보아 '越貧窮'이 맞을 듯하다.

102_ 西風서풍 謂之泰風위지태풍 孫炎曰손염왈
西風成物物豊泰也서풍성물물풍태야
서풍은 물자를 풍부하게 한다는 데서
서풍을 마시면 부자가 된다는 속설이 있다.

147.

花落花開화락화개 開又落개우락이요

錦衣布衣금의포의 更換着갱환착이라

豪家未必호가미필 長富貴장부귀요

貧家未必빈가미필 常寂寞상적막이라

扶人未必부인미필 上靑霄상청소요

推人未必추인미필 塡溝壑전구학이라

勸君凡事권군범사를 莫怨天막원천하라

天意於人천의어인에 無厚薄무후박이니라

꽃은 졌다 피고, 폈다가 다시 지고

비단옷과 무명옷은 갈아입는다.

부자라고 다 영원히 부귀를 누릴 수 있는 것은 아니요

가난하다고 다 영원히 적막강산인 것은 아니다.

상대를 들어 올린다 한들 하늘까지 올릴 수 없고

상대를 밀어뜨린다 해도 골짜기를 메울 수 없는 것이다.

그대에게 권하노니 하늘을 원망하지 마라.

하늘은 사람들에게 후하지도 박하지도 않느니라.

> 이 세상에 영원한 것은 아무것도 없다.
>
> '花無十日紅(화무십일홍)'이요, '權不十年(권불십년)'이요,
>
> '富不三代(부불삼대)'다.
>
> 행복도 영원하지 않고 불행도 영원한 것이 아니니

다만 주어진 일에 최선을 다할 뿐이다.

의역하면 다음과 같다.

꽃은 피고 지고 또 펴 영원함이 없고,

비단옷과 무명옷을 갈아입어 성공과 실패는 번갈아 온다.

부자라고 영원히 부자가 아니요,

가난하다 하여 영원히 가난한 것은 아니다.

상대를 떠받든다 해도 하늘 끝에 올릴 수 없고

상대를 밀어뜨린다 해도 골짜기를 메울 수는 없는 것이다.

그러니, 그대여 작금의 상황에 대하여 하늘을 원망하지 마라.

하늘은 사심이 없어 누구에게나 공평하다.

錦衣(금의) : 비단옷(벼슬. 성공. 금의환향).

布衣(포의) : 무명옷. 錦衣(금의)의 상대 개념.

着(착) : 입을 착.

豪家(호가) : 부잣집.

寂寞(적막) : 쓸쓸함.

霄(소) : 하늘 소.

溝(구) : 도랑 구.

壑(학) : 골짜기 학.

天意(천의) : 하늘의 뜻. 하늘.

148.

勸君권군하노니

莫入州衙막입주아 與縣衙여현아하여

勤謹근근으로 作生涯작생애하라

池塘積水지당적수로 須防旱수방한하고

田地勤耕전지근경하여 足養家족양가하라

教子教孫교자교손하고 須教義수교의하며

栽桑栽柘재상재자하되 少栽花소재화하라

閒非閑是한비한시 休要管휴요관하여

渴飮淸泉갈음청천 悶煮茶민자다하라

그대에게 권하노니

주의 관아나 현의 관아엘랑 들어가지 말고

근면과 조신함으로 생애를 이끌게나.

방죽에 물을 채워 한해(가뭄)에 대비하고

논밭을 부지런히 갈아(농사를 잘 지어) 양식을 풍족하게 하소.

자손을 가르치되 모름지기 의(義)를 가르치며

뽕나무와 산 뽕을 심되(양잠을 치고)

꽃은 적게 심으시게

'한가함은 좋지 않으니 뭔가 익히는 것이 좋다.'하여

세세한 것까지 관여하지 말며

목이 마르거든 맑은 물 떠다가 마시고 마음이 심란하거든

차나 끓이시게.

의역하면 다음과 같다.

그대에게 이르노니

관아에 들어가 벼슬이나 할 생각 버리고

그저 근면과 근신으로 생을 이끌게나.

물 관리 잘하여 가뭄에 대비하고

부지런히 농사지어 기근에 대비하소.

자식을 가르치되 의(義)를 가르치고

뽕나무를 심어 양잠을 준비하되

화초는 되도록 적게 심는 것이 좋네.

아랫사람 하는 일에 이러쿵저러쿵 관여하지 말고

목이 마르거든 맑은 물 떠다가 차나 끓이게나.

법정 스님께 어떤 사람이 물었다.

"스님께서는 산골에서 혼자 무슨 재미로 사십니까?"

그러자 법정 스님이 대답하였다.

"시냇물 길어다 차 달여 마시는 재미로 살지."

莫(막) : 없을 막 ; 하지 않음.

衙(아) : 마을 아 ; 관아.

塘(당) : 못 당 ; 연못.

管(관) : 관여할 관.

悶(민) : 고민할 민.

柘(자) : 산뽕나무 자.

煮(자) : 끓일 자.

閒(한) : 한가할 한.

149.

堪歎人心감탄인심 毒似蛇독사사라
誰知天眼수지천안 轉如車전여차리오
去年妄取거년망취 東隣物동린물터니
今日還歸금일환귀 北舍家북사가라
無義錢財무의전재 湯潑雪탕발설이요
儻來田地당래전지 水推沙수추사라
若將狡譎약장교휼 爲生計위생계면
恰似朝開흡사조개 暮落花[103] 모락화니라

참으로 한탄할 일이로다.
사람의 마음 독하기가 흡사 뱀과 같구나.
하늘의 눈동자 수레바퀴 구르듯 함을 누가 알 것인가.
지난해 망령되게도 동쪽 이웃 물건 취하더니
오늘 보니 그 물건 다시 북쪽 집으로 갔구나.
의롭지 못한 돈과 재산은 끓는 물에 뿌린 눈과 같고
갑자기 굴러온 농토는 물에 밀려온 모래와 같은 것.
만약 상대를 속여 생계를 꾸리려 한다면
이는 흡사 아침에 피었다가 저녁에 지는 꽃송이와 같으리.

103_ 淸州本(청주본)에 '朝雲暮落花(조운모락화)'로 나와 있다. '아침 안개와 같고, 저녁에 지는 꽃이다.'라고 번역할 수 있으나 異本(이본)에 朝開(조개)로 나와 있는 곳이 있고 문맥으로 보아도 '雲'보다는 '開'가 맞을 듯하다.

의역하면 다음과 같다.

아, 한탄스럽다.

사람 마음 독하기가 흡사 독사와 같구나.

그러나 잊지 마라. 하늘은 그대를 끊임없이 살피고 있느니라.

(일거수일투족)

작년에 불법으로 취한 물건 오늘 보니 딴 곳으로 갔구나.

그렇다. 의롭지 못한 방법으로 취득한 재산은 끓는 물에 뿌린 눈처럼 쉬이 없어져 버리고 물에 밀려온 모래처럼 언제 사라질지 모른다. 만약 상대를 속임으로써 삶을 꾸려 간다면 이는 마치 아침에 피었다가 저녁에 지는 꽃과 같은 신세가 될 것이다.

堪歎(감탄) : 견딜 감, 탄식할 탄 ; 탄식을 참으며. 참으로 한탄할 일이다.

誰(수) : 누구 수.

隣(린) : 이웃 린.

舍(사) : 집 사. 버릴 사.

儻(당) : 갑자기 당.

推(추) : 밀 추.

狡(교) : 교활할 교.

譎(휼) : 속일 휼.

150.

得失榮枯득실영고 總是天총시천이요

機關用盡기관용진 也徒然야도연이라

人心不足인심부족 蛇呑象사탄상이요

世事到頭세사도두 螳捕蟬당포선이라

無藥可醫무약가의 卿相壽경상수요

有錢難買유전난매 子孫賢자손현이라

家常守分가상수분 隨緣過수연과요

便是逍遙변시소요 自在仙자재선이니라[104]

성공과 실패, 영고성쇠는 다 하늘의 뜻이어서

심중의 마음(온갖 계략) 쓴다 한들 또한 헛수고가 되느니라.

사람의 마음에 만족이 없으면 뱀이 코끼리를 삼키는 격이 되고

세상사 결국 사마귀가 매미를 노리는 격이 된다.

정승판서의 목숨을 연장할 수 있는 약은 없고

자손들의 현명함은 돈이 있어도 살 수 없는 법이니

항상 분수를 지키고 살며 인연따라 지내노라면

문득 자유자재한 仙境(선경)에 처하게 되리라.

의역하면 다음과 같다.

성공과 실패, 영고성쇠는 다 하늘의 뜻이니

심중의 모든 것까지 다 써 버리듯 애쓰지 마라.

104_ 羅洪先(나홍선)의 詩다.

사람의 마음이 만족을 몰라 욕심을 내게 되면

그로 인해 자기의 몸을 죽이는 자초지화(코끼리를 삼킨 뱀)가 되고

세상사 결국 매미를 잡으려는 욕심에 사로잡혀

자기를 노려보고 있는 참새를 보지 못하는 사마귀처럼

목전의 이익을 탐하느라 결국 위험에 처하게 되는 것이다.

아무리 권세가 있어도 목숨을 연장하는 약은 구할 수 없고

아무리 돈 많은 재벌이라도 자식의 지혜는 사 줄 수 없는 것이니

어떠한 경우라도 분수를 지켜 인과를 소중히 여기며 사노라면

신선이 (극락) 따로 있는 것이 아니요,

그곳이 바로 선경이니라.

榮(영) : 영화 영 ; 번영하다.

枯(고) : 마를 고.

機關(기관) : 심중의 계획.

徒然(도연) : 헛수고. 효과가 없다.

自在(자재) : 거리낌 없는. 自由自在(자유자재)의 준말.

呑(탄) : 삼킬 탄.

到頭(도두) : 결국. 끝내.

螳(당) : 사마귀 당.

蟬(선) : 매미 선.

螳捕蟬(당포선) : '螳螂窺蟬(당랑규선)'의 고사에서 온 말. 사마귀가 매미를 잡으려고 마음이 팔려서 참새가 노려보고 있는 위험을 감지하지 못함. 즉, 목전의 이익에 사로잡혀 닥쳐올 위기를 의식하지 못한다는 뜻.

醫(의) : 고칠 의 ; 여기서는 '연장하다.'의 의미로 쓰였다.

家(가) : 집 가 ; 여기서는 '살다.'의 의미로 쓰였다.

便(변) : 문득 변.

逍(소) : 거닐 소.

遙(요) : 거닐 요.

151.

寬性寬懷관성관회 過幾年과기년인고
人死人生인사인생 在眼前재안전이라
隨高隨下수고수하는 隨緣過수연과요
或長或短혹장혹단에 莫埋冤막매원하라
自有自無자유자무에 休歎息휴탄식하라
家貧家富가빈가부가 總由天총유천이라
平生衣祿평생의록이 隨緣度수연도이니
一日清閑일일청한이면 一日仙일일선이니라[105]

너그러운 성품과 너그러운 마음으로
(살아온 지) 몇 년이나 되었는가?
사람 죽고 사는 일이 눈앞에 있다네.
높이도 됐다가 낮게도 됐다가
지위의 변화는 인연 따라 가는 것이요
어떤 사람은 그 자리에 오래 있기도 하고
또 어떤 사람은 일찍 떠나기도 하는 것
그대, 너무 원통해하지 말게(원통함을 품지 말게).
스스로 있고 없음에 탄식하지 말게.
잘살고 못사는 것은 다 하늘의 뜻이라네.
평생의 옷과 복록이 인연따라 정해진 것이니
하루, 마음이 맑고 한가하다면 그날 하루 신선이 되는 것이라네.

105_ 편집본에는 '一日清閑(일일청한) 一日仙(일일선)' 한 구절만 나와 있다.

의역하면 다음과 같다.

그대여, 너그러운 마음으로 몇 년을 보냈는가.

죽고 사는 일이 눈앞에 있다네.

높이도 됐다가 낮게도 됐다가 처지의 변화는 인연 따라 오는 것이요, (부귀빈천에도 다 때가 있으니) 그 길고 짧음에 그대여 원통해하지 말게.

있고 없음에 탄식하지 마시게.

잘살고 못사는 게 다 하늘의 뜻이라네.

평생의 의식주와 행·불행은 인연법 따라 오는 것이니, 하루 마음이 맑고 평안하면 그 순간이 극락이요, 천당이라네.

寬(관) : 너그러울 관.
懷(회) : 품을 회 ; 안다. 간직하다.
幾(기) : 몇 기.
埋(매) : 묻을 매.
度(도) : 법도 도.

152.

花開不擇화개불택 貧家地빈가지요

月照山河월조산하 到處明도처명인데

世間只有세간지유 人心惡인심악이니

凡事須還범사수환 天養人천양인하라

꽃은 가난한 집이라 하여 가려 피지 아니하고

달빛은 산하 곳곳 어디에나 비추는데

세상엔 다만 사나운 인심만 있을 뿐이니

(그대여) 모든 일, 모름지기 하늘이 사람 기르듯

그 마음으로 살아가라.

> 天地無私(천지무사)—하늘은 치우침이 없이
>
> 모든 이에게 덕을 베푸니 그 하늘을 본받으라는 것이다.

照(조) : 비칠 조 ; 비추다.

天養(천양) : 하늘의 양육. 하늘이 금수나 채소 등을 나게 하여 사람들에게 의식주를 제공하는 일.

① 오직 키울 뿐, 보답을 바라지 않는 하늘의 마음.

② 치우침 없이 모든 이에게 베푸는 마음.

153.

眞宗皇帝御製 진종황제[106] 어제

知危識險지위식험은 終無羅網之門종무라망지문이요

擧善薦賢거선천현은 自有安身之路자유안신지로니라

施恩布德시은포덕은 乃世代之榮昌내세대지영창이요

懷妬報寃회투보원은 與子孫之爲患여자손지위환이라

損人利己손인이기면 終無顯達雲仍종무현달운잉이요

害衆成家해중성가면 豈有長久富貴기유장구부귀리요

改名異體개명이체는 皆因巧語而生개인교어이생이요

禍起傷身화기상신은 盡是不仁之召진시불인지소니라

진종황제가 지은 글

위험을 알고 험난함을 인식하면

법을 집행하는 곳에 가지 않을 것이요(양보하여)

선한 이와 어진 이를 천거하면 스스로 편안한 길에 있으리라.

은혜를 베풀고 덕을 베풀면

후손들에게 영화와 번창이 있을 것이요

질투심을 품고 원통함을 풀려 하면 자손들에게 환란이 될 것이다.

자기의 이익을 위해 남에게 손해를 끼치면

면 훗날 현달하는 후손이 없게 될 것이다.

많은 사람에게 피해를 주어 집안을 이룬다면

그 부귀가 어찌 오래가겠는가?

106_ 眞宗皇帝(진종황제) : 宋(송)나라 제3대 황제. 이름은 趙恒(조항).

이름을 바꾸며 변장하게 되는 것은
그것이 다 속이는 말로 하여 생기는 것이요
재앙이 일어나 몸을 해치게 되는 것은
그것이 다 어질지 않은 마음이 불러온 것이다.

의역하면 다음과 같다.

(매사) 위기의식을 가지고 늘 조심한다면 마침내 법망에 저촉되는 일 없을 것이요, 상대에게 양보하여 어질고 선한 이를 천거하고 추천하면 이로 하여 내 몸에 편안한 길 열리리라.

은덕을 베풀면 그 덕으로 후손들에게 번창이 있을 것이요, 질투하는 마음을 품고 원한을 갚으려 한다면 장차 자손에게 그 害(해)가 미치게 될 것이다. 자기의 이익을 위해 상대에게 손해를 끼친다면 종래 현달하는 후손이 없을 것이요, 많은 사람에게 피해를 주면서까지 집안이 번창한들 그 부귀 어찌 오래가겠는가?

가명을 쓰고 변장을 하게 됨은 그것이 다 속이는 말에서 오는 것이요, 재앙이 일어나 몸을 다치게 됨은 그것이 다 어질지 못함이 불러온 것이다.

知危識險(지위식험) : 위기의식을 가지고 살얼음을 딛는 마음으로 매사에 조심함.
擧善薦賢(거선천현) : 선인과 현인을 천거하고 자신은 양보함(推讓).
仍世代(잉세대) : 이어지는 세대. 후손.
雲仍(운잉) : 雲孫(운손)은 8대손. 仍孫(잉손)은 7대손.
遠孫(원손) : 후손을 칭함.

*후손은 代(대)가 내려감에 子(자), 孫(손), 曾孫(증손), 玄孫(현손), 來孫(내손), 昆孫(곤손), 仍孫(잉손), 雲孫(운손)이라 하여 다르게 부른다.

154.

仁宗皇帝御製인종황제[107]어제

乾坤宏大건곤굉대나 日月照鑑分明일월조감분명이요

宇宙寬洪우주관홍이나 天地不容姦黨천지불용간당이라

使心用倖사심용행이면 果報只在今生과보지재금생이요

善布淺求선포천구면 獲福休言後世획복휴언후세리라

千般巧計천반교계나 不如本分爲人불여본분위인이요

萬種强圖만종강도면 爭似隨緣即險[108]쟁사수연즉험이나

心行慈善심행자선이면 何須努力看經하수노력간경이며

意慾損人의욕손인이면 空讀如來一藏공독여래일장이니라

인종황제가 지은 글

하늘과 땅이 넓고 크지만 해와 달이 밝게 비춤은 어긋남이 없고

우주가 넓고 넓으나 천지간에 간악한 무리는 용납하지 않는다.

마음을 부려 오만하게 쓰면 그 과보가 바로 금생에 있게 되고

욕심을 줄여 베풀기 잘하면 복을 얻어 후세에 칭송을 얻을 것이다.

천 가지 계교를 부린들 상대를 위함을 본분으로 삼느니만 못하고

만 가지 억지 계책으로 밀어붙이게 되면

(부린 만큼) 똑같은 인연이 다투어 일어나 위험해진다.

자비심으로 선을 행한다면

어찌 경을 보려 애써 노력할 필요가 있으며

107_ 仁宗皇帝(인종황제) : 宋(송)나라 제4대 황제. 이름은 趙禎(조진).

108_ 淸州本(청주본)에는 '卽險(즉험)'이 '卽儉(즉검)'으로 나와 있다.

하고자 하는 마음이 상대에게 손해를 끼침에 있다면
부처의 팔만대장경을 꿰뚫었다 한들 헛읽은 것이 되느니라.

의역하면 다음과 같다.

하늘과 땅이 넓다 하나 해와 달이 밝게 비춤은 분명하고, 우주가 넓고 넓으나 간악한 무리는 용납하지 않는다(놓치지 않고 벌을 내린다).

교만하고 오만한 마음을 쓰면 그 과보가 바로 今生(금생)에 있을 것이요, 욕심을 버리고 보시를 즐긴다면 복을 얻어 후세에 칭송을 얻으리라. 온갖 계교를 부려 성공함이 상대를 배려함을 본분으로 삼느니만 못하고, 모든 일을 순리가 아닌 방법으로 밀어붙이게 되면 그에 따르는 부작용이 있어 위험에 빠지게 된다.

자비심으로 선을 행한다면 어찌 경을 읽으려 애써 노력할 필요가 있으며, 그 마음이 상대에게 손실을 끼치는 데 있다면 팔만대장경을 다 읽은들(독파했다 한들) 그것은 다 헛일일 뿐이다.

宏(굉) : 넓을 굉.
悻(행) : 성낼 행. 오만할 행.
今生(금생) : 未生(미생)의 반대 개념. 살아 있는 동안.
淺求(천구) : 요구하는 바가 적음. 욕심이 없음.
休言(휴언) : 아름다운 말. 칭송.
爲人(위인) : 상대를 위하다. 배려하다.
拏力(노력) : 힘쓸 노.
看經(간경) : 경을 보다. 경을 읽다.

155.

神宗皇帝御製신종황제[109]어제

遠非道之財원비도지재하고 戒過度之酒계과도지주하며

居必擇隣거필택린하고 交必擇友교필택우하라

嫉妬勿起於心질투물기어심하고 讒言勿宣於口참언물선어구하며

骨肉貧者莫疎골육빈자막소하고 他人富者莫厚타인부자막후하라

克己以勤儉爲先극기이근검위선이요

愛衆以謙和爲首애중이겸화위수하라

常思已往之非상사이왕지비하고 每念未來之咎매념미래지구하라

若依朕之斯言약의짐지사언이면 治國家而可久치국가이가구니라

신종황제가 지은 글

도리에 어긋난 재물을 멀리하고, 도에 넘치는 술을 경계하며

기거함에 반드시 이웃을 가리고, 사귐에 반드시 벗을 가려 사귀어라.

질투하는 마음을 일으키지 말고 헐뜯는 말을 내뱉지 말며

형제자매가 어렵거든 멀리하지 말고

상대가 부자라 하여 후대하지 마라.

극기(자기 관리)엔 근면과 검소가 제일이요

모든 이를 대함에는 겸손과 온화함이 최선이다.

지난날의 잘못을 잊지 말고 앞날의 허물에 대비하라.

만약 짐의 이 말에 의지한다면(짐의 말을 따른다면)

나라를 다스림이 가히 영구할 것이다.

109_ 神宗皇帝(신종황제) : 宋(송)나라 제6대 임금. 이름은 頊(욱).

156.

高宗皇帝御製고종황제[110]어제

一星之火일성지화도 能燒萬頃之薪능소만경지신이요

半口非言반구비언도 折盡平生之德절진평생지덕이라

身被一縷신피일루나 常思織女之勞상사직녀지로하고

日食三飧일식삼손이나 每念農夫之苦매념농부지고하라

苟貪妬損구탐투손이면 終無十載安康종무십재안강이요

積善存仁적선존인이면 必有榮華後裔필유영화후예라

福緣善慶복연선경은 多因積德而生다인적덕이생이요

入聖超凡입성초범은 盡是眞實而得진시진실이득이니라[111]

고종황제가 지은 글

한 점의 불티로도 수만평의 숲을 태울 수 있고

반 마디 그릇된 말로도 평생의 덕을 허물어뜨린다.

몸에 한 오라기의 실을 걸쳤어도

항상 베 짜는 여인의 수고를 생각하고

매일 먹는 세끼 밥이라도 늘 농부님들의 노고를 잊지 마라.

오로지 상대를 탐내고 질투하고 해치고자 한다면

종래 오랜 기간(십 년) 안녕하지 못할 것이요

선행을 많이 하고 마음이 늘 사랑에 머물면

110_ 高宗皇帝(고종황제) : 南宋(남송) 제1대 황제. 이름은 趙構(조구). 金(금)이 강북을 지배하자 南京(남경)에서 황제의 자리에 오름.

111_ 원문에 誤損(오손)이 折盡(절진)으로 積行(적행)이 積德(적덕)으로 나와 있어 수정하였다.

후손들에게 반드시 영화가 있으리라.
좋은 인연을 만나고 경사가 있게 됨은 그동안 많은
덕행이 쌓여 생기는 것이요
평범함을 벗어나 성현의 경지에 이르게 됨은
그것이 성정이 바르고 참됨에서 얻어지는 것이다.

'一星之火(일성지화) 能燒萬頃之薪(능소만경지신)'과 같은 의미로, 모택통의 어록 중 '星星之火(성성지화) 可以燎原(가이요원) – 한 점의 불티로도 온 들판을 태울 수 있다.'가 있다.

一星之火(일성지화) : 한 개의 별이 반짝이듯 하는 불빛(한 점의 불티).
燒(소) : 태울 소.
萬頃(만경) : 수만 평. 넓은 땅.
薪(신) : 땔나무 신. 섶 신.
縷(루) : 실오라기 루.
織女(직녀) : 베 짜는 여인.
苟(구) : 오로지 구. 진실로 구.
十載(십재) : 십 년. 오랜 기간.
福緣(복연) : 복된 인연. 좋은 인연. 가연.
入聖超凡(입성초범) : 범인의 경지를 벗어나 성인의 경지에 오름.
眞實(진실) : 성정이 바르고 참됨.

157.

老子送노자송 孔子曰공자왈

吾聞오문 富貴者부귀자는 送人以財송인이재요

仁人者인인자는 送人以言송인이언인데

吾雖不能富貴오수불능부귀나 於人어인에

竊仁者之號절인자지호[112]하니 請送子以言也청송자이언야라

曰왈 聰明深察총명심찰도 反近於死반근어사요

博辯閎遠박변굉원도 而危其身이위기신이라오[113]

老子(노자)가 孔子(공자)를 배웅하면서 말하기를

"내 듣기로, 부귀한 자는 손님을 전송하면서

재물(금전이나 패물)로 선물하고 어진 사람은 손님을 전송하면서

아름다운 말(金言이나 美言)로 한다 하였는데

내 비록 부와 귀에 무능하나

다른 사람들에게 어진 자라는 영예로운 이름을 훔친 자로서

그대를 말로 전송코자 하노니

총명함과 완벽함이 도리어 죽음에 가까운 길이 되고

사물에 통하고 말재주가 있으며

많은 것을 습득하여 생각이 크고 깊어도

그것이 오히려 몸을 위태롭게 하는 것이라오."

112_『孔子家語(공자가어)』에는 '切仁者號令(절인자호령)'이 '竊仁者之號(절인자지호) 請送子以言也(청송자이언야)'로 나와 있어 더욱 뜻이 명확하다.

113_『史記(사기)』「公子世家(공자세가)」에 나오는 글이다.『公子年譜(공자연보)』에 BC 522년 공자 나이 30세에 '老子(노자)에게 禮(예)를 묻다.'라는 구절이 나온다.

의역하면 다음과 같다.

노자가 그를 찾아온 공자를 배웅하면서 말하기를

"부귀한 자는 손님을 전송할 때 노잣돈이나 선물로 하고 어진 사람은 교훈이 되는 말로써 전송한다 하였는데 내 비록 부귀하진 못하나 부끄럽게도 仁(인)을 생각하는 사람이라는 과찬을 듣는 자로, 감히 그대를 몇 마디 말로 전송코자 하노니, (그대들이 주장하는) 총명하고 깊이 살피는 완벽함이 오히려 죽음을 불러올 수 있고, 박학다식하고 말재주가 있으며 깊은 통찰력이 오히려 몸을 위태롭게 할 수도 있다오."

老子(노자)의 識字憂患(식자우환) 思想(사상)을 잘 표현한 글이다.

識字憂患(식자우환) – 아는 것이 병이요

直木先伐(직목선벌) – 곧은 나무 먼저 베어지며

甘井先竭(감정선갈) – 맛있는 샘물 먼저 바닥을 드러낸다.

以不材 終其天年(이불재 종기천년) – 재목감으로 쓸모없는 나무만 타고난 수명을 다하는 것, 특별한 재능이 없을 때 자연의 수명을 다하는 법이다.

도움을 위해 이 글의 원전인 『史記(사기)』와 『孔子家語(공자가어)』에 대한 글을 번역한 김원중 교수의 글을 덧붙인다.

내가 듣건대 돈 많고 신분이 귀한 자는 사람을 배웅할 때 돈으로 하고, 어진 자는 사람을 배웅할 때 말로써 한다 하오. 나는 부귀하지는 못하나 마음속으로 어진 사람이라 부르고자 하니 다음과 같은 말로써 그대를 배웅하겠소.

귀 밝고 눈 밝아 깊이 관찰하는 사람에게는 죽음에 다가갈 수 있으니 이는 다른 사람을 잘 거론하기 때문이오.

널리 익히고 변론을 잘하고 재능이 깊고 큰 사람은 자신을 위태롭게 하는 자이니, 이는 다른 사람의 잘못된 점을 잘 끄집어내기 때문입니다.

다른 사람의 자식된 자, 자신의 존재를 내세우지 말고 다른 사람의 신하된 자, 자신을 드러내지 않아야 합니다.

送人(송인) : 손님을 전송하다.

切仁者號令(절인자호령) : 자신을 낮추는 겸손한 표현으로, '어진 자라는 영예로운 이름을 훔치는 자'라는 뜻.

號(호) : 부를 호 ; 불리우다. 말하다.

號令(호령) : ① 큰 소리로 명령하다. 號 : 칭호. 令 : 令名(명예로운 이름. 좋은 평판).
② 말로 좋은 칭찬을 받음.

深察(심찰) : 완벽함. 깊이 살펴 흠결이 없음.

辯(변) : 말씀 변 ; 말재주.

閑(한) : 익힐 한 ; 습득함.

遠(원) : 깊을 원 ; 생각이 깊음.

反(반) : 도리어 반. 되돌릴 반.

158.

王良曰왕량[114]왈

欲知其君욕지기군커든 先視其臣선시기신하고

欲識其人욕식기인커든 先視其友선시기우하며

欲知其父욕지기부커든 先視其子선시기자하라

君聖臣忠군성신충이요 父慈子孝부자자효니라

왕량이 말하기를

그 임금을 알고자 한다면 먼저 그 신하를 보고

그 사람을 알고자 한다면 먼저 그 친구를 보며

그 부모(됨됨이)를 알고자 한다면 먼저 그 자녀를 보라.

임금이 훌륭해야 신하가 충성하는 것이요

부모가 자애로워야 자녀가 효도하는 것이다.

효자 집안에 효자 나는 법이니, 윗사람이 모범을 보이라는 말이다.

'上淸下淸(상청하청) – 윗물이 맑아야 아랫물이 맑다.'

무조건적으로 강요된 충과 효가 아니라 윗사람이 자기의 도리와 본분을 다할 때 아랫사람도 마음에서 우러나오는 충효를 실천한다는 이 말은 리더들에게 꼭 필요한 명언이 아닐 수 없다.

114_ 王良(왕량) : 춘추시대 晋(진)의 뛰어난 馬夫(마부)로 孟子(맹자)도 칭찬한 '郵無正(우무정)'을 일컫는다. 左傳에는 '郵無恤(우무휼)'로 나와 있다.

159.

家貧가빈에 顯孝子현효자요

世亂세란에 識忠臣식충신이니라

집안이 어려울 때 효자가 드러나고

세상이 어려울 때 충신을 알 수 있다.

의역하면, '집안에 어려움이 닥쳤을 때 효자인지 아닌지 알 수 있고 나라에 어려움이 닥쳤을 때 충신인지 아닌지 알 수 있다.'이다.

훌륭한 사람은 어려움 속에서 진가를 발휘하는 법이라는 가르침으로, 『論語(논어)』에 나오는 '歲寒然後知松栢之後凋也(세한연후지송백지후조야) – 날씨가 추워야 소나무와 잣나무의 진가를 알 수 있다.'와 같은 의미다.

顯(현) : 드러낼 현.

識(식) : 알 식.

160.

家語云가어운

水至淸則無魚수지청즉무어요

人至察則無徒인지찰즉무도니라[115]

공자가어에 이르기를

물이 너무 맑으면 고기가 없고

사람이 너무 완벽하면 따르는 무리가 없다.

> 너무 따지지 말라는 것이다.
>
> 상대의 잘못에 아량을 베풀 수 있어야 한다.
>
> 지도자라면 '大海不擇淸濁(대해불택청탁) - 바다는 맑은 물 탁한 물을 가리지 않는다.'의 교훈을 되새겨야 한다.

본래 『漢書(한서)』에 나오는 글로, 여몽정이 宋(송)나라 태종에게 올린 글이다. '만약 임금이 세세히 살피면 인재가 모이지 않는다.'에서 온 말이다.

같은 의미로, 『晋書(진서)』「郭璞傳(곽박전)」에 '政至察則衆乖(정지찰즉중괴) 此自然之勢也(차자연지세야) - 정치도 너무 세세히 밝히면 민중이 떠난다.'는 글도 있다.

115_『孔子家語(공자가어)』「入官篇(입관편)」에 있다.

161.

子曰 자왈

三軍可奪帥也삼군가탈수야어니와

匹夫不可奪志也필부불가탈지야니라[116]

스승께서 말씀하시기를

삼군의 대장도 뺏을 수 있으나

범부라도 그의 뜻은 뺏을 수 없는 것이다.

> 아무리 많은 군졸이 호위하고 있어도 부하들의 마음이
> 화합되어 있지 않으면 그 대장도 납치할 수 있으나,
> 하찮은 사람이라도 그가 품은 지조는 빼앗을 수 없는 것이다.
> 日帝下(일제하) 순국하신 애국선열을 생각하면 그 뜻을
> 이해할 수 있을 것이다.

'可奪三軍之帥也(가탈삼군지수야)' '不可奪匹夫之志也(불가탈필부지지야)'와 같은 뜻이다.

三軍(삼군) : 제후가 보유한 군대. 上軍, 中軍, 下軍, 全軍의 뜻.

帥(수) : 장수 수.

奪(탈) : 빼앗을 탈.

匹(필) : 짝 필.

匹夫(필부) : 신분이 낮은 자. 범부.

116_『論語(논어)』「子罕篇(자한편)」에 나오는 글이다.

162.

子曰자왈

生而知之者생이지지자 上也상야요

學而知之者학이지지자 次也차야며

困而學之곤이학지 又其次也우기차야니

困而不學곤이불학이면 民斯爲下矣민사위하의니라[117]

스승께서 말씀하시기를

태어나면서부터 아는 자는 상품이요

배워서 아는 자는 그 다음이며

본래 무식하나 애를 쓰며 공부하는 자 또 그 다음이니

무식한데도 배우지도 않으면하류의 백성이 되는 것이다.

아무리 둔해도 열심히 공부하면 최하층만은 면할 수 있는 것이다.

의역하면, '태어나면서부터 아는 자(사람으로서) 상품이요, (자질이 영민하여) 배워 진리를 터득하는 자 그 다음이며, 머리가 틔진 아니하였으나 열심히 공부하는 자 그 다음이다. (그러나) 무식한데도 배우려 하지도 않는 자가 있으니 그런 사람은 결국 최하층 백성이 되는 것이다.'이다.

困學(곤학) : 머리가 좋지 않아도 열심히 공부함.

117_『論語(논어)』「季氏篇(계씨편)」에 나오는 글이다.

163.

子曰자왈

君子군자 有三思而不可不思也유삼사이불가불사야니

少而不學소이불학 長無能也장무능야요

老而不敎노이불교 死無思也사무사야요

有而不施유이불시 窮無與也궁무여야니

是故君子시고군자 少思其長則務學소사기장즉무학하고

老思其死則務敎노사기사즉무교하며

有思其窮則務施유사기궁즉무시니라[118]

스승께서 말씀하시기를

군자에게는 세 가지 생각해야 할 것이 있어

염두에 두지 않으면 안 되는 것이니

소년기에 배우지 않으면 나이 들어 무능해지고

어른이 되어 가르치지 않으면 죽어 그 덕을 사모하는 사람이 없고

있을 때 베풀지 않으면 없을 때 도와주는 이 없게 된다.

그러므로 군자는

소년기에는 어른이 됐을 때를 생각하여 배움에 힘쓰고

노년기에는 사후를 생각하여 가르침에 힘쓰고

넉넉할 땐 곤궁해질 때를 생각하여 베풂에 힘써야 한다.

不可不(불가불) : ~하지 않으면 안 된다.

118_『荀子(순자)』 제20권에 나오는 글이다.

164.

景行錄경행록에 云운하되

能自愛者능자애자 未必能成人미필능성인이나

自欺者자기자 必罔人필망인이요

能自檢者[119]능자검자 未必能周人미필능주인이나

自忍者자인자 必害人필해인이니

此無他차무타 爲善難위선난이나 爲惡易위악이이니라

경행록에 이르기를

능히 스스로를 사랑하는 자

반드시 다른 사람에게도 똑같이 사랑을 한다고 할 순 없으나

자기를 속이는 자는 반드시 상대를 속이게 되고

능히 스스로 절제하고 삼가는 자

반드시 그 검속함을 상대에게도 미치게 한다고 할 순 없으나

스스로에게 잔인한 자는 반드시 상대를 해치게 되니

이는 다른 것이 아니라

선을 행하기는 그만큼 어렵고, 악을 행하기는

그만큼 쉽기 때문이다.

의역하면, '스스로를 사랑하는 자, 반드시 상대도 사랑하게 된다고 할 순 없으나, 스스로를 속이는 자는 반드시 상대를 속이게 되고,

119_ 淸州本(청주본)에는 '自儉者'로 나와 있으나 뜻이 순연하지 않아 '自檢者'로 수정하였다.

스스로를 단속하고 조심하는 자, 반드시 다른 사람들에게도 그 마음을 두루 미치게 할 수는 없지만, 스스로에게 잔인한 자는 반드시 상대를 해치게 되는 것이니, 이는 특별한 이유가 있어서가 아니라 선을 행하기는 그만큼 어렵고 악을 행하기는 그만큼 쉽기 때문이다.'이다.

'爲善難(위선난) 爲惡易(위악이)'와 비슷한 의미로, 「繼善篇(계선편)」에 '從善如登(종선여등) 從惡如崩(종악여붕) – 좋아지기는 어려워도 나빠지기는 한 순간이다.'라는 금언이 있다.

自愛(자애) : 스스로를 사랑하다. 자중자애하다.
成人(성인) : 훌륭한 사람. 학덕을 겸비한 완전한 사람.
여기서는 '상대를 똑같이 하다.'라는 뜻.
周人(주인) : 상대에게 두루 미치게 함. 영향을 줌.
罔(망) : 속일 망.
忍(인) : 참을 인. 잔인할 인.
無他(무타) : 다름이 아니라.
自檢(자검) : 검속할 검 ; 스스로를 절제하고 삼가다. 스스로를 단속하다.
未必(미필) : 반드시 다 그런 것은 아니다.

165.

景行錄경행록에 云운하되

富貴者부귀자 易於爲善이어위선이나

其爲惡也亦不難기위악야역불난이니라

경행록에 이르기를

부귀를 누리게 되면 선을 행하기 쉬워지나

악을 행하는 것 또한 어렵지 않게 된다.

> 부귀할 때 선을 행하되
>
> 자칫 교만해지기 쉬운 마음을 경계하라.

의역하면, '부귀해지면 풍족하여 베풀기도 쉬우나 자칫 교만한 마음이 생겨 악을 행하기도 쉬워지게 된다.'이다.

不難(불난) : 어렵지 않다. 쉬워진다.

166.

子曰자왈

富而可求也부이가구야면 雖執鞭之士수집편지사라도

吾亦爲之오역위지나 如不可求여불가구면

從吾所好종오소호니라[120]

공자께서 말씀하시기를

부를 구하여 얻을 수 있다면 비록 채찍을 잡는 마부라도

나 또한 하겠으나 구하여 얻을 수 없는 것이라면

내가 좋아하는 바를 따르겠다.

의역하면, '부의 축적을 구한다고 해서 이룰 수 있다면 내 비록 마부라도 하겠으나 그럴 수 없는 것이라면, 내 생활 방식대로 仁(인)을 행하며 살겠다.'이다.

鞭(편) : 채찍 편.

如(여) : 만일. 만약에.

可求(가구) : 구하여 얻다. 구함이 가능하다.

吾所好(오소호) : 내가 좋아하는 것. 方式(방식).

120_『論語(논어)』「述而篇(술이편)」에 나오는 글이다.

167.

千卷詩書難却易천권시서난각이나
一般衣飯易却難일반의반이각난이니라

천 권의 서책(書冊)은 (구하기는) 어려우나 멀리하긴 쉽고
한 벌의 옷과 한 그릇의 밥은 (얻기는) 쉬우나 물리치기는 어렵다.

마음의 양식은 구하기는 어려우나 물리치기는 쉽고, 몸의 양식은 구하기는 쉬우나 물리치기 어렵다. 즉, 몸의 양식에는 관심을 보이나 정작 중요한 마음의 양식엔 관심을 보이지 않는 인간의 속성을 풍자한 글이다.

卷(권) : 책 권.
詩書(시서) : 시와 글.
却(각) : 물리칠 각.
一般(일반) : 한가지.

168.

天無絕人之祿천무절인지록이니라

하늘은 사람에게 끊임없이 복을 주신다.

| 그러니 범사에 감사하며 살라는 가르침이다.

祿(록) : 복 록 ; 행복. 녹봉.

無絶(무절) : 끊임없이.

169.

一身還有一身愁일신환유일신수니라

홀몸이 되니 도리어 홀몸으로 인하여 근심이 생기는구나.

> 혼자 살면 자유로워서 좋고, 둘이 살면 의지가 되어서 좋으니
> 어떠한 처지든 매사 긍정적인 마인드로
> 늘 현실에 만족하며 살라는 가르침이다.

의역하면 다음과 같다.

여럿이 살 때는 부대끼는 게 싫어 혼자 살았으면 하였는데 막상 혼자가 되니 외로움으로 인한 근심이 따르는구나.

一身(일신) : 한 몸. 홀몸.
還(환) : 돌아올 환 ; 다시.
愁(수) : 근심 수.

170.

子曰자왈

人無遠慮인무원려면 必有近憂필유근우니라[121]

스승께서 말씀하시기를

사람이 멀리 생각하지 않으면

반드시 가까운 근심이 있게 된다.

> 멀리 보고 생각하지 않으면 가까운 장래에 일이 생겨
> 근심하게 되는 것이니 목전의 이익에 눈이 멀어
> 일을 그르치는 愚(우)를 범하지 말라는 가르침이다.

'나무를 보지 말고 숲을 보라.'는 속담이 떠오르는 구절이다.

遠慮(원려) : 멀리 보고 생각함. 歷史意識(역사의식).

近憂(근우) : 가까운 근심. 가까운 장래에 근심할 일이 생기다.

121_『論語(논어)』「衛靈公篇(위령공편)」에 나오는 글이다.

171.

輕諾者경락자 信必寡신필과[122] 요

面譽者면예자 背必非배필비이니라

쉽게 승낙하는 자 신뢰감이 떨어지는 자이고

면전에서 칭찬하는 자 돌아서면 비난하게 되어 있다.

> 쉽게 승낙하지 말라는 것은 실천 가능한지를
>
> 생각하고 승낙하라는 것이다.
>
> '言行相顧(언행상고)'라는 말이 있다.
>
> 말을 할 때는 실천할 수 있는 말인지를 돌아보라는 뜻이다.

'面譽者(면예자) 背必非(배필비)'는 '面從腹背(면종복배)'를 떠올리게 하는 말이다.

얼굴로는, 즉 겉모습은 따르는 것처럼 보이나 속마음은 딴생각을 갖고 있다는 뜻이다. 비슷한 말로, '面從後言(면종후언)', '面從背毁(면종배훼)' 등이 있다.

諾(낙) : 허락 낙 ; 승낙하다.

譽(예) : 칭찬할 예.

背(배) : 등 배 ; 배반하다. 돌아서다.

122_ '輕諾者(경락자) 信必寡(신필과)'는 『老子(노자)』 63장에 나오는 글이다.

172.

許敬宗曰허경종[123] 왈

春雨如膏춘우여고나 行人행인은 惡其泥濘오기이녕하고

秋月揚輝추월양휘나 盜者도자는 憎其照鑑증기조감이니라

허경종이 말하기를

봄비는 호롱불의 기름만큼이나 귀한데도 길을 가는 행인은

진탕에 흙탕물 튄다고 싫어하고

가을 달이 휘영청 밝은데도 훔치는 자는 거울처럼

밝게 비춘다고 싫어한다.

봄비는 농부에게는 더없이 귀한 선물인데도 행인들은 흙탕물 튄다고 싫어하고, 가을 달이 밝아 시인 묵객들은 신선이 된 기분인데도 도둑들은 사업을 방해한다고 투덜댄다. 그러니 봄비를 농부의 눈으로 보느냐, 행인의 눈으로 보느냐, 가을 달을 시인 묵객의 눈으로 보느냐, 도둑의 눈으로 보느냐에 따라 현격한 차이가 있다.

결론은 세상만사 역지사지 하자는 것이다.

비가 오면 우산 장수 아들이 장사가 잘되어 좋고 날이 맑으면 짚신 장수 아들이 장사가 잘되어 좋아하는 그 마음으로…….

123_ 許敬宗(허경종) : 唐(당)나라 때 학자. 唐初(당초) 十八學士(십팔학사) 가운데 한 사람. 고종 때 예부상서를 지냄. 여기서 十八學士는 杜如晦(두여회), 房玄齡(방현령), 于志寧(우지녕), 蘇世長(소세장), 薛收(설수), 褚亮(저량), 姚思廉(요사렴), 陸德明(육덕명), 孔穎達(공영달), 李玄道(이현도), 李守素(이수소), 虞世南(우세남), 蔡允恭(채윤공), 顏相時(안상시), 許敬宗(허경종), 薛元敬(설원경), 蓋文達(개문달), 蘇勖(소욱)을 일컫는다.

173.

景行錄경행록에 云운하되

大丈夫대장부 見善明故견선명고로

重名節於泰山중명절어태산하고

用心剛故용심강고로 輕死生於鴻毛경사생어홍모[124]니라

경행록에 이르기를

대장부는 선악의 분별이 명확하므로

명예와 절의를 태산보다 더 중히 여기고

마음씀이 강직하기에

죽고 사는 것을 기러기 털보다 더 가벼이 여긴다.

見善明(견선명) : 선악의 분별을 명확하게 알다.

名節(명절) : 명예와 절개.

用心(용심) : 마음 씀씀이.

鴻毛(홍모) : 기러기 털. 가벼운 것의 비유.

124_ 淸州本(청주본)에 '輕死生如鴻毛(경사생여홍모)'로 나와 있어 '죽고 사는 것을 기러기 털처럼 가벼이 여긴다.'로 해석할 수 있으나, '如'보다는 '於'가 맞을 듯하다. 異本(이본)에 '於'로 나와 있는 곳이 있어 수정하였다.

174.

景行錄경행록에 云운하되

外事無小大외사무소대요

中慾無淺深중욕무천심이라

有斷則生유단즉생이요 無斷則死무단즉사이니

大丈夫以斷爲先대장부이단위선이니라

경행록에 이르기를

정도를 벗어난 일에 크고 작음이 없고

욕심을 부림에 깊고 얕음이 없는 것

(이 두 가지를) 끊으면 살고, 끊지 못하면 죽는 것이니

대장부는 (탐욕과 외도를) 끊음을 (마음 다스림에) 제일로 삼으라.

정당하지 못한 일에 크고 작음이 없고, 욕심을 내는 일에 깊고 얕음이 없으니, 이를 끊고 멀리할 때 대장부가 되는 것이다.

外事(외사) : 본분사가 아닌 정도에서 벗어난 일. 사사로운 일.

淺深(천심) : 얕고 깊음. 욕심이 많고 적음을 비유.

爲先(위선) : 맨 앞에 두다. 제일로 하다.

斷(단) : 끊을 단 ; 단절하다.

175.

子曰자왈

知而不爲지이불위면 莫如勿知막여물지요

親而不信친이불신이면 莫如勿親막여물친이라

樂之方至[125]낙지방지라도 樂而勿驕낙이물교하고

患之將至[126]환지장지라도 思而勿憂사이물우하라[127]

스승께서 말씀하시기를

알면서도 행하지 않음은 아예 모르는 것만도 못하고

가까우면서 믿지 못함은 아예 친하지 않음만도 못한 것.

바야흐로 즐거움이 이르렀더라도 즐기되 도에 지나치게 하지 말고

우환이 닥치더라도 조심하되 너무 근심 걱정에 빠지지 마라.

이 글은 공자의 제자이자 조카인 孔蔑(공멸)이 자신의 행동을 어떻게 해야 할지 묻자 공자가 대답한 말의 일부이다.

원문은 '孔蔑問行己之道(공멸문행기지도), 子曰(자왈)…….'로 시작한다.

勿知(물지) : 알지 못하다. 모르다.

將(장) : 장차 장.

125_ 淸州本(청주본)에 '樂而方至'로 되어 있으나 원문에 의거하여 '樂之方至'로 수정하였다.

126_ 淸州本(청주본)에 '患之所至'로 되어 있으나 원문에 의거하여 '患之將至'로 수정하였다.

127_ 『孔子家語(공자가어)』「子路初見篇(자로초견편)」에 나오는 글이다.

176.

孟子맹자에 云운하되

雖有智慧수유지혜라도 不如乘勢불여승세요

雖有鎡基수유자기라도 不如待時불여대시니라[128]

맹자에 이르기를

비록 지혜가 있더라도 勢(세)를 타는 것만 못하고

비록 좋은 농기구가 있어도 때를 기다림만 못하느니라.

> 요즘 말로 하면
>
> '전문 지식을 많이 아는 것보다 높은 사람 많이 아는 게 낫고
>
> 아무리 값비싼 농기구가 있다 하나
>
> 때맞추어 씨 뿌리는 것보다 못하다.' 이다.

이 말은 孟子(맹자)의 말이 아니라 齊(제)나라에 내려오는 말을 인용한 것이다. 원문은 '齊人有言曰(제인유언왈) 雖有知慧不如乘勢(수유지혜불여승세)…….'로 시작한다.

乘勢(승세) : 유리한 形勢(형세)를 이용함.

鎡基(자기) : 호미. 基(기)는 錤(기)로도 쓰임. 鎡錤(자기)와 같은 의미. 호미→농기구.

待時(대시) : 농사짓는 시기를 맞추는 것.

128_『孟子(맹자)』「公孫丑章句(공손추장구)」에 나오는 글이다.

177.

呂氏鄕約여씨향약에 云운하되

德業相勸덕업상권하고

過失相規과실상규하며

禮俗相交예속상교[129]하고

患難相恤환난상휼하라[130]

여씨의 향약에 이르기를

덕행은 서로 권면하고

과오와 실수는 서로 바로잡아주며

예절에 맞는 풍속으로 서로 사귀며

환란에는 서로 도와야 한다.

이 글은 후세 향약의 모범이 되는 글로, 조선조 우리나라 각 지방의 향약에 많은 영향을 끼치기도 했다. 중종 때 김안국이 『呂氏鄕約諺解(여씨향약언해)』를 쓰기도 하였다.

鄕約(향약) : 미풍양속을 진작시키기 위해 고을 사람들끼리 서로 약속하는 글.

規(규) : 법 규 ; 바로잡다(법도에 따라).

恤(휼) : 구휼할 휼 ; 동정하다. 돌보다.

禮俗(예속) : 예에 합당한 풍속.

129_ 淸州本(청주본)에는 '禮俗相交(예속상교)'가 '禮俗相成(예속상성)'으로 나와 있다. 원문에 의거하여 바로잡았다.

130_ 『宋史(송사)』「呂大方列傳(여대방열전)」에 나오는 글로, 『小學(소학)』「善行篇(선행편)」에도 실려 있다. 원문은 『藍田呂氏鄕約(남전여씨향약)』에 있다.

178.

憫人之凶민인지흉하고

樂人之善낙인지선하며

濟人之急제인지급하고

救人之危구인지위하라

상대의 흉사에 연민하고

상대의 좋은 일에 즐거워하며

상대에게 위급한 일이 있거든 도와주고

상대가 위험에 처해 있거든 구제해 주어라.

> 슬픔을 함께하면 반이 되고
>
> 기쁨을 함께하면 배가 된다는 말이 있다.
>
> 그러니 상대의 슬픔과 기쁨에 마음을 보태고
>
> 상대가 위급한 상황에 처해 있거든
>
> 인정을 발휘하여 구제해 주라는 말이다.
>
> 自他一如(자타일여), 상대와 내가 둘이 아니라는 마음으로.

凶(흉) : 흉할 흉 ; 재앙. 재난. 불행한 일.

憫(민) : 연민할 민 ; 안쓰러워하다.

濟(제) : 도울 제. 건널 제.

179.

經目之事경목지사도 猶恐未眞유공미진커늘
背後之言배후지언을 豈足深信기족심신이리오

눈으로 직접 경험(확인)한 일도
오히려 (그것이) 진실이 아닐 수 있어 두려워해야 하거늘
등 뒤에서 하는 말을 어찌 다 굳게 믿을 수 있겠는가?

> 눈으로 직접 본 내용도 진실이 아닐 수 있다.
> 좋아도 싫은 척, 있어도 없는 척, 알아도 모른 척이라는
> 말이 있지 않은가?
> 그런데 어찌 시중에 떠도는 소문 따위를 믿을 수 있을 것인가?
> 그런 말에 혹하여 왈가왈부 하지 말라는 것이다.

공자께서 楚(초)나라에 초빙되어 갈 때 陳(진)나라와 蔡(채)나라에서 군사를 보내 포위함으로써 오도가도 못하게 되었다. 그로 인해 식량이 떨어져 푸성귀 국물은커녕 7일간이나 쌀 한 톨 구경하지 못하는 곤경에 처하였다.

그때, 顏回(안회)가 어렵게 쌀을 구해 밥을 지었다. 공자가 멀리서 보니 안회가 솥 안의 밥을 손가락으로 집어먹고 있었다. 밥이 다 되어 안회가 스승께 식사를 권하자 공자는 그동안 아무것도 못 본 척하며 말했다.

"방금 전에 돌아가신 아버지가 꿈에 보이셨다. 청결한 식사를 올

리고 싶구나."

그러자 안회가 답하였다.

"이 밥은 안 됩니다. 조금 전에 숯검정이가 솥 안으로 들어가 다 된 밥 버릴까 봐 제가 손가락으로 집어먹었습니다."

공자가 말했다.

"아, 눈으로 보아야 믿을 수 있는데, 그 눈마저 믿을 수 없구나."

그렇다. 이렇듯 눈으로 본 것도 사실이 아닐 수 있는데, 등 뒤에서 하는 말을 어찌 깊이 믿을 수 있겠는가?

經(경) : 지낼 경 ; 경험하다.

猶(유) : 오히려 유.

背(배) : 등 배.

豈(기) : 어찌 기.

180.

人不知己過인부지기과요

牛不知力大우부지력대니라[131]

사람들은 제 잘못을 모르고

소는 자기 힘이 얼마나 센지 모른다.

> '사람들은 제 잘못을 모른다.'는 말은 범충선공의 말인
> '雖有聰明恕己則昏(수유총명서기즉혼)-아무리 총명한 자라도
> 자기의 잘못에는 어둡다.'를 떠올리게 하는 구절이다.
> 그러니 '知過必改(지과필개)-즉, 허물을 알아 반드시
> 그것을 고치라.'는 교훈이다.

己過(기과) : 제 잘못.

力大(역대) : 힘이 세다.

131_ 문장의 순서가 바뀐 듯하고 전체적으로 뜻이 매끄럽지 못하다.

181.

不恨自家蒲繩[132]短불한자가포승단하고
只恨他家苦井深지한타가고정심하누나

자기 집 두레박 끈 짧은 건 탓하지 아니하고
남의 집 샘이 깊어 힘들다고 탓하는구나.

사람들은 모든 일이 순조로울 때는 그렇지 않다가 뜻대로 되지 않으면 남 탓으로 돌린다.

나라 탓, 사회 탓, 부모 탓, 환경 탓.

그러나 모든 문제는 나로부터 출발하여 내게로 돌아오는 것.

내 탓으로 돌릴 때 그것이 군자의 태도라는 가르침이다.

이런 말도 있지 않은가?

君子求諸己군자구저기 小人求諸人소인구저인

군자는 자기 탓으로 돌리고, 소인은 남 탓으로 돌린다.

不恨(불한) : 한탄하지 않는다. 탓하지 아니하다.
蒲繩(포승) : 부들(창포)을 꼬아 만든 줄. 두레박 끈.
繩(승) : 줄 승.
苦(고) : 괴로울 고.
井(정) : 샘 정.

132_ 편집본에는 '蒲繩(포승)'이 '汲繩(급승)'으로 나와 있다. 淸州本(청주본)대로 하였다.

182.
僥倖脫요행탈이면 無辜報무고보니라

요행을 바라는 마음을 없애면
죗값을 치르는 과보도 없게 되리라.

> 요행(노력해서 얻은 것이 아닌 뜻밖의 행복)을 꿈꾸지 마라.
> 요행으로 얻은 복에는 과보가 따른다.

'無故而得千金(무고이득천금)이면 不有大福(불유대복)이요 必有大禍(필유대화)니라 – 노력 없이 천금을 얻으면 그것이 큰 복이 아니라 반드시 큰 해가 있게 된다.'는 문장과 상통하는 글이다.

僥(요) : 바랄 요 ; 행운이나 이를 구하다.
倖(행) : 요행 행.
脫(탈) : 벗을 탈 ; 빠져나오다. 없애다. 버리다.
辜(고) : 허물 고. '罪(죄)'와 같은 뜻.
報(보) : 과 보. 갚을 보.

183.

贓濫滿天下장람만천하하되

罪拘薄福人죄구박복인이로다

뇌물이 넘쳐 천하에 가득한데

복 없는 사람만 죄 지었다 잡혀가는구나.

> '有錢無罪(유전무죄) 無錢有罪 (무전유죄)'가
>
> 떠오르는 한탄조의 글이다.

돈 많고 지위 높은 사람 잘도 빠져 나오는데, 돈 없고 배경 없는 놈만 잡혀가는구나.

아, 슬프다. 역사는 반복되는가?

贓(장) : 뇌물 장.

濫(람) : 넘칠 람.

拘(구) : 잡힐 구.

薄(박) : 적을 박.

184.

人心似鐵인심사철이면

官法如爐관법여로니라[133]

사람의 마음이 철과 같다면

관청의 법은 용광로와 같구나.

아무리 단단한 쇳덩어리도 용광로에 들어가면 녹아 버리듯 그 어떤 사람도 법 앞에서는 맥을 못 춘다는 뜻이다. 바꾸어 말하면, 한 차례 형벌을 받으면 이내 굴복한다는 것이다.

鐵(철) : 쇠 철.

爐(로) : 화로 로 ; 용광로.

133_ 이 글은 『金甁梅(금병매)』 12回에 보인다.

185.

太公曰태공왈

谿壑易滿계학이만[134]이나

人心難滿인심난만[135]이니라

태공이 말하기를

골짜기 채우는건 쉬워도

사람의 마음 채우기는 어렵구나.

> 인간의 한없는 욕망을 풍자한 글이다.

의역하면, '골짜기는 오히려 물로 채울 수 있어도 사람의 끝없는 욕심 채우기는 어렵구나.'이다.

원문은 다음과 같다.

語云어운 猛獸易伏맹수이복이나 人心難降인심난항이요

谿壑易滿계학이만이나 人心難滿인심난만이니라

전해 오는 말에, 맹수를 길들이긴 쉬우나 사람의 마음 항복 받기 어렵고, 골짜기는 쉬 채울 수 있어도 사람의 마음 채우기는 어려우니라.

134_ 원문에 '谿壑易滿(계학이만)'으로 나와 있어 '谿壑易盛(계학이성)'을 수정하였다.

135_ 清州本(청주본)에는 '人心難滿(인심난만) 谿壑易盛(계학이성)'의 순으로 되어 있으나, 원문에 의거하여 순서를 바꾸었다.

186.

天若改常천약개상이면 不風卽雨불풍즉우요
人若改常인약개상이면 不病卽死불병즉사니라

하늘이 만약 常道(상도)에서 벗어나면
바람이 없어도 비가 내릴 것이요
사람이 만약 常道(상도)에서 벗어나면
병들지 않고도 죽게 되리라.

| 늘 한결같은 마음과 正道(정도)를 강조한 글이다.

우리 속담에 '변하면 죽는다.'는 말이 있다.

'平常心是道(평상심시도) – 변함없는 마음이 道(도)'란 명언도 있다. 한결같은 마음으로 정도를 지키며 살라는 교훈이다.

改(개) : 고칠 개 ; 바꾸다. 벗어나다.
常道(상도) : 변함없는 도. 正道(정도).
卽(즉) : 곧 즉 ; '則(즉)'의 뜻도 있음. ~하면.
恒心(항심) : 항상 품고 있어 변하지 않는 도덕심.

187.

狀元詩장원시에 云운하되

國正天心順국정천심순이요 官淸民自安관청민자안이라

妻賢夫禍少처현부화소요 子孝父心寬자효부심관이니라[136]

장원시에 이르기를

나라가 바르게 돌아가니 天氣(천기)가 순조롭고

관리가 청렴하니 백성들도 자연 편안쿠나.

아내가 현명하니 남편의 허물 줄어들고

자녀가 효도하니 부모 마음 너그럽도다.

의역하면 다음과 같다.

나라가 바르게 돌아가면 하늘도 도와

雨順風調(우순풍조)하여 (날씨가 순조로워) 풍년을 기약하고

관리들이 청렴하니 백성들의 마음도 편안하고

아내가 현명하여 검소하니, 남편이 부정한 일에 연루될 리 없고

자녀가 부모의 뜻을 따르니 어찌 마음이 넉넉해지지 않겠는가.

특히 '妻賢夫禍少(처현부화소)'는 '家有賢妻夫不遭橫事(가유현처부부조횡사) – 집안에 현명한 아내가 있으면 그 남편은 부정한 일에 연루되지 않느니라.'와 상통하는 글로, 한 번 더 음미해 볼 구절이다.

136_『狀元詩(장원시)』라는 宋代(송대)의 책에 나오는 글이다.

188.

孟子曰맹자왈

三代之得天下也삼대지득천하야는 以仁이인이요

其失天下也기실천하야는 以不仁이불인이니

國之所以廢興存亡者국지소이폐흥존망자도 亦然역연하니라

天子不仁천자불인이면 不保四海불보사해하고

諸侯不仁제후불인이면 不保社稷불보사직하고

卿大夫不仁경대부불인이면 不保宗廟불보종묘하며

士庶人不仁사서인[137]불인이면 不保四體불보사체인데

今금에 惡死亡而樂不仁오사망이요불인하나니

是猶惡醉而强酒시유오취이강주니라[138]

맹자께서 말씀하시기를

삼대(夏의 禹王, 商의 湯王, 周의 文王 혹은 武王)가

천하를 얻었음은(성군이 될 수 있었던 것은) 仁(인) 하였기 때문이요

삼대(夏의 桀, 商의 紂, 周의 幽王 또는 厲王)가 천하를

잃은 것(폭군이 된 것)은 不仁(불인)하였기 때문이니

나라의 흥망존폐(흥망성쇄) 또한 같은 것이니라.

천자가 불인하면 천하를 보전할 수 없고

제후가 불인하면 사직을 보전할 수 없고

137_ 淸州本(청주본)에 '庶人(서인)'으로만 나와 있으나 원전[『孟子(맹자)』]에 의거하여 '士庶人(사서인)'으로 수정하였다.

138_ 『孟子(맹자)』「離婁章句(이루장구)」 상편에 나오는 글이다.

경대부가 불인하면 종묘를 보전할 수 없고

사서인이 불인하면 그 몸을 보전하지 못한다.

그럼에도 작금에 죽고 망하는 것은

싫어하면서도 불인을 좋아하니

이는 마치 술에 취하는 걸 싫어하면서도

억지로 마시는 것과 같으니라(마음과 행동이 상반됨).

仁(인) : ① 사랑하다[『論語(논어)』「顔淵篇(안연편)」'樊遲問仁(번지문인) 子曰愛人(자왈애인)'].

② 착한 마음으로 어질게 행동하다[『朱子(주자)』'仁者心之德愛之理(인자심지덕애지리)'].

③ 마음을 닦는 일[顔淵問仁(안연문인) 子曰(자왈) 克己復禮爲仁(극기복례위인)].

④ 애처로워 차마 하지 못하는 마음[『論語(논어)』「顔淵篇(안연편)」'仁者其言也訒(인자기언야인)'].

廢興存亡(폐흥존망) : 흥망성쇄.

天子(천자) : 황제.

四海(사해) : 천하. 온 세상.

社稷(사직) : 땅의 신과 곡식의 신. 국가나 조정을 상징하는 말.

宗廟(종묘) : 선왕의 위패를 모셔 두는 사당. 사직과 더불어 나라를 상징.

四體(사체) : 팔, 다리, 머리, 몸뚱이. 즉 온몸. 四肢(사지).

是猶(시유) : 이는 ~와 같다.

189.

子曰자왈

始作俑者시작용자 其無後乎기무후호인저[139]

공자께서 말씀하시기를

俑(용 : 허수아비)을 처음으로 만든 자, 그 후손이 없을 것이다.

> 사람보다 소중한 것은 없다는 人本主義(인본주의)에서 나온 말씀이다.

의역하면, '순장에 쓰이는 나무 인형[俑]을 고안해 낸 사람은 그것이 비록 나무라 할지라도 사람과 흡사하므로 잔인한 사람이니 천벌을 받아 후손이 없을 것이다.'이다.

이 글은 옛날 '사람의 형상으로 순장하는' 풍속을 공자께서 비판하여 하신 말씀이다. '俑(용)'은 순장용으로 사용되는 土偶(토우)나 木偶(목우)인데 진시황릉에서 출토되는 병마용이 그 대표적이다.

원문은 다음과 같다.

仲尼曰중니왈

始作俑者其無後乎시작용자기무후호

爲其象人而用之也위기상인이용지야

俑(용 : 허수아비)을 처음으로 만든 자, 그 후손이 없을 것이다.

이는 사람을 형상화하여 장례에 사용하였기 때문이다.

139_『孟子(맹자)』「梁惠王章句(양혜왕장구)」 상편에 나오는 글이다.

190.

子曰 자왈

木受繩則直 목수승즉직이요

人受諫則聖 인수간즉성[140]이니라[141]

스승께서 말씀하시기를

나무는 먹줄을 받은 뒤라야 반듯하게 잘려지고

사람은 충고하는 말을 받아들여야 훌륭해지는 것이다.

| 상대의 충고를 흔쾌히 받아들이는 지도자가 훌륭한 지도자라는 것이다.

이 글은 자로가 공자에게 "배움에 무슨 유익함이 있습니까?"라고 묻자 공자가 이에 답하는 내용이다.

공자 : 나무도 먹줄을 받은 뒤라야 반듯하게 잘려진다.

자로 : 남산에 대나무는 바로잡아 주지 않아도 바르고, 그것을 자른다면 물소의 가죽도 뚫을 수 있습니다. 이것이면 됐지 꼭 학문을 해야 합니까.

공자 : 화살 한쪽에 깃을 꼽고 또 다른 한쪽에 촉을 박아 쓰면 박히는 깊이가 더 깊어지지 않을까?

자로 : (공경하며) 가르침을 받겠습니다.

140_『書經(서경)』에는 '木從繩則正(목종승즉정) 后從諫則聖(후종간즉성)'으로 나와 있고, 『荀子(순자)』「勸學篇(권학편)」에는 '木受繩則直(목수승즉직) 金就礪則利(금취려즉리-쇠는 숫돌에 갈 때 날카로워진다.)'로 나와 있다.

141_『孔子家語(공자가어)』「子路初見篇(자로초견편)」에 나오는 글이다.

191.

佛經불경에 云운하되

一切有爲法일체유위법은 如夢幻泡影여몽환포영하고

如露亦如電여로역여전하니 應作如是觀응작여시관하라[142]

불경에 이르기를

모든 有爲(유위)의 법(사람들에 의해 만들어진 형상과 개념)은 꿈과 같고

허깨비 같고, 물거품과 같고, 그림자와 같으며, 이슬과 같고

또한 번개와 같은 것이니, 응당 이러한 것임을 관찰하여라.

> 모든 것은 실체가 없는 것이니 이렇게 관찰하는 것이
>
> 모든 법을 바로 보는 것이라는 가르침이다.

같은 의미의 말로, '色卽是空(색즉시공)'이 있다.

一切(일체) : 일체. 모든 것.

有爲(유위) : 사람들에 의해 만들어진 것. 無爲(무위)의 반대 개념.

幻(환) : 허깨비 환.

泡(포) : 물거품 포.

影(영) : 그림자 영.

應(응) : 응할 응 ; 마땅히. 응당.

如是(여시) : 이같이.

142_『金剛經(금강경)』의 마지막 구절이다. 『金剛經(금강경)』은 空思想(공사상)을 宣揚(선양)한 것으로 모든 번뇌가 공해질 때 진실만이 獨存(독존)한다는 원리를 보여 주는 경전이다.

192.

一派青山일파청산 景色幽경색유러니
前人田土전인전토 後人收후인수라
後人收得후인수득 莫歡喜막환희하라
更有收人갱유수인 在後頭재후두라

한 줄기 푸른 산 경치 그윽한데
앞사람 짓던 농토 뒷사람이 수확하는구나.
뒷사람인 그대여 수확한다 기뻐하지 마라.
다시 또 수확할 사람 그대 머리 뒤에 있도다.

> 諸行無常(제행무상), 이 세상에 영원한 것은 아무것도 없다.
> 돈, 권력, 명예, 모두 허무한 것이니 집착하지 마라.
> 앞에 나온 금강경의 구절과 상통하는 글이다.

의역하면, '한 줄기 푸른 산 경치 그윽한데 김 서방이 짓던 농토에 박 서방이 수확을 하는구나. 박 서방이여 그대 너무 기뻐하지 마라. 그 농토에서 그대처럼 수확할 이 서방이 바로 뒤에 있도다.'이다.

景色(경색) : 경치.
幽(유) : 그윽할 유.
更(갱) : 다시 갱.
有(유) : 있을 유. 또 유.

193.

蘇東坡云소동파[143]운

無故而得千金무고이득천금이면

不有大福불유대복이요

必有大禍 필유대화이니라

소동파가 글로써 이르기를

아무 연고 없이 (노력 없이) 천금을 얻게 되면

(그것이) 큰 복이 있어 그런 것이 아니요

(그로 인하여) 반드시 큰 화가 되느니라.

> 노력 없이 얻는 수십 억보다 피와 땀이 밴 수만 원이
> 더 가치 있다는 가르침이다.

의역하면, '노력 없이 횡재를 하면 그것이 복이 있어 그런 것이 아니라 반드시 큰 재앙의 발단이 된다.'이다.

앞에 나온 '僥倖脫 無辜報(요행탈 무고보) – 요행을 바라지 마라. 과보가 따른다.'는 말과 상통하는 말이다.

故(고) : 연고 고.

坡(파) : 언덕 파.

143_ 蘇東坡(소동파, 1036~1101) : 宋(송)나라 때 문호. 이름은 軾(식). 시호는 文忠(문충). 당송팔대가 가운데 한 사람. 洵(순)의 子(자). 轍(철)의 兄(형).

194.

景行錄경행록에 云운하되

大筵宴不可屢集대연연불가루집하고

金石文字不可輕금석문자불가경하라

爲皆禍之端위개화지단이니라

경행록에 이르기를

큰 잔치는 자주 열지 말고

금석문자는 가벼이 대하지 마라(함부로 기록하지 마라).

그것이 다 재앙의 발단이 될 수 있느니라.

큰 잔치를 자주 열어 사람이 모이면 낭비의 근원이 될 뿐 아니라 주위로부터 과시한다고 오해받을 수 있다. 그래서 옛날 선비들은 잔치 여는 것을 삼갔다고 한다. 또, 금석문(돌에 새기거나 인쇄되는 글)은 한 번 새기면 오래가기에 그 문장으로 하여 화를 부를 수 있다는 것이다. 대표적인 예가 吊義帝文(조의제문)이다. 세조의 왕위 찬탈을 풍자한 김종직의 글이 사후 무오사화의 발단이 되지 않았던가.

筵(연) : 자리 연.

宴(연) : 잔치 연.

屢(루) : 여러 루 ; 자주.

端(단) : 끝 단 ; 발단. 단서.

集(집) : 모일 집 ; 모으다. 모이다. 잔치하다. 연회를 열다.

金石文(금석문) : 金文(금문)과 石文(석문). 鐘(종)이나 비석에 새긴 글.

195.

子曰자왈

工欲善其事공욕선기사커든 必先利其器필선이기기하라[144]

스승께서 말씀하시기를

匠人(장인)이 그 일을 잘하고자 한다면

반드시 먼저 그 연장을 연마한다(갈고 닦는다).

일에는 순서가 있어서 농부가 벼를 잘 베고자 한다면

먼저 낫을 잘 갈아야 하고, 목수가 일을 훌륭하게 하고자 한다면

연장을 숫돌에 잘 갈아야 하듯이, 仁(인)을 행하려면

먼저 그 덕을 길러야 한다는 뜻이다.

원문은 다음과 같다.

子貢問爲仁자공간위인 子曰자왈

工欲善其事공욕선기사 必先利其器필선이기기니

居始邦也거시방야 事其大夫之賢者사기대부지현자

友其士之仁者우기사지인자하라

자공이 인을 행하는 법을 묻자, 스승께서 말씀하시기를 工人(공인)이 일을 잘하려면 먼저 공구에 신경 쓰는 것처럼, 우선 먼저 고을에 살 때 대부 중에 어진 자를 섬기며, 士(사) 중에 어진 자를 벗하라, 이것이 가까운 仁을 실천하는 방법이다.

144_『論語(논어)』「衛靈公篇(위령공편)」에 나오는 글이다.

196.

爭似不來쟁사불래니 還不往也환불왕야요
無歡樂也무환락야니 無愁무수니라

흡사 경쟁하듯 오지 않았으니 다시 돌아갈 일 없고
기쁨과 즐거움이 없었으니 근심도 없으리라.

> '이것이 있으므로 저것이 있다(因果法).'는 뜻이다.
> (오지 않았기에 갈 일도 없고, 즐거움이 없었으니 근심도 없다는 것이다.)

'無歡樂也(무환락야) 無愁(무수)'와 관계되는 말로, 한무제의 『秋風辭(추풍사)』에, '歡樂極兮哀情多(환락극혜애정다) – 환락이 극에 달하면 도리어 슬픈 마음이 많아진다.'라는 구절이 있다.

'樂極悲生(낙극비생)'이란 말도 있다. '즐거움이 극에 달하면 슬픔이 발생한다.'는 뜻이다.

'苦者樂之母(고자락지모) – 괴로움은 즐거움의 어머니이다.' 반대로 '즐거움은 괴로움의 어머니'란 말도 있다.

해석에 도움이 되는 일화를 소개한다. 어느 집에 초상을 당하여 상여가 나가는데 따르는 가족들이 슬피 울며 몸을 가누지 못하자 지나가던 원효 스님께서 그 모습을 애처롭게 바라보시며 '아, 죽는 게 저리도 슬프면 차라리 태어나지를 말지…….' 하셨다고 한다.

197.

康節邵先生曰강절소선생왈

有人來問卜유인내문복하되 如何是禍福여하시화복고

我虧人是禍아휴인시화요 人虧我是福인휴아시복이니라

강절 소선생이 말하기를

어떤 사람이 내게 와 묻기를 "어떻게 하는 것이 재앙이고 복입니까?"

(하기에) "내가 남에게 손해를 끼치면 그것이 재앙이요,

상대로 하여 내가 손해를 입으면 그것이 복이니라."하였다.

> 손해 보는 것이 행복이다.
>
> '마음이 가난한 자에게 복이 있나니 천국이 저희 것이오.'를
>
> 떠올리게 하는 말이다. 이 얼마나 훌륭한 글인가.
>
> 우리 모두 손해 본다는 마음으로 산다면
>
> 세상은 지금보다 훨씬 따뜻해질 것이다.

'吃虧是福(흘휴시복)'이란 말이 있다. '손해 보는 것이 복'이라는 의미로, '때린 놈 구부리고 자고, 맞은 놈 펴고 잔다.'는 속담이 떠오르는 말이기도 하다.

邵(소) : 성 소.

有人(유인) : 어떤 사람. 或者(혹자).

問卜(문복) : 吉凶(길흉)을 물음.

虧(휴) : 이지러질 휴 ; 무너지다. 줄다. 해를 끼치다.

198.

大厦千間대하천칸이라도 夜臥八尺야와팔척이요
良田萬頃양전만경이라도 日食二升일식이승이니라[145]

집이 넓고 커 천 칸이라 하여도
밤에 잠을 자는 데 8척(8자)이면 되고
좋은 땅 수만 평이 있다 해도
하루 두 되의 양식을 먹을 뿐이다.[146]

> 의식주에 연연하지 말라는 것이다.
> 이 얼마나 통쾌한 풍자인가.

厦(하) : 큰집 하.
千間(천칸) : 천 칸('間'이 보통 '사이 간'으로 쓰이나 '칸'으로도 쓰임).
臥(와) : 누울 와.
萬頃(만경) : 만 이랑. 넓은 땅.
頃(경) : 이랑 경.
升(승) : 되 승 ; 곡식의 양을 재는 단위. 기구.

145_ 『昔時賢文(석시현문)』에 실려 있다.
146_ 宋代(송대) 淸獻公(청헌공) 趙忭(조변)의 座銘八條(좌명팔조)에 나오는 글이다.

199.

不孝謾燒千束紙불효만소천속지요
虧心枉爇萬爐香휴심왕예만로향이라
神明本是正直做신명본시정직주인데
豈愛人間枉法贓기애인간왕법장이리오

불효하면서 태연하게 천 묶음의 종이를 소지하고
일그러진 마음으로 헛되이 만 개의 향로에 향을 사르는구나.
천지신명은 본시 정직하게 살라 이르는데
어찌하여 인간은 거짓 법도로 감추기 좋아할까.

> 인간들의 二律背反(이율배반)적이고
> 表裏不同(표리부동)한 마음을 풍자한 시다.

불효하면서 조상님께 잘되게 해 달라고 천 묶음의 백지를 태운들(즉, 소지한들) 무슨 소용 있으며, 나쁜 마음으로 살면서 수만 개의 향을 사르며 복 받기를 빌어 무슨 소용 있겠는가.

하늘은 정직하게 살라 가르치는데 어찌하여 인간은 도리를 어겨 감추기를 좋아할까?

燒紙(소지) : 신령 앞에서 비는 뜻으로, 희고 얇은 종이를 불살라 공중으로 올리는 일.
虧心(휴심) : 일그러진 마음.
枉法(왕법) : 정도를 벗어남. 거짓 법도.
贓(장) : 뇌물 장. 감출 장 ; 여기서는 '감추다.'의 뜻.

200.

久住令人賤구주령인천이요
頻來親也疎빈래친야소라
但看三五日단간삼오일에
相見不如初상견불여초라

오래 머물면 (귀한 사람도) 천히 여기고
자주 오면 가까운 사람도 멀어진다.
단지 사나흘 (머물러) 지났을 뿐인데
대하는 눈이 처음 같지 않구나.

> 오래되어도 처음 만난 사람처럼
> 久而敬之(구이경지)하라는 가르침이다.

공자께서 晏平仲(안평중)을 칭송하는 가운데 '晏平仲(안평중) 善與人交(선여인교) 久而敬之(구이경지) – 안평중은 사람을 대우한다. 오래되어도 공경하는구나.'라는 글이 있다.

久(구) : 오랠 구.
令(령) : 하여금 령 ; 하게 만들다.
頻(빈) : 자주 빈.
但(단) : 다만 단.
看(간) : 볼 간.
三五日(삼오일) : 3~5일. 우리말로 하면 사나흘.
相見(상견) : 서로 보는 눈.

201.

渴時一滴갈시일적은 如甘露여감로요

醉後添盃취후첨배는 不如無불여무니라

목마를 때 한 방울 물은 단 이슬과 같으나

취한 뒤에 잔을 더함은 안 하느니만 못하니라.

> 멈출 줄 알라는 가르침이다.
>
> 자라투스트라는 이렇게 말했다. '좋을 때 죽어라!'

渴(갈) : 목마를 갈.

滴(적) : 물방울 적.

甘露(감로) : 단 이슬.

添(첨) : 더할 첨.

盃(배) : 잔 배.

202.

酒不醉人주불취인 人自醉인자취요

色不迷人색불미인 人自迷인자미라

술이 사람을 취하게 하는 것이 아니라

사람이 스스로 취하는 것이요

여색이 사람을 혹하게 만드는 것이 아니라

사람이 스스로 혹하는 것이다.

> 술에 취하는 것이 아니라 제 스스로 취하는 것이다.
>
> 상대가 나를 유혹하는 것이 아니라 내가 빠져든 것이다.
>
> 그러나 사람들은 늘 반대로 이야기한다.
>
> '난 그런 마음이 없었는데 넘어갔다.'는 것이다.
>
> 그렇다면 밤새 마셔도 끄떡없는 사람은 어떤 사람인가.
>
> 그 어떤 유혹에도 흔들림 없는 자 어떤 사람인가.
>
> 隨處作主(수처작주). 어디에 있든 무엇을 하든지
>
> 마음의 주인이 되자.

色(색) : 빛 색 ; 여색.

迷(미) : 미혹할 미.

203.

孟子云맹자운

爲富위부면 不仁矣불인의요

爲仁위인이면 不富矣불부의[147]니라[148]

孟子(맹자)에 이르기를

부자가 되고자 하면 仁(인)할 수 없고

仁者(인자)가 되고자 하면 부자가 될 수 없다.

> 천리와 인욕은 竝立(병립)할 수 없음을 간파한 글이다.

147_ 淸州本(청주본)에는 '爲仁不富矣(위인불부의)'가 앞줄에 나온다. 원문을 참고하여 순서를 바로잡았다.

148_『孟子(맹자)』「滕文公章句(등문공장구)」 상편에 나오는 글로, 陽虎[양호, 魯(노)나라 季氏의 가신]의 말을 孟子(맹자)가 인용한 글이다.

204.

子曰자왈

已矣乎이의호

吾未見오미견 好德如好色者也호덕여호색자야로다[149]

스승께서 말씀하시기를

아, 어쩔 수 없구나.

내 일찍이 덕행 좋아하기를

여색 좋아하듯 하는 자 보지 못하였도다.

> 여색을 좋아하듯이 덕을 행하는 걸 좋아할 수 있다면 얼마나 좋을까.
>
> 진실로 덕을 좋아하는 사람이 드물어 한탄하신 말씀이다.

已(이) : 이미 이.

已矣乎(이의호) : 이미 끝이 났구나. 어쩔 수 없구나.

未見(미견) : 발견하지 못하였다.

149_『論語(논어)』「衛靈公篇(위령공편)」에 나오는 글이다. 또, 「子罕篇(자한편)」에도 같은 글이 보인다.

205.

公心若比私心공심약비사심이면 何事不辨하사불변[150]이며
道念若同情念도념약동정념이면 成佛多時성불다시리라

공적인 일 대하는 마음을 사사로운 일 대하는 마음으로 한다면
해결하지 못할 일이 어디에도 없고
도를 이루고자 하는 마음을
사랑을 이루고자 하는 마음처럼 같이 할 수 있다면
깨달아도 수없이 깨달을 수 있을 것이다.

> '공공의 일을 집안일 대하듯 한다면 못할 일이 어디 있고
> 도를 이루고자 하는 마음을 애인과 사랑을 이루고자 하는
> 마음과 같이 한다면 못 깨우칠 이 어디에 있겠는가.' 하는
> 재미있는 표현이다.

公心(공심) : 공적인 일을 대하는 마음.
辨(변) : 분별할 변.
比(비) : 비교할 비 ; 나란히 하다.
情念(정념) : 정인을 사모하는 마음.
成佛(성불) : 부처가 되다. 깨닫다.

150_ 淸州本(청주본)에 '何事不辦(하사불판)'으로 나와 있다. '不辦(불판)'은 '不辨(불변)'의 誤刻(오각)이므로 수정하였다.

206.

老子云노자운

執着之者집착지자는 不名道德불명도덕이니라

집착하는 것은 도덕이라 부르지 않는다.

(도덕에 집착하여 그것에 연연하는 것은 도덕이 아니다.)

원문은 清淨經(청정경)에 나온다.

上士無爭 下士好爭 상사무쟁 하사호쟁

上德不德 下德執着 상덕부덕 하덕집착

執着之者 不名道德 집착지자 불명도덕

훌륭한 사람은 다투지 않으나 어리석은 사람은 다투기를 좋아한다. 덕이 높은 사람은 스스로 덕이 있다고 여기질 않아(내세우지 않으나) 덕이 낮은 사람들은 덕에 집착하여 작은 덕도 드러낸다. 그러나 집착하는 것은 이미 도덕이 아니다.

의역하면 덕이 높은 사람은 자신의 덕을 드러내지 않기에 그 덕이 드러나고, 덕이 낮은 사람일수록 자신의 덕을 내세우기에 덕이 없게 된다. 그러므로 도덕에 집착하여 연연하는 것은 도덕이 아니다.

執着(집착) : 마음이 한 곳에 달라붙어 떨어지지 아니함. 그곳에만 매달림.

不名(불명) : 부르지 않는다. 뛰어날 수 없다.

207.

過後方知前事錯과후방지전사착이요

老來方覺少時餘[151] 노래방각소시여니라

세월이 흐른 뒤에야 비로소 지난 날의 잘못을 알게 되고

나이가 들어서야 젊은 시절의 잘못(헛되이 보냈음)을 깨닫게 된다.

方知(방지) : 비로소 알다.

錯(착) : 어긋날 착 ; 잘못.

餘(여) : 남을 여 ; 여유를 부리다. 헛되이 시간을 보내다.

餘念(여념) : 딴 생각을 하다.

151_ 越南本(월남본)에는 '餘(여)'가 '非(비)'로 나와 있다. 淸州本(청주본)대로 하였다.

208.

揚雄曰양웅[152]왈

君子修身군자수신하니 樂其道德낙기도덕하고

小人無度소인무도하니 樂聞其譽낙문기예하나니

修德日益수덕일익하고 智慮日滿지려일만하라

양웅이 말하기를

군자는 자신을 수양하므로 그 도와 덕행을 즐기고

소인은 법도를 알지 못하므로

그 칭송함에 혹한다(칭찬 듣기를 즐긴다).

(그러니 그대들은) 덕을 닦아 날로날로 더하고

지혜로운 생각으로 하루하루를 채우리라(항상 지혜로운 마음을 가져라).

無度(무도) : 법도가 없이 함부로 행동함.

智慮(지려) : 지혜로운 생각.

152_ 揚雄(양웅) : 隋(수)나라 文帝(문제)의 집안 사람. 이름은 惠(혜). 시호는 德(덕). 고구려 침공 때 참전했다가 병사함.

209.

子曰자왈

君子군자는 高則卑而益謙고즉비이익겸이요

小人소인은 寵則倚勢驕奢총즉의세교사라

君子見深難溢군자견심난일이나

小人見淺易盈소인견천이영이라

故屛風고병풍은 雖破수파라도 骨格猶存골격유존하듯

君子군자는 雖貧수빈이라도 禮義常在예의상재니라

스승께서 말씀하시기를

군자는 지위가 높아져도 자신을 낮추기에 더욱 겸손해지고

소인은 총애를 받으면 세력을 믿고 교만하고 사치하게 된다.

군자는 소견이 깊기에 넘치는 일(도리에 어긋나는 일)이 없으나

소인은 소견이 얕아 쉬이 차게(교만하게) 된다.

그러므로 병풍이 비록 부서져도 골격은 남는 것처럼

군자는 비록 곤궁해진다 하더라도 예의가 常在(상재)한다.

(흐트러짐이 없다.)

『論語(논어)』에 나오는 '君子固窮(군자고궁)이나 小人窮斯濫矣(소인궁사남의)니라 – 군자는 곤궁해도 흐트러짐이 없으나 소인은 궁하면 도리에 어긋나는 짓을 한다.'가 떠오르는 글이다.

210.

家語가어에 云운하되

國之將興국지장흥에 實在諫臣실재간신이요

家之將榮가지장영엔 必有爭[153]子필유쟁자니라[154]

가어에 이르기를

나라가 장차 흥하려면 진실로

忠諫(충간)하는 신하가 있어야 하고

집안이 장차 번성하려면 반드시

爭子(쟁자 : 부모님의 잘못을 예를 갖추어 간하는 자식)가 있어야 한다.

옛날에는 持斧上訴(지부상소)라는 게 있었다. 목숨을 내걸고 상소하는 것을 말한다. 宣祖(선조) 때 重峯(중봉) 趙憲(조헌) 선생이 그 대표적인 충간 신하의 예다.

忠諫(충간) : 임금께 바른 말로 간함.

將(장) : 장차 장 ; 앞으로.

爭(쟁) : 다툴 쟁 ; 여기서는 '諍(간할 쟁)'의 뜻.

153_ 異本(이본)에는 '爭'이 '諍'으로 나와 있다. '爭'에도 '諍'의 의미가 있어 淸州本(청주본)대로 하였다.

154_ 『家語(가어)』는 곧 『孔子家語(공자가어)』를 일컫는다. 그러나 『孔子家語(공자가어)』에는 이 구절이 빠져 있다.

211.

子曰자왈

不知命부지명이면 無以爲君子也무이위군자야요

不知禮부지례면 無以立也무이립야요

不知言부지언이면 無以知人也무이지인야니라[155]

스승께서 말씀하시기를

천명을 알지 못하면 군자가 될 수 없고

예를 알지 못하면 그 어느 곳에도 몸을 둘 수 없으며

말을 알지 못하면 상대를 알 수 없다.

> 필자는 이 문장을 공자님의 핵심 가르침으로 이해한다.
>
> 천명을 알아 소인이 되지 말고
>
> 예를 알아 사람의 도리를 알고
>
> 학문을 익혀 천리를 깨달으라는 말이다.

命(명) : 목숨 명 ; 천명.

立(립) : 설 립 ; 몸을 두다.

155_『論語(논어)』「堯曰篇(요왈편)」에 나오는 글로, 『論語(논어)』의 마지막 구절이다.

212.

論語논어에 云운하되

有德者유덕자는 必有言필유언이니와

有言者유언자는 不必有德불필유덕이니라[156]

논어에 이르기를

덕을 갖춘 자 반드시 (세상 사람들을 깨우칠만한) 훌륭한 말을 하지만 말을 잘하는 자라 하여 반드시 덕을 갖추었다고는 할 수 없느니라.

원문에는 윗글 다음에 '仁者(인자)는 必有勇(필유용)어니와 勇者(용자)는 不必有仁(불필유인)이니라 – 인자는 반드시 용기(불굴의 의지)가 있으나 용기 있는 자라 하여 반드시 인한 사람이라고는 할 수 없느니라[仁者(인자)는 善惡(선악), 義(의), 不義(불의)를 가릴 줄 알기에 용기가 있다].'가 이어진다.

156_『論語(논어)』「憲問篇(헌문편)」에 나오는 글이다.

213.

濂溪先生염계선생[157]이 曰왈

巧者言교자언하고 拙者默졸자묵하며

巧者勞교자로하고 拙者逸졸자일하며

巧者賊교자적하고 拙者德졸자덕하며

巧者凶교자흉하고 拙者吉졸자길하나니

嗚呼오호라 天下拙천하졸이면 刑政撤형정철하여

上安下順상안하순하고 風淸弊絶풍청폐절이니라

주 염계 선생이 말하기를

간교한 사람은 말이 좋고, 순수한 사람은 말수가 적으며

간교한 사람은 (항상) 바쁘고, 순수한 사람은 (늘) 편안하며

간교한 사람은 남을 해치고, 순수한 사람은 덕을 베풀며

간교한 사람은 흉한 일을 만나고

순수한 사람은 좋은 일을 만나게 되나니

아, 천하의 모든 이들이 다 순박해진다면 형법에 관계되는 일이

없어져(법 없이도 살게 되어) 위로(지도자는) 편안하고, 아래로(백성들은)

순리대로 살게 되어 풍속은 맑아지고 폐단이 없어지게 될 것이다.

> 巧言令色(교언영색). 즉, 말을 꾸미고 얼굴빛을 곱게 하는 자를
> 경책하는 말로, 내면의 아름다움에 치중하라는 가르침이다.

157_ 濂溪先生(염계선생, 1017~1073) : 周敦頤(주돈이). 宋朝六賢(송조육현) 가운데 한 사람. 『太極圖說(태극도설)』의 저자. 정호, 정이의 스승.

214.

說苑설원[158]에 云운하되

山致其高산치기고하여 雲雨起焉운우기언하고

水致其深수치기심하여 蛟龍生焉교룡생언이니

君子군자 致其道치기도에 福祿存焉복록존언이니라

설원에 이르기를

산은 그 높음에 이르러 구름과 비가 일어나고

(산은 높아야 구름과 비가 일어나고)

물은 깊어야 교룡이 살 수 있으며

군자는 도를 이룰 때 (그 도가 높고 깊어질 때) 복록이 따르는 것이다.

致(치) : 이를 치. 도달할 치. 다할 치.

蛟(교) : 이무기 교.

蛟龍(교룡) : 용의 일종으로 상상의 동물. 큰 불을 일으킨다고 함.

福祿(복록) : 타고난 복.

存(존) : 있을 존.

158_『說苑(설원)』: 漢(한)의 '劉向(유향)'이 편찬한 책. 춘추시대부터 漢初(한초)까지의 학자들의 傳記(전기) · 逸事(일사)를 모은 책. 20권.

215.

易曰역왈

德微而位尊덕미이[159]위존하고

智小而謀大지소이모대하며

力小而任重역소이임중[160]이면

無禍者鮮矣무화자선의[161]니라[162]

주역에서 말하기를

덕을 갖추지 않았는데도 지위가 (너무) 높거나

지혜가 모자라는데도 도모(계획)하는 일이 크거나

능력은 미치지 못하는데도 임무가 (너무) 중하면

화를 입지 않기 드물다(화를 면하기 어렵다).

> 지위가 아니라 덕이, 하는 일의 대소가 아니라 지혜가,
> 임무가 아니라 능력이 더 중요하다는 가르침이다.

퇴계 선생의 '出處(출처)의 가르침' 중에 어리석음을 숨기고 벼슬을 훔치는 건 아닌지, 직책을 감당할 수 없는데 물러나지 않는지, 스스로 돌아보라는 말씀과 통하는 구절이다.

159_ 원문에는 '德微而(덕미이)'가 '德薄而(덕박이)'로 나와 있다.

160_ 淸州本(청주본)에는 '力小而任重'이 빠져 있어 보충하였다.

161_ 원문에는 '無禍者鮮矣(무화자선의)' 대신 '鮮不及矣(선불급의)'로 되어 있으나 의미는 동일하여 그대로 두었다.

162_『周易(주역)』「繫辭傳(계사전)」 하편에 나오는 공자님의 주역 鼎卦(정괘) 九四(구사)의 爻辭(효사)에 대한 발전적 해석이다.

216.

荀子순자에 云운하되

位尊則防危위존즉방위하고

任重則防廢임중즉방폐하고

擅寵則防辱천총즉방욕하고

순자에 이르기를

(누리는) 지위가 높거든 위태로움에 대비하고

(맡은) 임무가 중하거든 廢黜(폐출)될 때를 대비하고

총애를 입었거든 치욕 받을 것에 대비하라.

의역하면 다음과 같다.

지위가 높으면 위험에 처하기 쉬우니 조심하고

임무가 중하면 그 자리에 오래 있기 어려우니 조심하고

(위로부터) 총애를 받으면 시기하는 이 많으니 조심하라.

비슷한 의미로, '寵辱若驚(총욕약경) – 인생을 통달한 사람은 복이 화의 근원임을 알기에 총애를 받아도 경계한다.'는 말도 있다.

防(방) : 막을 방 ; 예방하다. 대비하다.

任(임) : 맡길 임 ; 임무.

廢(폐) : 없어질 폐.

擅(천) : 입을 천.

寵(총) : 사랑할 총.

217.

子曰자왈

夫人必自侮然後부인필자모연후에 人侮之인모지하며

家必自毁而後가필자훼이후[163]에 人毁之인훼지하며

國必自伐而後국필자벌이후에 人伐之인벌지하나니라[164]

스승께서 말씀하시기를

무릇 사람은 스스로를 모독한 연후에 사람들이 그를 모독하게 되고

스스로 집안을 훼손한 후에 다른 사람도 그 집안을 훼손하고

자기 나라를 스스로 공격한 뒤에

다른 나라도 그 나라를 공격하게 된다.

> 사람은 스스로 자신을 업신여기고 자중하지 않기 때문에
>
> 남에게 멸시를 받게 된다는 뜻으로,
>
> 모든 나쁜 결과는 자초한 일이니
>
> 自重自愛(자중자애)하라는 가르침이다.

윗글은 다음 문장 뒤에 이어진 문장이다.

孔子曰공자왈 小子聽之소자청지

淸斯濯纓청사탁영 濁斯濯足矣탁사탁족의

自取之也자취지야

163_ 淸州本(청주본)에 '自毁(자훼)'가 '自悔(자회)'로, '而後(이후)'가 '然後(연후)'로 되어 있으나 원문에 의거하여 수정하였다.

164_『孟子(맹자)』「離婁章句(이루장구)」 상편에 나오는 글이다.

공자께서 말씀하시기를, 너희는 들으라.

물이 맑으면 갓끈을 씻고 물이 탁하면 발을 씻는 것이니

이는 물이 자취(자초)한 것이다.

즉, 물이 맑기에 갓끈을 씻고, 물이 더럽기에 발을 씻는다는 말로, 모든 재앙은 自招(자초)하는 것이란 뜻이다.

侮(모) : 업신여길 모.

毁(훼) : 헐 훼 ; 훼손하다.

伐(벌) : 칠 벌 ; 공격하다.

218.

說苑설원에 云운하되

官怠於宦成관태어환성하고

病加於小愈병가어소유하며

禍生於懈惰화생어해타하고

孝衰於妻子효쇠어처자하니

察此四者찰차사자하여 愼終如始신종여시하라[165]

설원(유향이 쓴)에 이르기를

관리는 (원하는 직책)이 이루어지면 게을러지고

병은 조금 나았다 하여 방심한 데서 깊어지고

재앙은 게으름에서 오며

효심은 처자식이 생기므로 얄아지는 것이니

이 네 가지를 잘 살펴 늘 조심하기를 처음처럼 하라.

모든 환란은 방심에서 오는 것이니 늘 조심하라는 가르침이다.

『說苑(설원)』「敬愼篇(경신편)」에 나오는 글로, 윗글 다음으로 '詩曰(시왈) 靡不有初(미불유초)나 鮮克有終(선극유종)이라 – 시작은 있지 않은 이가 없으나 끝이 있는 이는 드물다.'가 이어진다.

165_『小學(소학)』 내편 「明倫(명륜)」에 나오는 글로, 曾子(증자)의 말이라고 하는 이도 있다.

219.

子曰자왈

居上不寬거상불관하고

爲禮不敬위례불경하며

臨喪不哀임상불애면

吾何以觀之哉오하이관지재리오[166]

공자께서 말씀하시기를

윗자리에 있으면서 너그럽지 못하고

예를 행함에 공경심이 없으며

상을 당하여도 슬퍼하지 않는다면

내 무엇으로 그를 관찰하겠는가.

(더 이상 볼 것이 뭐가 있겠는가?)

居上(거상) : 윗자리에 있다.

臨喪(임상) : 상을 당하다.

佾(일) : 줄 춤 일.

166_『論語(논어)』「八佾篇(팔일편)」 맨 마지막 구절이다.

220.

孟子曰맹자왈

無君子무군자면 莫治野人막치야인이요

無野人무야인이면 莫養君子막양군자니라[167]

맹자께서 말씀하시기를

군자(지도자)가 없으면 야인(경작하는 자)을 다스릴 수 없고

야인이 없으면 군자를 봉양할 수(먹여 살릴 수) 없다.

> 천지간에는 제각각 역할이 주어져 있으므로,
>
> 제 아무리 작은 나라라 할지라도 토지를 나누어 주고
>
> 녹읍을 정한 법은 유지되어야 한다는 의미다.

윗글은 다음 원문에 이어 나오는 글이다.

夫滕부등이 壤地褊小양지편소나

將爲君子焉장위군자언이며 將爲野人焉장위야인언이니

등나라는 국토가 좁으나

장차 군자 될 사람과 야인이 될 사람이 있을 것이니

無君子무군자면 莫治野人막치야인이요

無野人무야인이면 莫養君子막양군자니라

野人(야인) : 耕作(경작)하는 자. 백성

167_『孟子(맹자)』「滕文公章句(등문공장구)」 상편에 나오는 글이다.

221.

直言訣직언결에 曰왈

事君父者以忠孝사군부자이충효요

爲君父者以慈愛위군부자이자애니

家與國無異가여국무이요 君與父相同군여부상동이라

德顯而揚名덕현이양명을 惟忠與孝유충여효면

榮貴不招而自來영귀불초이자래하고

辱賤不逐而自去욕천불축이자거니라

직언결에서 말하기를

군주와 부모를 섬기는 자 충효로 하고(모시고)

군주와 부모된 자 자애로써 대해야 하나니

가정과 국가가 다름이 없고

임금과 부모가 서로 같은 것이다.

덕을 드러내고, 이름을 드날리는 것을 오직 충과 효로 한다면

부귀영화는 부르지 않아도 (노력하지 않아도) 스스로 찾아오고

치욕과 빈천은 쫓지 않아도 스스로 물러날 것이다.

訣(결) : 비결 결.

事(사) : 일 사 ; 섬기다.

家與國(가여국) : 가정과 국가.

榮貴(영귀) : 부귀영화.

招(초) : 부를 초.

辱賤(욕천) : 치욕과 빈천.

逐(축) : 쫓을 축.

222.

老子曰노자왈

六親不和육친불화하여 有慈孝유자효요

國家昏亂국가혼란하여 有忠臣유충신이니라[168]

노자께서 말씀하시기를

집안이 불화하므로 자애와 효도가 생기고

국가가 혼란스럽기에 충신이 있는 것이다.[169]

> 인의의 도가 강조되는 것은 큰 도가 상실되었기 때문이며
> 인위적인 규범이 제정되는 것은
> 잔재주를 부리는 지혜가 발달했기 때문이요,
> 도덕이 강조되는 것은 집안이 시끄럽기 때문이고
> 충신이 거론되는 것은 국가의 질서가 문란해졌기 때문이라는 것이다.
> 언뜻 이해하기 어려운 이 글은 문명 비판이자
> 유가의 도덕 규범에 대한 비판으로, 무위자연을 강조한 글이다.

원문은 다음과 같다.

大道發대도발하여 有仁義유인의하고

智慧出지혜출하여 有大僞유대위하고

168_ 淸州本(청주본)에는 '六親不和不慈孝(육친불화부자효) 國家昏亂無忠臣(국가혼란무충신)'으로 되어 있어 원전에 의거하여 수정하였다.

169_『老子(노자)』 18장의 한 구절이다.

六親不和육친불화하여 有孝慈유효자하고

國家昏亂국가혼란하여 有忠臣유충신이니라

대도가 없어졌기에 인의가 있고

지혜가 나오니 큰 거짓이 있고

가족이 화목하지 않아 사랑과 효가 있고

국가가 혼란하기에 충신이 있는 것이다.

223.

家語가어 云운하되

慈父자부도 不愛不孝之者불애불효지자요

明君명군도 不納無益之臣불납무익지신이니라[170]

가어에 이르기를

(아무리) 자애로운 부모라도 불효한 자식은 사랑하지 않고

(아무리) 훌륭한 군주라도 쓸모없는 신하는 들이지 아니한다.

(등용하지 않는다.)

明君(명군) : 현명한 군주.

不納(불납) : 받아들이지 아니함. 용납하지 아니함. 거두어 쓰지 아니함. 등용하지 아니함.

無益(무익) : 쓸모없는.

170_『孔子家語(공자가어)』에는 이 구절이 없다.

224.

奴須用錢買노수용전매요

子須破腹生자수파복생이니라[171]

노비는 모름지기 돈을 써야 살 수 있으나

아이는 모름지기 배를 찢는 고통이 있어야 낳을 수 있다.

> 노비는 돈을 쓰면 살 수 있으나
>
> 아이는 배를 째야만 날 수 있다.

奴(노) : 종 노 ; 노비.

買(매) : 살 매.

子(자) : 아이 자.

破(파) : 깰 파 ; 여기서는 배를 째다. '開腹(개복)'의 의미로 쓰였다.

171_ 속담인 듯하나 格(격)이 떨어지는 글이다.

225.

着破是君衣착파시군의나
死了是君妻사료시군처니리

입어 해지는 것은 그대의 옷이나
(찢어진 옷 깁느라) 죽어나는 이는 그대의 아내니라.

> 무릇 윗사람 된 자는 모든 부분에서 아랫사람의 심정과 상황을
> 잘 살펴 늘 배려하라는 가르침이다.

옛날에는 모든 옷을 직접 손으로 길쌈해 만들어 입었으므로 해진 옷을 다시 지어야 했으니, 그로 인한 아녀자의 고충을 말한 것이다.

着(착) : 입을 착.
破(파) : 깨뜨릴 파.
君(군) : 그대 군.
死了(사료) : 죽는 것.
了(료) : 분명할 료.

226.

莫笑他家貧막소타가빈하라
輪回事公道윤회사공도니라
莫笑他人老막소타인로하라
終須還到我종수환도아니라

이웃의 가난을 비웃지 마라.
돌고 도는 것이 세상사 이치니라.
상대의 노쇠함을 비웃지 마라.
끝내 내게도 똑같이 돌아온다.

의역하면 다음과 같다.
상대의 가난을 비웃지 마라.
이 세상에 영원한 것은 없어서 돌고 도는 것이 인생이니라.
상대가 늙고 병들었다고 비웃지 마라.
그것이 결코 남의 일이 아니니라.

笑(소) : 웃음 소 ; 비웃다.
輪回(윤회) : 돌고 돌다. 바퀴처럼 돌아 처음으로 오다.
公道(공도) : 공평한 도리. 이치.

227.

是日以過시일이과면 命則隨減명즉수감이라

如少水魚여소수어이니 斯有何樂사유하락[172]이리오[173]

이 하루가 가면 (그만큼) 수명은 줄어드는 것

이는 마치 줄어드는 물에 사는 (허덕이는) 물고기와 같은데

이에 어찌 즐거움이 있겠는가(이것이 어찌 즐거운 일인가?).

> 人生無常(인생무상)을 노래한 것이다.

是日(시일) : 이 하루. 이날.

減(감) : 덜 감 ; 줄어들다.

少(소) : 적을 소 ; 줄어들다.

斯(사) : 이 사 ; 이에. 이것이.

172_ 淸州本(청주본)에는 '是日以過(시일이과) 命亦隨減(명역수감) 如少水魚(여소수어) 於斯何樂(어사하락)'으로 나와 있으나, 원문에 의거하여 수정하였다.

173_ 『法句經(법구경)』「無常品(무상품)」에 나오는 글이다.

228.

景行錄경행록 云운하되

器滿則溢기만즉일이요

人滿則喪인만즉상이니라

경행록에 이르기를

그릇도 가득 차면 넘치고

사람도 가득 차면(교만하면) 잃게 된다.

> 인간의 끝없는 욕심과 욕망을 그릇에 비유하여 가르치는 글로,
>
> 비움[虛]과 멈춤[止]의 미덕을 강조하는 글이다.

『書經(서경)』에 나오는 '滿招損(만초손) 謙受益(겸수익) – 자존하여 교만하면 손실을 자초하고, 낮추어 겸손하면 이익을 받는다.'는 글과 상통하는 말이다.

滿(만) : 찰 만 ; 여기서 '滿(만)'은 '자만심과 욕심으로 가득 차다.'라는 뜻이다.

器(기) : 그릇 기.

溢(일) : 넘칠 일.

喪(상) : 잃을 상.

229.

羊羹雖美양갱수미나

衆口難調중구난조니라[174]

양고깃국이 아무리 맛이 있어도

여러 사람의 입을 맞추긴 어렵다.

> 아무리 좋은 음식도 싫어하는 사람이 있을 수 있듯이 아무리 좋은 법과 규범도 그것이 至高至純(지고지순)할 수 없다는 것이다. 그러니 항상 예외를 인정하고 상대를 배려하라는 가르침이다.

羹(갱) : 국 갱.

美(미) : 맛있을 미.

調(조) : 맛출 조.

174_ 이 글은 宋(송)나라 歐陽脩(구양수)의 『歸田錄(귀전록)』에 나오는 글이다. 『歸田錄(귀전록)』은 조정의 逸事(일사), 官制(관제), 士大夫(사대부) 등의 이야기가 들어 있는 책으로, 두 권으로 되어 있다.

230.

尺璧非寶척벽비보이니

寸陰是競촌음시경하라[175]

지름 한 자 되는 璧玉(벽옥)이 보물이 아니요

(시간이 보물이니) 촌각을 다투어 최선을 다하라.

> 척벽으로 상징되는 富(부), 貴(귀), 權(권)이 중요한 것이 아니라
> 주어진 일에 최선을 다하는 것이 진실로 중요하다는 것이다.

같은 뜻으로, 『淮南子(회남자)』에 '聖人不貴尺之璧而重寸之陰(성인불귀척지벽이중촌지음) – 성인은 지름 한 자 벽옥을 귀하게 여기지 않고 촌음을 중히 여긴다.'라는 글도 있다. 'Time is gold'와도 일맥상통하는 글이다.

璧玉(벽옥) : 고리 모양의 옥. 평면인 것을 '璧(벽)', 둥근 것을 '玉(옥)'이라 함. 제후가 천자에게 바치는 선물.

寸陰(촌음) : 한순간. 짧은 시간.

競(경) : 다툴 경.

175_ 千字文(천자문)에 나오는 글이다.

231.

漢書한서[176]에 云운하되

金玉者금옥자는 飢不可食기불가식이요 寒不可衣한불가의이니

自古자고로 以穀帛爲貴也이곡백위귀야니라

한서에 이르기를

금과 옥은 배가 고파도 먹을 수 없고

추워도 입을 수 없는 것이어서

자고로(옛날부터) 양식과 옷감을 귀히 여긴 것이다.

> 사치품이나 귀금속에 너무 혹하지 말라는 것이다.
>
> 극한의 상황에 처하면 쌀 한 줌, 옷 한 벌만도 못한 것이므로.

비슷한 말로, 남북조시대 때 劉子(유자 : 유협)가 지은 『新論(신론)』에 '璧不可以禦寒(벽불가이어한) – 珠玉(주옥)이 아무리 귀해도 飢寒(기한 : 춥고 배고픔)을 구할 순 없다.'가 있다.

飢(기) : 배고플 기. 주릴 기.

衣(의) : 옷 의 ; 입다.

穀(곡) : 곡식 곡 ; 양식.

帛(백) : 비단 백 ; 옷감.

176_『漢書(한서)』 : 후한의 班固(반고)가 편찬한 책. 누이 班昭(반소)가 보충하여 완성했다. 모두 120권으로 되어 있음.

232.

益智書익지서에 云운하되

白玉投於汚泥[177]백옥투어오니라도

不能汚涅其色불능오날기색하고

君子處於濁地[178]군자처어탁지라도

不能染亂其心불능염란기심이라

故고 松栢可以耐雪霜[179]송백가이내설상이요

明智可以涉艱危명지가이섭간위니라

익지서에 이르기를

백옥은 진흙 속에 던져도 그 빛깔을 더럽힐 수 없고

군자는 혼탁한 곳에 살아도

그 마음을 흐트러지게 할 수 없는 것이라

그러므로 소나무와 잣나무는 눈과 서리를 견뎌 낼 수 있는 것이요

밝은 지혜는 어려움과 위기를 헤쳐 나가게 할 수 있는 것이다.

泥(니) : 진흙 니.

涅(날) : 진흙 날 ; 검게 물들이다.

栢(백) : 측백나무 백 ; '柏'의 俗字(속자).

艱(간) : 어려울 간.

177_ 淸州本(청주본)에는 '投於泥(투어니)'만 나와 있으나 뒷글과 韻(운)이 맞지 않는다. 他本(타본)대로 '泥(니)'를 '汚泥(오니)'로 하였다.

178_ '行於濁地(행어탁지)'로 나와 있으나 他本(타본)에 '處於濁地(처어탁지)'로 되어 있고, 또 문맥상 '處於濁地'가 맞을 듯하여 수정하였다.

179_ 흔히 '奈雪霜(내설상)'으로 나와 있으나 '奈'나 '柰'는 맞지 않으므로 '耐'로 수정하였다.

233.

子曰자왈

不仁者불인자 不可以久處約불가이구처약이요

不可以長處樂불가이장처락이니라[180]

스승께서 말씀하시기를

불인한 사람은 오랫동안 곤궁에 처할 수 없고

오랫동안 즐거움에도 처할 수 없다.

> 불인한 사람은 본심을 잊기 쉬워서
>
> 곤궁이 오랫동안 지속되면 참지 못하고
>
> 즐거움도 오랫동안 지속되면 거기에 빠지게 된다는 뜻으로,
>
> 仁者(인자)는 不仁者(불인자)와 달리 외물에 흔들리지 아니하므로
>
> 그렇게 되지 않는다는 것이다.

같은 의미로, '君子固窮(군자고궁) 小人窮斯濫矣(소인궁사남의)'가 있다. 군자는 어려울수록 심지가 더욱 굳어지나, 소인은 궁하면 도리에 어긋난 행동을 하게 된다는 뜻이다.

約(약) : 묶을 약 ; 곤궁하다. 고상하다. 검소하다.

180_『論語(논어)』「里仁篇(이인편)」 두 번째 구절이다.

234.

無求到處人情好무구도처인정호요

不飮從他酒價高불음종타주가고로다[181]

바라는 게 없으니 어디를 가도 마음이 편안하고(행복하고)

마시지 않으니 (아무리) 술값이 비싼들 남의 일이로구나.

> 바라는 게 있기에 주위 사람에게 서운한 것이요,
>
> 술 마시기를 좋아하기에 술값이 싸니, 비싸니 한다는 것이다.

『中庸(중용)』에 '正己而不求於人則無怨(정기이불구어인즉무원) – 자기를 바로 하여 상대에게 요구하는 것이 없다면 원망할 일도 없을 것이다.'가 있다.

求(구) : 구할 구 ; 요구하다. 바라다.

到處(도처) : 이르는 곳. 어디를 가더라도.

從(종) : 따를 종 ; 그로 인하여. 따라서.

他(타) : 다를 타 ; 그 밖의. 관계가 없는.

從他(종타) : 관계없게 되다.

酒價高(주가고) : 술값이 비싸다.

181_ 昔時賢文(석시현문)에도 보이는 글이다.

235.

入山擒虎易입산금호이나

開口告人難개구곡인난이니라

산에 들어가 호랑이 잡기는 쉬워도

입을 열어 남의 도움을 청하기는 어렵다.

> 산에 들어가 호랑이 잡는 일은 오히려 쉬울 줄 모르나
>
> 남에게 도움을 청하는 말 꺼내기는 어려운 법이다.

'죽었으면 죽었지, 아쉬운 소리 못 하겠다.'는 말을 떠올린다면 이해가 빠를 것이다.

擒(금) : 적을 금.

開口(개구) : 입을 열어 말하다.

告(곡) : 청할 곡. 알릴 고. 아뢸 고 ; 여기서는 '求請(구청)'의 의미로 쓰였다.

236.

孟子云맹자운

天時不如地利천시불여지리요

地利不如人和지리불여인화니라[182]

맹자에 이르기를

천시(전쟁을 개시하는 시간, 날씨, 기후 변화)가

지리(지형지세, 지형적 조건)만 못하고

지리가 인화(단합된 마음)만 못하느니라.

時(시) : 때 시 ; 시기.

利(리) : 이로울 리 ; 이로움.

182_ 人和(인화)를 강조한 『孟子(맹자)』의 말로, 「公孫丑章句(공손추장구)」 하편의 첫 번째 구절이다.

237.

遠水不救近火원수불구근화요
遠親不如近隣원친불여근린이니라[183]

먼 곳의 물은 가까운 곳의 불을 끄지 못하고
먼 곳에 사는 친척은 가까이 사는 이웃만 못하다.

魯(노)나라 목공이 먼 곳에 있는 강대국 晉(진)나라와 荊(형)나라에 도움을 청하려 하였다. 그때 신하인 이서가 이웃에 있는 齊(제)나라에 원조를 청하는 것이 이득이라 간언하며 한 말이다.

이웃의 소중함을 강조한 말로 '百萬買宅(백만매택) 千萬買隣(천만매린) – 백만금으로 집을 사고 천만금으로 이웃을 사라.'는 南史(남사)의 글도 있다.

不救(불구) : 끄지 못하다.
隣(린) : 이웃 린.

183_『韓非子(한비자)』에 나오는 글이다.

238.

太公曰 태공왈

日月雖明일월수명이나 不照覆盆之下부조복분지하요

刀劒雖快도검수쾌나 不斬無罪之人불참무죄지인이며

非災橫禍비재횡화도 不入愼家之門불입신가지문이니라

태공이 말하기를

해와 달이 아무리 밝다 한들 엎어 놓은 항아리 밑은 비출 수 없고

칼날이 아무리 날카로운들 죄 없는 사람을 벨 수 없으며

(사람의 힘으로 어찌할 수 없는) 뜻하지 않은 재난과 재앙이라도

조심하는 집안에는 들이닥칠 수 없는 것이다.

> 늘 삼가고 조심하라는 것이다.
>
> 그리하면 어떤 어려움도 이겨낼 수 있다는 가르침이다.

雖(수) : 비록 수 ; 아무리.

照(조) : 비출 조.

覆(복) : 엎어질 복.

盆(분) : 항아리 분. 요강 분 ; 화분.

刀(도) : 칼 도. 외날의 칼.

劒(검) : 칼 검. 양날의 칼.

快(쾌) : 날카로울 쾌.

斬(참) : 벨 참 ; 목을 베다.

非災橫禍(비재횡화) : 뜻하지 않은 재앙과 화란.

愼(신) : 삼갈 신.

239.

讚嘆福生 찬탄복생하고

咀呪禍生 저주화생[184]하며

煩惱病生 번뇌병생이니라[185]

찬탄(칭찬하고 상대의 일에 함께 기뻐하다)하면 복이 생기고

저주(미워하는 상대가 잘못되기를 바람)하면 재앙이 생기며

번뇌(마음이 괴로움)가 있으면 병이 생기느니라.

의역하면 다음과 같다.

부처님을 찬탄하면 복이 오고,

저주하는 마음을 가지면 재앙이 오며

괴로움에 빠져 번뇌에 시달리면 병이 오느니라.

讚(찬) : 기릴 찬. 도울 찬 ; 칭찬.

嘆(탄) : 감탄할 탄.

咀呪(저주) : 미워하는 상대가 잘못되기를 바람.

煩(번) : 괴로울 번.

惱(뇌) : 괴로울 뇌.

184_ 淸州本(청주본)에는 '作念禍生(작념화생)'으로 나와 있으나 원본에 의거하여 '咀呪禍生(저주화생)'으로 수정하였다.

185_ 『불경』에서 온 말이다.

240.

國淸才子貴국청재자귀요
家富小兒嬌가부소아교니라[186]

나라가 맑으면 재주 있는 자 귀한 대접을 받고
집안이 넉넉해지면 아이가 나약해진다.

나라가 제대로 돌아가면 才德(재덕)이 있는 자가 대접 받고 집안이 넉넉해지면 아이가 나약해지기 쉬우니 조심하라는 가르침이다.

淸(청) : 맑을 청.
才子(재자) : 재주 있는 사람.
小兒(소아) : 아이.

186_ 昔時賢文(석시현문)에 驕(교)가 嬌(교)로 나와있다. 嬌(교)가 맞을 듯하다.

241.

得福不知득복부지더니

禍來便覺화래변각이로다

복을 얻었을 땐 알지 못하더니

화가 닥치니 문득 깨달는구나.

복이 왔을 땐 그 복을 느끼지 못하다가

그 복이 가고 화가 닥쳤을 때 비로소

'아, 그때가 좋았구나.' 하고 느낀다는 것이다.

그러니 每事(매사) 행복해하고 凡事(범사)에 감사하라는 것이다.

같은 의미로, '身在福中不知福(신재복중부지복) – 자신이 행복할 때는 그 행복을 모른다.'가 있다.

得福(득복) : 복을 얻다.

便(변) : 문득 변.

覺(각) : 깨달을 각.

242.

太公曰태공왈

良田萬頃양전만경이

不如薄藝隨身불여박예수신이니라

강태공이 말하기를

좋은 땅(옥토) 만 이랑(수만 평)이라도

몸에 지닌 작은 재주만 못하다.

의역하면, '금싸라기 땅 수십만 평이 있어도 몸에 작은 재주 하나 지님만 못하다.'이다.

아무리 재산이 많아도 영원하지 않는 법. 그러나 몸에 재능과 기술을 익혀 놓으면 평생을 쓸 수 있으니 얼마나 멋진 비유인가. 너도나도 부동산 타령인 요즘 사회에 경종을 울리는 구절이 아닐 수 없다.

良田(양전) : 좋은 땅. 금싸라기 땅.

萬頃(만경) : 이랑 경 ; 한없이 넓은 땅(40만 마지기). 일 경은 40斗落(두락).

薄(박) : 적을 박.

隨身(수신) : 몸에 지니다. 가지다.

243.

周禮云주례[187] 운

清貧常樂청빈상락이요

濁富多憂탁부다우니라

주례에 이르기를

청빈한 삶은 항상 즐겁고

부정한 방법으로 얻은 넉넉함에는 근심이 많다.

의역하면, '청렴해서 가난할 수밖에 없는 삶은 항상 즐거움이 따르고 부정한 방법으로 얻은 넉넉한 삶에는 커다란 근심이 따르게 된다.'이다.

비슷한 말로, '福生於淸儉(복생어청검) 憂生於多慾(우생어다욕) – 복은 청렴하고 검소한 데서 오고 근심은 욕심이 많은 데서 온다.'는 자허원군의 글이 있다.

187_『周禮(주례)』: 周公 旦(주공 단)이 지었다고 전하는 책. 42권. 일명 周官(주관). 윗글은『周禮(주례)』에 나와 있지 않다.

244.

房室방실은 不在高堂부재고당이요 不漏便好불루변호요

衣服의복은 不在綾羅부재능라요 和煖便好화난변호며

飮食음식은 不在珎羞부재진수요 一飽便好일포변호며

娶妻취처엔 不在顔色부재안색이요 賢德便好현덕변호며

養兒양아엔 不問男女불문남녀요 孝順便好효순변호며

弟兄제형은 不在多少부재다소요 和順便好화순변호요

親眷친권은 不擇新舊불택신구니 來往便好내왕변호요

隣里인리는 不在高低부재고저요 和睦便好화목변호이며

朋友붕우는 不在酒食부재주식이요 扶持便好부지변호며

官吏관리는 不在大小부재대소요 清正便好청정변호니라

방과 집은(가옥·주택은) 고대광실에 (그 의미가) 있는 것이 아니라

비가 새지 않을 정도면 좋고(그만이고)

의복은 좋은 옷감(비싼 메이커)에 그 의미가 있는 것이 아니라

(몸에 걸쳐) 따뜻하면 좋은 것이고

음식은 진수성찬이라야 좋은 것이 아니고

한 끼(배부르면) 되는 것이며

아내를 택함에 미모가 중요한 것이 아니라

어질고 덕성스러움이 중요하며

아이를 양육함에 아들이냐 딸이냐가 문제가 아니라(중요한 것이 아니라)

효도하고 순종하면 좋은 것이요

형제는 (그 수가) 많고 적음에 (의미가) 있는 것이 아니라

화목하고 서로 따르는 것이 좋은 것이요
친족과 권속(친척)은 멀고 가까운 것(먼 친척, 가까운 친척) 을
가리지 않아야 하니
(얼마나 자주) 오고 감(내왕)에 그 의미가 있는 것이요
이웃은 빈부귀천(잘살고, 못살고)에 그 의미가 있는 것이 아니라
서로 화목함이 좋은 것이요
친구 간에는 모여 술 마시고 식사하는 데 의미가 있는 것이 아니라
(서로) 돕고 의지함에 그 의미가 있는 것이요
관리는 지위의 높고 낮음에 그 의미가 있는 것이 아니라
(중요한 것이 아니라) 얼마나 청렴하고 공정한가에 있는 것이다.

현대적으로 해석하면, 다음과 같다.

주택은 평수가 중요한 게 아니라 살기 편하면 좋은 것이요, 의복은 메이커의 유무보다 따뜻한 게 좋은 것이며, 음식은 진수성찬에 의미가 있는 것이 아니라 한 끼 배부르면 그만이며, 배우자를 택함에는 미모가 아니라 마음씨가 중요하며, 형제는 많고 적음보다 화목이 중요하며, 친척은 먼 친척 가까운 친척이라는 관계에 있는 것이 아니라 자주 오고 감이 중요하며, 이웃은 잘살고 못살고가 아니라 서로 사이좋게 지냄이 좋은 것이며, 친구 간은 술 마시고 어울려 노는 것보다 어려울 때 함께함이 중요하며, 벼슬은 높고 낮음을 따질 게 아니라 (얼마나) 청렴하고 공정한지가 중요한 것이다.

아, 모두 이런 마음으로 살 수 있다면 얼마나 아름다운 세상이 될까?

245.

道淸和尙警世도청화상[188]경세

善事雖好做선시수호주라도 無心近不得무심근부득이요

你若做好事이약주호사라도 別人分不得별인분부득이며

經典積如山경전적여산이라도 無緣看不得무연간부득이요

五逆不孝順오역불효순이라도 天地容不得천지용부득이며

王法鎭乾坤왕법진건곤이라도 犯了休不得범료휴부득이요

良田千萬頃양전천만경이라도 死來用不得사래용부득이며

靈前好供養영전호공양이라도 起來喫不得기래끽부득이고

錢財過壁堆전재과벽퇴라도 臨終將不得임종장부득이요

命運不相助명운불상조라도 却也强不得각야강부득이며

兒孫雖滿堂아손수만당이라도 死來替不得사래체부득이니라

도청화상의 경세(세상살이를 경계하는 글)

선행이 아무리 좋은 일이라 하여도

마음이 없으면 가까이 할 수 없고

그대 만약 좋은 일 하고자 하여도

다른 사람의 몫까지 할 수 없으며

경전이 산처럼 쌓여 있어도 인연이 없으면 볼 수 없고

오역(무간지옥에 떨어질 큰 죄를 짓는 일)하여

188_ 道淸和尙(도청화상) : 도청은 唐(당)나라 玄素(현소) 스님의 字. 속성은 馬氏(마씨). 희노의 표정을 드러내지 않아 '嬰兒降菩薩(영아강보살)'이라 불리었다. 追諡(추시)는 大律禪師(대율선사).

부모님께 불효하여도 천지가 용납하면 어찌할 수 없고
국법이 천지를 누를 정도로(지엄하여도)
(범행을) 저지르고 난 뒤라면 그만두게 할 수 없고
금싸라기 땅 수만 평이 있어도
죽을 때가 되면 쓸 수 없고(아무 소용이 없으며)
영전에 바치는 공양이 아무리 좋은들 일어나 먹을 수 없으며
돈과 재물이 벽에 넘치도록 쌓여도
죽음에 이르러서는 장차 어찌할 수 없고
명과 운이 서로 돕지 않아도
(운명을) 받아들이지 않으면 (그를) 억지로 할 수 없고
자손이 아무리 집안에 가득해도 오는 죽음, 대신할 수 없는 것이다.

① 五逆不孝順오역불효순이라도 天地容不得천지용부득이라

무간지옥에 떨어질 큰 죄를 짓고 부모님께 불효하고 불순해도 천지가 용납하면 어찌 할 수 없다는 말은, 죄를 지으면 당연히 큰 벌을 받아야 함에도 그렇지 못한 경우를 얘기한 것이다. 이는 긍정의 뜻이 아니라 한탄의 글이요, 逆說(역설)의 글이다.

*나쁜 일을 하면 천지가 용납하지 않는다고 해석하는 경우가 있는데, 전후 맥락으로 보아 맞지 않은 듯하다.

② 命運不相助명운불상조라도 却也强不得각야강부득이라

명과 운이 아무리 좋지 않아도 그것은 운명이 있다고 믿는 자에게 의미가 있는 것이지, '운명이란 없다. 헤쳐 나가자.'고 운

명을 받아들이지 않는 자에겐 운명도 그를 어찌할 수 없다는 뜻이다.

③ 또 '却也(각야)'를 '물러나다.'의 의미로 보는 경우는 '명과 운이 서로 돕지 않는다 하더라도 물러나 쉬고자 하는 이에게는 명과 운도 그를 억지로 할 수 없다.' 즉, '의미가 없다.'로도 해석할 수 있다.

做(주) : 지을 주. 여기서는 ~라 하여도로 쓰인다.

不得(부득) : 어찌할 수 없다.

別人(별인) : 다른 사람.

五逆(오역) : 무간지옥에 떨어질 큰 죄. 佛家(불가)에서는 아버지를 죽이는 일, 어머니를 죽이는 일, 아라한을 해하는 일, 승가의 화합을 깨뜨리는 일, 佛身(불신)을 상하게 하는 일을 '五逆'이라 함.

容(용) : 얼굴 용 ; 용납하다. 용서하다.

鎮(진) : 누를 진. 진압할 진.

乾坤(건곤) : 하늘과 땅. 천지.

犯了(범료) : 저지른 뒤.

壁(벽) : 벽 벽.

堆(퇴) : 쌓을 퇴.

却(각) : 물리칠 각 ; 받아들이지 않다. 물러나다.

替(체) : 바꿀 체 ; 교체하다.

246.

欲修仙道욕수선도커든 先須人道선수인도하라

人道不能修인도불능수면 仙道遠矣선도원의니라

선도(신선의 도)를 닦고자 한다면

먼저 人道를 닦으라.

인도를 닦을 줄 모른다면 선도는 요원하리라.

| 신선의 도를 터득하고자 한다면 먼저 사람의 도리부터 다하라.

仙道(선도) : 신선의 도리. 불로장생의 도.

人道(인도) : 사람이 지켜야 할 도리. 윤리.

遠(원) : 멀 원 ; 요원하다.

247.

孝友朱先生曰효우주선생[189]왈

終身讓路종신양로라도 不枉百步불왕백보요

終身讓畔종신양반이라도 不失一段불실일단이니라[190]

효우 주 선생이 말하기를

평생토록 길을 양보해도 백 보를 돌아가지 않으며(뒤처지지 않고)

평생토록 둑(논둑, 밭둑)을 양보해도 한 마지기 잃지 않는다.

> 양보하고 또 양보하라.
>
> 겸양의 덕으로 처세하면 얻는 것이 더 많다는 가르침이다.

같은 의미의 글로, 『菜根譚(채근담)』에 다음과 같은 글이 있다.

徑路窄處경로착처 留一步與人行유일보여인행

滋味濃的자미농적 減三分讓人嗜감삼분양인기

此是涉世차시섭세 極安樂法극안락법

작고 좁은 길에서 한걸음 멈추어 상대에게 지나가게 하라.

맛있는 음식 삼분의 일쯤 덜어 다른 사람 맛보게 하라.

이것이 세상을 기쁘게 살아가는 좋은 방법이다.

枉(왕) : 굽을 왕 ; 돌아가다.

189_ 孝友朱先生(효우주선생) : 唐(당)나라 亳州(박주) 사람. 이름은 仁軌(인궤). 字(자)는 德容(덕용). 私謚(사시) 효우선생. 효자.

190_ 『唐書(당서)』와 『小學(소학)』「嘉言篇(가언편)」에 실려 있다.

248.

顔子曰안자왈

鳥窮則啄조궁즉탁하고 獸窮則攫수궁즉확하며

人窮則詐인궁즉사하고 馬窮則佚[191]마궁즉일하니라[192]

안자가 말하기를

새도 궁지에 몰리면 쪼고

(새도 쫓겨 막다른 곳에 이르면 도리어 대들어 쫀다.)

짐승도 궁지에 몰리면 물고(덤벼들고)

사람도 궁지에 몰리면 속이게 되고

말도 궁지에 몰리면 날뛰게 된다.

> 백성을 궁지에 몰지 마라.
>
> 즉, 백성의 힘을 궁한 데까지 몰지 마라.

원문은 다음과 같다.

顔回曰안회왈

臣聞之신문지

鳥窮則啄조궁즉탁

191_『孔子家語(공자가어)』에는 '跙(각)'이 '佚(일)'로 되어 있다. '佚'로 하면 '말도 궁지에 몰리면 날뛴다.'의 의미가 된다. 수정하였다.

192_『孔子家語(공자가어)』「顔回篇(안회편)」에 나오는 글이다.

獸窮則攫수궁즉확

人窮則詐인궁즉사

馬窮則佚마궁즉일

自古及今자고급금

未有窮其下能無危者也미유궁기하능무위자야

아랫사람을 궁하게 하면서(궁지에 몰면서)

위험에 처하지 않는 자 없었습니다.

窮(궁) : 다할 궁 ; 궁하다. 가난하다.

啄(탁) : 쪼을 탁.

攫(확) : 움켜쥘 확.

詐(사) : 속일 사.

跲(각) : 머뭇거릴 각.

佚(일) : 편안할 일. 방탕할 질 ; 달아나다.

249.

着意栽花착의재화면 栽不活재불활이나

無心插柳무심삽류면 插成林삽성림이니라[193]

(꽃나무를) 심어 꽃을 피우는 데만 집착하면

심어도 살지 않으나

마음을 비우니 버드나무 가지 꽂기만 하여도

숲을 이루게 되느니라.

> 집착을 버리고 마음을 비우라(無心)는
>
> 불교의 가르침을 표현한 글이다.

'放下着(방하착)', 집착을 내려놓으라는 의미다.

着意(착의) : ~에 집착하다. 집착하는 마음.

栽(재) : 심을 재.

活(활) : 살 활.

無心(무심) : 마음을 비우다.

插(삽) : 꽂을 삽.

193_ 昔時賢文(석시현문)에는 내용이 다르게 실려있다. 有意栽花 花不發(유의재화 화불발) 無心插柳 柳成陰(무심삽류 유성음) 심어 꽃을 피우는데만 뜻이 있었더니 그 꽃 피지 않고, 마음을 비우니 버드나무 가지 꽂기만 하여도 우거져 그늘을 만드는구나.

250.

景行錄경행록에 云운하되

廣積不如教子광적불여교자요

避禍不如省非피화불여생비니라

경행록에 이르기를

(재산을) 많이 모으는 것이 아이를 잘 가르침만 못하고

재앙을 피함이 잘못(악행)을 적게 하는 것보다 못하다.

의역하면, '재산을 많이 모으는 것이 자녀 교육을 잘하는 것만 못하고 잘못을 줄이고 선을 많이 행함이 재앙을 피하는 방법이다.' 이다.

다음 두 문장을 참고하면 그 의미가 와 닿을 듯하다.

黃金萬兩不如一敎子황금만냥불여일교자

황금 만 냥이 아이 한 명 잘 가르침만 못하다.

爲不善者天報之以禍위불선자천보지이화

불선한 행동을 하면 재앙을 입는다.

廣積(광적) : 재산을 많이 모으다.

省非(생비) : 덜 생 ; 잘못을 줄이다. 非行(비행)을 줄이고 선행을 하다.

251.

病有工夫병유공부요 急有錢급유전이니라

병이 들었을 때는 (고칠) 방법을 강구하고
급할 때는 돈이 필요하니라.

> 병이 들었을 때는 미적미적하다 큰 병 만들지 말고
> 곧바로 치료할 것이며
> 급할 때는 (뭐니 뭐니 해도) 돈이 필요하니
> 평소에 아껴 저축해 두라는 가르침이다.

工夫(공부) : ① 수단을 강구함. ② 정신의 수양에 힘씀. ③ 학문, 기술을 배움.
여기서는 ①의 의미로 쓰였다.

錢(전) : 돈 전.

252.

得之易득지이면

失之易실지이니라

쉽게 얻으면 쉽게 잃는 법이니라.

> 쉽게 번 돈은 쉽게 나간다는 뜻으로,
> 이 세상에 쉬운 일은 없으니 어렵고 힘들어도
> 주어진 일에 최선을 다하라는 가르침이다.

변하지 않는 진리가 있다.

'이 세상에 공짜는 없다.'라는 말이다.

같은 의미의 글로, '積功之塔不虧(적공지탑불휴) – 공든 탑은 무너지지 않는다.'와 '速登者易顚(속등자이전) – 빨리 오르는 자 쉬이 넘어진다.'가 있다.

得(득) : 얻을 득.
易(이) : 쉬울 이.

253.

寧喫開眉湯영끽개미탕이언정

莫喫皺眉羊막끽추미양하라

차라리 쓰디 쓰더라도 눈살 펴지는 약을 먹을지언정

아무리 맛이 좋더라도 눈살 찌푸려지는 양고기는 먹지 마라.

> 차라리 쓰디쓴 탕약을 먹더라도 마음 편한 것이 나으니
>
> 맛있는 양고기 먹으며 불안해 하지 말라.
>
> 아무리 어려워도 마음 편한 것이 좋으니
>
> 재미있는 지옥이 재미없는 천당보다 낫다는 풍자의 글이다.

開眉(개미) : 눈살을 편다는 뜻으로 근심을 풂. 안심함.

皺眉(추미) : 주름 추, 눈썹 미 ; 눈썹을 찌푸림. 불안함.

寧(영) : 차라리 영.

喫(끽) : 먹을 끽 ; 마시다.

羊(양) : 양 양 ; 맛 좋은 양고기.

254.

桓範曰환범[194]왈

若服一縷약복일루나 憶織女之勞억직여지로하고

若食一粒약식일립이라도 思農夫之苦사농부지고하라

學而不勤학이불근이면 不知道부지도요

耕而不勤경이불근이면 不得食부득식이며

怠則親者태즉친자[195] 成疏성소나

敬則疎者경즉소자라도 成親矣성친의니라

환범이 말하기를

(몸에) 비록 한 오라기의 실을 걸쳤어도

베 짜는 여인의 수고를 잊지 말고

비록 한 톨의 밥을 먹더라도 농부님의 노고를 생각하라.

배움에 부지런함이 없으면 도리를 깨우칠 수 없고

농사지음에 부지런함이 없으면 식량을 얻을 수 없으며

교만하면 친한 사람도 멀어지고

공경하면 그간 소원했던 사람도 친밀해지는 법이니라.

桓(환) : 푯말 환. 憶(억) : 기억할 억. 範(범) : 법 범.

粒(립) : 알 립 ; 낟알. 縷(루) : 실 루. 服(복) : 입을 복.

194_ 桓範(환범) : 삼국시대 魏(위)나라 沛人(패인). 字(자)는 元則(원칙). 벼슬은 大司農(대사농). 후에 사마의에게 죽임을 당함[『三國志(삼국지)』 9권].

195_ 怠則親者(태즉친자)가 빠져있어 원문에 의거 삽입하였다.

255.

性理書성리서[196]에 云운하되

接物之要접물지요는

己所不欲기소불욕 勿施於人물시어인함과

行有不得행유부득 反求諸己반구저기니라[197]

성리서에 이르기를

상대와의 관계(여기서는 아랫사람을 대하는 데)에서 중요한 것은

자기가 하고 싶지 않은 일을 상대에게 시키지 않는 것이요

일을 처리함에 잘못이 있을 땐 자기 탓으로 돌린다는 것이다.

참고로 맹자와 관계되는 문장을 싣는다.

愛人不親애인불친 反其仁반기인

治人不治치인불치 反其智반기지

禮人不答예인부답 反其敬반기경

行有不得者행유부득자 皆反求諸己개반구저기

사람을 사랑해도 친해지지 않으면

자신의 사랑에 문제가 없는지 돌아보고

196_『性理書(성리서)』 가운데 『性理群書句解(성리군서구해)』: 宋(송)나라 熊節(웅절)이 宋代(송대) 諸儒(제유)의 遺文(유문)을 수집하여 엮은 책으로 23권으로 되어 있다.

197_ '己所不欲(기소불욕) 勿施於人(물시어인)'은 『論語(논어)』「衛靈公篇(위령공편)」에서, '行有不得(행유부득) 反求諸己(반구저기)'는 『孟子(맹자)』「離婁章句(이루장구)」 상편에서 따온 글이다.

사람을 다스려도 다스려지지 않으면

자신의 지혜가 어떠한지 돌아보고

남을 예우해도 답이 없으면

자기의 공경하는 태도를 돌아보아야 한다.

행하고도 결과가 나타나지 않으면

자신의 행동을 돌이켜 반성해야 한다.

接物(접물) : 남과의 관계. 인간관계.

己所不欲(기소불욕) : 자기가 하고 싶지 않은 일.

勿施(물시) : 베풀지 마라. 여기서는 '시키지 마라.'의 의미.

行有不得(행유부득) : 일에 잘못이 있을 때는.

反求諸己(반구저기) : 反求之於己. 자기에게서 원인을 찾다. 내 탓으로 돌리다.

諸(저) : 어조사 저. 모두 제 ; 여기서는 '저'로 발음한다. '之於'와 '之乎'의 발음이 '諸(저)'와 같아서 '諸'로 한다.

256.

酒色財氣주색재기 四堵墻사도장에

多少賢愚다소현우 在內廂재내상이라

若有世人약유세인 跳得出도득출이면

便是神仙변시신선 不死方불사방이니라[198]

(우리가 살아가는 인생사는, 비유하건대)

술과 여색과 돈과 권세욕에 둘러싸인 사각의 담장 안에

현명한 사람과 어리석은 몇 사람이

내실과 행랑채에 살고 있는 것과 같은 격이다.

만약 어떤 사람이 (그곳으로부터) 뛰쳐나올 수 있다면

그는 바로 不死(불사)의 방편을 터득한 신선과 같은 사람이다.

> 욕심과 욕망을 버리고 평정심을 찾자는 것이다.
>
> 보라. 우리는 늘 주색과 돈과 권세의 유혹에서
>
> 헤어나지 못하고 괴로워하고 있지 않은가.
>
> 또 모든 문제가 이 네 가지 욕망에서 비롯되지 않던가?
>
> 그러니, 윗글의 가르침대로 욕망의 늪에서 빠져나와
>
> 大自由(대자유)를 얻어 우리 모두 마음의 신선이 되자.

堵(도) : 담 도.

廂(상) : 행랑채 상.

198_『通俗篇(통속편)』에 나오는 글이다.

257.

人生智未生인생지미생이요

智生人易老지생인역노라

心智一切生심지일체생이면

不覺불각이라도 無常到무상도니라

사람이 태어날 때부터 지혜가 생기는 건 아니요

나이가 들어감으로 지혜가 생기는 것.

마음에 일체의 지혜가 생기면

깨달음이 없어도 무상의 도에 이를 수 있느니라.

> 사람은 세월이 흘러 많은 경험이 축적되었을 때
>
> 비로소 지혜가 생긴다.
>
> 그러니 서두르지 말고 부단히 지혜를 터득하라.
>
> 그리하여 마음에 일체의 지혜가 충만하게 되면
>
> 깨달음이 없어도 무상의 도(眞如의 세계)에
>
> 도달할 수 있을 것이라는 글이다.

智(지) : 지혜 지.

易(역) : 바꿀 역. 쉬울 이 ; 여기서는 '바뀌다.'의 의미로 쓰였다.

易老(역노) : 나이가 들다. 나이가 들었을 때.

一切(일체) : 모든 것.

無常(무상) : 모든 것은 '生滅變轉(생멸변전)'하여 常住(상주)함이 없음. 眞如의 세계.

제12편 | 입교편

立教篇

교육의 기본과 방침을 세워라

'立教(입교)'란 문자 그대로 교육의 기본과 방침을 세우는 일을 말한다. 즉, 교육의 목표를 어디에 둘 것인가, 그 기본을 세운다는 뜻이다. 『小學(소학)』에도 立教篇(입교편)이 있다. 공히 교육의 원칙을 말하는 것이다.

1.

子曰자왈

行己有六本焉행기유육본언으로 然後爲君子也연후위군자야니[1]

立身有義입신유의 而孝爲本이효위본이요[2]

喪祀有禮상사유례 而哀爲本이애위본이며

戰陣有列전진유열 而勇爲本이용위본이요

治政有理치정유리 而農爲本이농위본이요

居國有道거국유도 而嗣爲本이사위본이며

生財有時생재유시 而力爲本이력위본이니라[3]

스승께서 말씀하시기를

자신의 행동에 여섯 가지 근본이 세워진 뒤에야 군자가 될 수 있다.

입신출세(사회생활)에 의로움이 있어야 하니 효심(상대공경)이 기본이요

상사(상례와 제례) 시에 예가 있어야 하니 슬퍼함이 기본이요

전쟁에도 질서가 있어야 하나니 용맹함이 기본이요

나라를 이끌어 감(정치)에도 이치가 있으니

농업(경제, 먹고사는 문제)이 기본이 되고

나라를 유지함에도 도가 있으니 정통성이 기본이 되고

돈을 버는 것(경제 활동)도 때가 있으니 노력(근면)이 기본이니라.

1_ 淸州本(청주본)에는 '立身有義(입신유의)'부터 시작되나 이해를 돕기 위해 '行己有六本焉(행기유육본언)' 이하 문장을 삽입하였다.

2_ 원문에는 '立身有義矣而孝爲本(입신유의의이효위본)'이라 하여 여섯 구절 모두 '矣'가 들어 있으나 淸州本(청주본)에는 빠져 있다.

3_ 『孔子家語(공자가어)』「六本篇(육본편)」에 나오는 글이다.

모든 일의 근본을 밝히고 있는 명문이다.

모든 행동의 근본이 효심이 되어야 한다는 말은 '효도는 만행의 근본이다.'가 떠오르는 말이다.

부모님을 먼저 생각하는 이가 어찌 악행을 저지르겠는가.

喪祀(상사)에는 슬픔이, 전쟁에는 不退轉(불퇴전)의 용맹함이, 정치에는 경제가, 나라를 유지하는 데는 그 정통성[嗣]이, 재물을 일구어 가정을 일으키는 데는 근면이 기본이라는 말.

아! 오늘을 사는 우리에게도 꼭 필요한 말이다.

行己(행기) : 處身(처신)과 같은 뜻으로 세상을 살아가는 몸가짐.

立身(입신) : 사회에 진출하다.

喪祀(상사) : 상례와 제사.

陣(진) : 싸울 진. 진 칠 진.

戰陣(전진) : 전쟁.

列(렬) : 줄 렬 ; 질서.

居國(거국) : 나라를 유지함.

嗣(사) : 이을 사 ; 정통성.

力(력) : 힘 력 ; 노력. 근면.

2.

景行錄경행록에 云운하되

爲政之要위정지요는 曰公與淸왈공여청이요

成家之道성가지도는 曰儉與勤왈검여근이니라

경행록에 이르기를

위정자에게 가장 필요한 덕목은 공평함과 청렴함이요

집안을 일으키는 (최고의) 방도는 검소함과 근면함이니라.

의역하면 다음과 같다.

지도자에게 필요한 덕목은 공평무사 청렴결백이요,

가정 생활에서 필요한 덕목은 검소함과 근면함이다.

그러나 지금은 어떤가?

公이 아닌 私요, 淸이 아닌 濁이요,

儉이 아닌 奢[사치]요, 勤이 아닌 怠가 판친다.

이 글을 통해 다시 한 번 자신을 돌아볼 일이다.

爲政(위정) : 정치를 하다. 여기서는 '지도자'를 뜻한다.

公(공) : 공평함.

淸(청) : 청렴함.

儉(검) : 검소할 검.

3.

讀書독서는 起家之本기가지본이요

循理순리는 保家之本보가지본이요

勤儉근검은 治家之本치가지본이요

和順화순은 齊家之本제가지본이니라

글 공부(학문을 연마함)는 집안을 일으키는 기본이요

도리를 따름은 집안을 유지하는(가문을 지키는) 기본이요

근면과 검소는 집안을 이끌어 가는 기본이요

화목과 순종은 집안의 질서를 지키는 기본이니라.

여기서 독서는 단순히 책을 읽는 것이 아니라 학문 연마를, 循理(순리)는 兄友(형우), 弟恭(제공), 父慈(부자), 子孝(자효)하고, 가족간의 도리를 따름을, 和順(화순)은 가족간의 화목과 上安下順(상안하순)의 도리를 말한다.

起(기) : 일어날 기.

循(순) : 좇을 순.

齊(제) : 가지런할 제 ; 질서.

4.

景行錄경행록에 云운하되

勤者근자 富之本부지본이요

儉者검자 富之源부지원이니라

경행록에 이르기를

부지런함은 부의 뿌리요

검소함은 부의 샘(근원)이니라.

> 위아래 문장을 합하면 '勤儉者富之本源(근검자부지본원)'으로,
> '근면과 검소는 부의 本源(본원)이니라.'가 된다.

本(본) : 뿌리 본.

源(원) : 근원 원 ; 샘.

5.

孔子三計圖공자삼계도에 云운하되

一生之計일생지계는 在於幼재어유하고

一年之計일년지계는 在於春재어춘하며

一日之計일일지계는 在於寅재어인이니

幼而不學유이불학이면 老無所知노무소지하고

春若不耕춘약불경이면 秋無所望추무소망하고

寅若不起인약불기면 日無所辦일무소판이니라

공자의 세 가지 계획에 관한 글에 이르기를

일생의 성패는 유년기에 있고

일 년의 성패는 봄철에 있으며

하루의 성패는 인시(새벽)에 있으니

유년기에 배우지 않으면 나이 들어 아는 것이 없게 되고

봄철에 밭을 갈아 (씨 뿌리지 아니하면) 가을 되어

바라는 것(거두어들일 것)이 없게 되고

인시에(아침 일찍) 일어나지 아니하면 하루종일 하는 일이 없게 된다.

비슷한 의미로, 다음과 같은 글이 있다.

管子관자의 三計삼계가 있으니

一年之計일년지계 莫如樹穀 막여수곡

十年之計십년지계 莫如樹木막여수목

終身之計종신지계 莫如樹人막여수인

일 년을 계획함에는 곡식을 심는 것이 제일이요

십 년을 계획하고자 하면 나무를 심는 것이 제일이며

평생을 계획하고자 함에는 사람을 교육하는 일 만한 것이 없느니라!

三計圖(삼계도) : 세 가지 계획. 성패. 일 년, 십 년, 종신의 세 가지 계획.

計(계) : 꾀 계.

耕(경) : 밭갈 경 ; 농사를 짓다.

寅(인) : 호랑이 인 *寅時(인시) : 새벽 3시에서 5시 사이. 아침 일찍.

辦(판) : 힘쓸 판.

6.

性理書성리서에 云운하되

五敎之目오교지목이니

父子有親부자유친

君臣有義군신유의

夫婦有別부부유별

長幼有序장유유서

朋友有信붕우유신이니라

성리서에 이르기를

다섯 가지 항목의 가르침이 있으니[五倫]

부모와 자식 간에는 친애[父慈子孝]함이 있어야 하고

임금과 신하 사이에는 의리[君聖臣忠]가 있어야 하며

남편과 아내 사이에는 예별(禮別 : 사랑과 공경)이 있어야 하며

윗사람과 아랫사람 사이에는 질서가 있어야 하며

친구와 친구 사이에는 신의(信義 : 진실함과 의리)가 있어야 한다.

'親愛(친애)'란 부모님은 자식을 사랑하고 자식은 부모를 공경하는 '父慈子孝(부자자효)'요, '義理(의리)'란 임금은 성덕을 갖추어 이끌고 신하는 성심을 다하여 충성하는 '君聖臣忠(군성신충)'이요, '禮別(예별)'은 부부는 '一心同體(일심동체)'이니 사랑하고 공경하는 마음이 있어야 함이며, '秩序(질서)'는 어른을 공경하고 아랫사람을 아낌이며, '信義(신의)'는 진실된 마음으로 어려울 때도 함께하는

'貧賤之交(빈천지교)'의 도리이다.

여담으로, 개[犬公]에게도 오륜이 있다 한다.

知主不吠(지주불폐), 주인을 알아보고 짖지 않으니 君臣有義.

小不大敵(소불대적), 작은 개가 큰 개에게 대들지 않으니 長幼有序.

毛色相似(모색상사), 어미 개와 강아지 털 색이 같으니 父子有親.

有時有情(유시유정), 사랑에도 때가 있으니 夫婦有別.

一吠衆吠(일폐중폐), 한 마리가 짖으면 모두 따라 짖으니 朋友有信이란다.

개도 그러한데 하물며 사람들이야!

五敎(오교) : 五倫(오륜) ; 다섯 가지 교리.

目(목) : 눈 목 ; 항목. 조목.

親(친) : 친할 친 ; 여기서는 '親愛(친애)하다.'의 의미로 쓰였다.

別(별) : 구별할 별 ; 여기서 別(별)은 '樂合同 禮異別(악합동 예이별)' 할 때의 '별'이다. 예절을 갖추다. 조심하다.

序(서) : 차례 서.

7.

古靈陳先生고령진선생[4]이 爲仙居令위선거령하여

敎其民曰교기민왈 爲吾民者위오민자는

父義母慈부의모자하고 兄友弟恭子孝婦順[5]형우제공자효부순하며

夫婦有恩부부유은하며 男女有別남녀유별하며

子弟有學자제유학하며 鄕閭有禮향려유례하고

貧窮患難빈궁환란에 親戚相救친척상구하며

婚姻死喪혼인사상에 隣保相助린보상조하고

毋惰農業무타농업[6]하며 毋作盜賊무작도적하며

毋學賭博무학도박하며 毋好爭訟무호쟁송하며

毋以强凌弱무이강릉약하고[7]

毋以惡陵善무이악능선하고 毋以富呑貧무이부탄빈하며

行者讓路행자양로하며 耕者讓畔경자양반하고

斑白者不負戴於道路반백자부부대어도로면

則爲禮義之俗矣즉위예의지속의니라[8]

고령 진선생이 (태주의 속읍인) '선거'의 현령이 되어

그 고을 백성들을 가르쳐 말하기를, 우리 고을의 백성 된 자

4_ 古靈陳先生(고령진선생) : 이름은 陳襄(진양). 宋(송)나라 대학자. 司馬光(사마광), 韓維(한유), 蘇軾(소식)을 천거함.

5_ 婦順이 빠져있어 원문대로 삽입하였다.

6_ 『小學(소학)』에는 '毋惰農業'이 '無墮農業'으로 나와 있으나 淸州本(청주본)대로 '毋惰'로 하였다. 또한 淸州本(청주본)대로 '無'를 '毋'로 고쳤다.

7_ 毋以强凌弱을 원문대로 삽입하였다.

8_ 宋代(송대) 葉祖洽(섭조흡) 所撰(소찬)의 『陳先生行狀(진선생행장)』에 나오는 글로, 『小學(소학)』「嘉言篇(가언편)」에도 실려 있다.

아버지는 올바른 가치관으로 정도를 행하며, 어머니는 자애로우며
형은 우애로 동생을 사랑하고, 아우는 형을 공경하고
자식은 효성으로 부모를 모시며
부부간에는 깊은 사랑으로 함께하며
남녀 간에는 예절이 있어 함부로 대하지 않으며
자제들에게 학문을 갖추도록 가르치며
마을 마을마다 예절이 있게 하라.
가난과 환란이 있을 때는 친척 간에 서로 구제하고
애경사(혼인과 상사) 시에는 이웃 간에 서로 도와 함께하라.
농사일을 게을리하지 말고, 남의 물건을 훔치지 말며
내기 도박 같은 것은 배우지도 말고, 다툼이나 송사를 즐기지 말며
악행으로 선행을 능멸하지 말 것이며(상대의 선행을 보고도 '웃기고 있네.
그렇게 살다가는 바보 소리 들어.' 하는 경우)
자기의 넉넉함으로 상대를 삼키지 마라.
(부자라 하여 가난한 사람 경시하지 마라.)
강하다하여 약한자를 업신여기지 말고
걸어 다님에 길을 양보하고 농사지음에 밭둑을 양보하며
머리가 반백인 노인이 길에서 짐을 머리에 이거나
등에 지고 가는 일이 없어진다면
(우리 고을은) 예의가 넘치는 풍속이 될 것이다.

仙居(선거) : 지명 ; 台州(태주)의 속읍.
鄕閭(향려) : 시골 향, 마을 려.
呑(탄) : 삼킬 탄 ; 경시함. 제 것으로 만듦.
斑(반) : 얼룩 반.
畔(반) : 둑 반 ; 밭이나 논의 경계.

8.

性理書성리서에 云운하되

教人者교인자는 養其善心而惡自消양기선심이악자소하고

治民者치민자는 導之敬讓而爭自息도지경양이쟁자식하라[9]

성리서에 이르기를

교육자는 (제자들로 하여금) 그 선한 마음을 기르게 하여

악을 자연스럽게 소멸케 하고

지도자는 (백성들로 하여금) 상대를 공경하고

양보하는 마음을 가르쳐 자연스럽게 다툼을 그치게 하라.

教人(교인) : 교육자.

消(소) : 사라질 소 ; 없애다. 소멸하다.

治民(치민) : 백성을 다스리는 지도자.

導(도) : 이끌 도 ; 교도함. 가르침.

息(식) : 쉴 식 ; 그치다.

9_ 이 글은 明道先生(명도선생) 程顥(정호)의 말이다.

9.

禮예에 云운하되

爲君止於仁위군지어인하고

爲臣止於敬위신지어경[10]하며

爲父止於慈위부지어자하고

爲子止於孝위자지어효하며

爲朋止於信위붕지어신하라

若爲斯理약위사리면 可以爲政理乎가이위정리호니라[11]

예기에 이르기를

임금이 되어서는 인에 그치고

신하가 되어서는 공경에 그치고

부모가 되어서는 자애로움에 그치고

자식이 되어서는 효도에 그치고

벗이 되어서는 믿음에 그쳐라.

만약 이러한 이치대로 한다면 정치를 함에도

이치(법도)에 맞게 할 수 있을 것이다.

의역하면 다음과 같다.

임금이 되어서는 다만 인을 베풀고

10_ 淸州本(청주본)에는 '爲君止於敬(위군지어경)'으로 나와 있어 원본에 의거하여 '爲君止於仁(위군지어인)'으로 수정하였고, '爲臣止於敬(위신지어경)'은 빠져 있어 삽입하였다.

11_ 『大學(대학)』에 나오는, 文王(문왕)을 칭송하는 글이다.

신하가 되어서는 어떠한 경우라도 공경을 다하고

(설사 임금이 마음에 들지 않는다 하더라도,

사약을 내리더라도 절을 올리는)

부모가 되어서는 자식을 사랑으로 키울 뿐이고

(보답을 바라지 아니하며)

자식이 되어서는 부모에게

(빈부귀천 혹은 장애가 있으시건 건강하시건)

다만 효성을 다하고

벗이 되어서는 어떠한 경우라도 신의를 지켜라.

이러한 마음자세라면 정치를 함에도

이치에 맞게 할 수 있을 것이다.

즉, 상대야 어떠하든 내 할 도리를 다할 뿐이다.

원문에는 '爲人君止於仁(위인군지어인) 爲人臣止於敬(위인신지어경) 爲人父止於慈(위인부지어자) 爲人子止於孝(위인자지어효) 與國人交止於信(여국인교지어신)'으로 나와 있으나 淸州本(청주본)을 중심으로 정리하였다.

爲君(위군) : 임금이 되어서는.

止(지) : 그칠 지 ; 할 뿐이다.

若爲斯理(약위사리) : 이러한 이치대로 한다면.

10.

王蠋曰왕촉왈

忠臣不事二君충신불사이군이요

烈女[12] 不更二夫열녀불경이부니라

왕촉이 말하기를

충신은 두 임금을 섬기지 아니하고

열녀는 두 남편을 바꾸어 섬기지 아니한다.

이 글은 齊(제)나라 충신 王蠋(왕촉)의 말이다. 燕(연)나라 장군 樂毅(낙의)가 齊(제)나라를 격파한 뒤, 왕촉이 어질다는 말을 듣고 사람을 보내 왕촉을 청하자, 왕촉이 이 말로 거절하고 스스로 목매어 죽었다고 한다[『史記(사기)』「田單列傳(전단열전)」, 『小學(소학)』「明倫篇(명륜편)」].

같은 의미로, 王節(왕절)의 『婦女範捷錄(부녀범첩록)』에 '忠臣不事兩國(충신불사양국) 烈女不更二夫(열녀불경이부)'가 있다.

원문은 다음과 같다.

王蠋曰왕촉왈

忠臣不事二君충신불사이군

烈女不更二夫열녀불경이부

12_『史記(사기)』에는 '貞女'로 되어 있으나 『小學(소학)』엔 '烈女'로 되어 있다. 『小學(소학)』에서 이 글을 가져온 듯하다.

齊王제왕 不用吾諫불용오간 故退而耕於野고퇴이경어야

國破民亡국파민망 吾不能存오불능존

而又欲劫之以兵이우욕겁지이병

吾與不義而生오여불의이생 不若死불약사

제의 왕이 저의 간언을 받지 않으시니

나는 물러나 초야에서 농사나 짓고 있었습니다.

이제 나라는 망하고 백성들은 흩어져 살아 있을 수 없는데

거기다 병사로 하여금 겁박까지 하시니

내 의롭지 않게 사느니 죽는 게 낫습니다(『通鑑節要(통감절요)』).

11.

忠子曰충자[13]왈

治官치관엔 莫若平막약평이요

臨財임재엔 莫若廉막약렴이니라

충자가 말하기를

관리가 그 직을 수행함에는 공평무사 만 한 것이 없고

재물을 다룸에 청렴결백만한 것이 없다.

治官(치관) : 관직을 수행함.

平(평) : 평평할 평 ; 공평하여 사사로움이 없음.

臨(임) : 임할 임(림) ; 다다르다. 함께하다.

臨財(임재) : 재물을 다루다.

莫若(막약) : 不如(불여). 같은 것이 없다. 제일이다.

廉(렴) : 청렴 렴.

13_ 忠子(충자) : 잘못 인쇄된 경우인 듯하다. '忠子'라는 이는 없다.

12.

說苑설원[14]에 云운하되

治國치국엔 若彈琴약탄금이요

治家치가엔 若執轡也약집비야니라

설원에 이르기를

나라를 다스림은 (연주자가) 가야금이나 거문고 타듯 하고

집안을 이끌어 감에는 (마부가) 고삐를 잡은 것처럼 하라.

> 가야금이나 거문고는 줄을 너무 느슨하게 하여도 안 되고,
>
> 너무 조여도 안 되는 것.
>
> 이처럼 백성들을 다스릴 때에는 강과 온, 칭찬과 질책
>
> 상과 벌을 조화롭게 하여 항상 중도를 지키도록 하며
>
> 집안을 이끌어 감에는 마부가 고삐를 잡듯이 빨리 갈 때는 늦추고
>
> 느리게 갈 때는 채찍질을 하여 엄격함과 자애로움으로
>
> 때로는 격려하고 때로는 편달하여 가정을 이끌라는 뜻이다.

彈(탄) : 활 탄. 탈 탄 ; 타다. 연주하다.

琴(금) : 거문고 금. 가야금 금.

執(집) : 잡을 집.

轡(비) : 고삐 비.

14_『說苑(설원)』: 西漢時代(서한시대) 劉向(유향)이 지은 책. 先秦(선진)에서 漢代(한대)에 이르는 史實을 모아 20권의 책으로 엮었다.

13.

孝當竭力효당갈력하고

忠則盡命충칙진명하라[15]

효를 하게 되었거든 힘을 다하고

충을 하게 되었거든 목숨을 다하라.

의역하면 다음과 같다.

힘을 다하여 효를 실천하고

목숨을 다하여 충을 실천하라.

當(당) : 당할 당 ; 책임을 맡다. 당면하다. 곧 하려 하다. '將(장차 장)'과 같은 뜻.

竭力(갈력) : 힘을 다하다.

則(칙) : 법칙 칙. 곧 즉.

盡命(진명) : 목숨을 바치다.

15_『千字文(천자문)』에 나오는 글이다.

14.

女慕貞潔여모정결하고

男效才良남효재량하라[16]

여자들은 (모름지기) 정숙하고 순결한 이를 숭모하고

남자들은 (모름지기) 재주 있고 선량한 이를 본받으라.

의역하면, '여자들은 정숙하고 순결한 이를 받들고 남자들은 재덕을 겸비한 이를 본받으라.'이다.

慕(모) : 그릴 모 ; 사모하다. 숭모하다.

潔(결) : 깨끗할 결.

效(효) : 본받을 효 ; '効'는 俗字(속자).

才良(재량) : 재주 있고 선량한. 才德을 겸비함.

16_『千字文(천자문)』에 나오는 글이다.

15.

張思叔座右銘曰장사숙[17] 좌우명[18] 왈

凡語必忠信범어필충신하고 凡行必篤敬범행필독경하며

飮食必愼節음식필신절하고 字劃必楷正자획필해정하라

容貌必端莊용모필단장하고 衣冠必肅整의관필숙정하며

步履必安詳보리필안상하고 居處必正靜거처필정정하라

作事必謀始작사필모시하고 出言必顧行출언필고행하며

常德必固持상덕필고지하고 然諾必重應연락필중응하라

見善如己出견선여기출하며 見惡如己病견악여기병하라

凡此十四者범차십사자는 我皆未深省아개미심성이니

書此當座隅서차당좌우하여 朝夕視爲警조석시위경하라[19]

장사숙의 좌우명에서 말하기를

사소한 말이라도 반드시 진실되고 믿음이 있게 하며

하찮은 행동이라도 반드시 중후하고 공경스럽게 하며

음식을 반드시 조심하고 절도 있게 먹으며

글을 씀에 반드시 획을 한 자 한 자 바르게 쓰며

용모는 반드시 단정하고 가볍지 않게 하며

걸음걸이는 필히 천천히 자상하게 하여 경망스럽지 않게 하며

17_ 張思叔(장사숙) : 宋(송)나라 河南人(하남인). 이름은 繹(역). 程伊川(정이천)의 제자.

18_ 座右銘(좌우명) : 齊(제)의 桓公(환공)이 자리의 오른쪽에 놓아둔 술독에서 유래. 술독이 비었을 때는 기울어져 있다가 술을 반쯤 채우면 바로 섰다가 가득 채우면 엎어지는 것을 보고 자만을 경계하였다. 漢(한)의 崔瑗(최원)이 처음 만들었다고 한다.

19_ 『小學(소학)』「嘉言篇(가언편)」, 『宋名臣言行錄(송명신언행록)』에 나오는 글이다.

처소에 있더라도 반드시 용모를 바르고 공손하게 하여

남이 보지 않는다 하여 함부로 행동하지 않으며

일을 시작함에는 반드시 계획이 있은 후에 시작하며

(계획성 있게 처리하며)

말을 할 때는 반드시 실천 가능한지 돌아보고[言行一致(언행일치)]

사람으로서 지켜야 할 도와 덕을 굳건히 견지하며

허락과 승낙을 함에 반드시 신중하게 응하며

선행을 보거든 내가 한 일처럼 하여(기뻐하고)

악행을 보았거든 내 몸의 병처럼 하여(빨리 고치도록 하라)

이 열네 가지는 모두 다 내 깊이 살피지 못한 것들이니

(내) 이를 앉은 자리 곁에 써서 두고

조석으로 보면서 경계로 삼고자 한다.

凡語(범어) : 보통. 모든.

忠信(충신) : 진실되고 믿음이 있음.

篤敬(독경) : 중후하고 공경함.

楷(해) : 바를 해 ; 공자 사당에 자공이 손수 심었다는 나무. 해서체로 바르게 쓰다.

端莊(단장) : 단정하고 장중함.

步履(보리) : 걸음걸이.

安詳(안상) : 편안하고 자상함.

居處(거처) : 몸가짐.

顧行(고행) : 행동을 돌아봄. 실천 가능한지 돌아봄.

常德(상덕) : 인간으로 갖추어야 할 도리. 덕성.

固持(고지) : 굳건히 지키다.

隅(우) : 모퉁이 우 ; 구석. 곁. 옆.

16.

范益謙座右戒曰범익겸[20] 좌우계[21] 왈

一不言일불언 朝廷利害邊報差除조정이해변보차제

二不言이불언 州縣官員長短得失주현관원장단득실

三不言삼불언 衆人所作過惡之事중인소작과악[22]지사

四不言사불언 仕進官職趨時附勢사진관직추시부세

五不言오불언 財利多少厭貧求富재리다소염빈구부

六不言육불언 淫媟戲慢評論女色음설희만평론여색

七不言칠불언 求覓人物干索酒食구멱인물간색주식

又曰[23] 우왈

一일 人付書信인부서신 不可開坼沈滯불가개탁침체

二이 與人並坐여인병좌 不可窺人私書불가규인사서

三삼 凡入人家범입인가 不可看人文字불가간인문자

四사 凡借人物범차인물 不可損壞不還불가손괴불환

五오 凡喫飮食범끽음식 不可揀擇去取불가간택거취

六육 與人同處여인동처 不可自擇便利불가자택편리

20_ 范益謙(범익겸) : 宋(송)나라 때 학자. 이름은 范沖(범충). 字(자)는 元章(원장).

21_ 淸州本(청주본)과 달리 『小學(소학)』에는 '좌우명'이 '좌우계'로 나와 있다. 원문대로 수정하였다.

22_ '三不言(삼불언) 衆人所作過惡(중인소작과악)'은 뒤에 두 글자가 빠진 듯하다. 이는 『小學(소학)』도 마찬가지다. '衆人所作過惡'으로만 되어 있다. 越南本(월남본)에는 過惡 뒤에 '之事'가 붙어 '衆人所作過惡之事'로 나와 있다. 이 글이 맞는 듯하여 삽입하였다.

23_ 『小學(소학)』에는 '又曰' 이후로 번호가 쓰여 있다(원문대로 번호를 붙였다).

七칠 凡人富貴범인부귀 不可歎羨詆毁불가탄선저훼

凡此數事범차수사 有犯之者유범지자
足以見用意之不肖족이견용의지불초
於存心어존심 修身大有所害수신대유소해
因書以自警인서이자경[24]

범익겸의 좌우계에서 말하기를

첫째, 국가의 이익과 안보(변방에서 올라오는 보고와 인사 이동에 관한 사항)에 관한 말을 하지 않는다.

둘째, 주현(지방) 관리들의 장·단점과 그들의 功過(공과) 즉, 업적에 관해 말하지 않는다.

셋째, 다른 사람들이 저지른 過誤(과오)에 대해 말하지 않는다.

넷째, 벼슬에 있는 자들이 시류를 쫓고 (요즘의 철새 정치인) 세력에 아부 하는 일에 대해 말하지 않는다.

다섯째, 재산과 이익의 많고 적음과 '가난이 싫고 부자로 살고 싶다는 말'을 하지 않는다.

여섯째, 음탕하고 외설스럽고 난잡한 농짓거리와 '여색이 어떻고 하는 따위의 말'을 하지 않는다.

일곱째, 남의 물건을 탐내어 '갖고 싶다.'거나 '술과 음식을 사 달라.' 요구하는 말을 하지 않는다.

24_『小學(소학)』「嘉言篇(가언편)」 제5에 실려 있다.

그리고 또 말하기를

첫째, 다른 사람이 전해 달라고 부탁한 편지를 뜯어 보거나 묵혀 두지 않으며

둘째, 여러 사람과 함께 하는 자리에서 옆 사람의 개인적인 서신을 엿보지 않으며

셋째, 남의 집에 갔을 때 그 사람(주인)이 써 놓은 글(문서)을 함부로 보지 않으며

넷째, 남의 물건을 빌렸을 때는 손괴(깨뜨리거나 찢어 망가뜨림)하거나 돌려주지 않는 일을 하지 않으며

다섯째, 음식을 먹을 때는 자기 입맛에 따라 가려 가까이 하거나 물리치지 아니하며

여섯째, 여러 사람과 함께 있을 때 자기의 편리함만을 위해 행동하지 않으며

일곱째, 다른 사람의 부귀에 대해 자신을 탄식하여 부러워하거나 헐뜯지 아니한다.

무릇 이 여러 사항에 해당되는 것이 있다면 마음 씀씀이가 심히 어리석은 것으로 성심을 보존하고 수신하는 데 해악이 클 것이기에(저해 요소가 됨을 알게 될 것), 이 글을 통하여 스스로 경계코자 하는 바이다.

> 이 글은 언행을 경계하는 글이다.
> 전반부는 해서는 안 되는 말,
> 후반부는 해서는 안 되는 행동을 적은 글이다.

현대를 살아가는 우리에게도 꼭 필요한 명문이 아닐 수 없다.
특히, '음식을 먹을 땐 자기 좋아하는 음식만 가려 먹지 않으며
여러 사람과 함께 있을 때 자기 편리한 쪽을 택하지 말고
상대를 배려하라.'는 말은 피부에 와 닿는 교훈이다.

廷(정) : 조정 정.
邊報(변보) : 변방에서 올라오는 보고.
除(제) : 벼슬 줄 제.
差除(차제) : 인사이동. 昇差(승차 : 벼슬이 오름). 除授(제수 : 벼슬을 내림).
仕(사) : 벼슬 사.
趨(추) : 쫓을 추.
附(부) : 아부할 부.
厭貧(염빈) : 가난을 싫어함.
淫媟(음설) : 음탕과 외설.
戱慢(희만) : '戱嫚(희만)'과 같은 뜻으로 점잖치 못하게 농짓거리를 하다.
覓(멱) : 찾을 멱.
干索(간색) : 요구하다.
付(부) : 부탁할 부. 보낼 부.
坼(탁) : 뜯을 탁.
滯(체) : 늦을 체 ; 지체하다.
並(병) : 함께 병. 모두 병.
窺(규) : 훔쳐볼 규.
揀(간) : 가릴 간.
歎羨(탄선) : 탄식하여 부러워함.
詆(저) : 헐뜯을 저.
足以見(족이견) : 알 수 있을 것이다.
用意(용의) : 마음 씀씀이.
不肖(불초) : 이치를 깨닫지 못함. 어리석음.

17.

武王問무왕[25]문 **太公曰**태공왈

人居世上인거세상에 何得하득 貴賤貧富귀천빈부하여

不等부등이니이까

願聞說之원문설지 欲知是矣욕지시의니이다

무왕이 강태공에게 물어 말하기를

"사람 사는 세상에 어찌 빈부귀천이 있어 서로 평등치 못합니까?

원하옵건대 그 설명을 들어 이를 알고 싶습니다."

太公曰태공왈

富貴부귀는 如聖人之德여성인지덕으로 皆由天命개유천명이니

富者부자는 用之有節용지유절이요

不富者불부자는 家有十盜가유십도이옵니다

(이에) 태공이 말하기를

"부귀빈천은 성인의 덕과 같아 그것이 다 천명에서 오는 것이니

부자는 (재물을 씀에) 절도가 있으나

넉넉지 못하게 사는 자는 집안에 열 가지 도둑이 있기 때문입니다."

25_ 武王(무왕) : 周(주)나라 제일대 왕. 文王(문왕)의 아들. 이름은 發(발). 시호는 武(무). 아버지 문왕의 뒤를 이어 西伯(서백)이 되고 군사를 일으켜 紂王(주왕)을 토벌하여 殷(은)나라를 멸망시킴(BC 1046년경).

武王曰무왕왈

何爲十盜하위십도니이꼬

무왕이 말하기를

(그렇다면) "열 가지 도둑이란 어떤 것들입니까?"

太公曰태공[26]왈

時熟不收시숙불수 爲一盜위일도요

收積不了수적불료 爲二盜위이도요

無事燃燈寢睡무사연등침수 爲三盜위삼도며

慵懶不耕용라불경 爲四盜위사도요

不施工力불시공력 爲五盜위오도요

專行窃害전행절해 爲六盜위육도요

養蓄太多양축태다[27] 爲七盜위칠도이며

晝眠懶起주면나기 爲八盜위팔도요

貪酒嗜慾탐주기욕 爲九盜위구도요

强行嫉妬강행질투 爲十盜위십도니이다

태공이 (답하여) 말하기를

26_ 太公(태공) : 文王과 武王의 스승이자 무왕의 장인인 呂尙(여상)의 號(호). 문왕의 조부인 古公亶父(고공단보)가 '성인이 주나라에 이르면 그 사람의 힘으로 나라가 일어날 것'이라는 예언을 하였는데, 태왕이 그대를 바라고 있었다 하여 '太公望'이라 함. 여상은 무왕을 도와 殷(은)나라를 멸망시킴. 병법과 지략의 뛰어난 전략가. 『六韜三略(육도삼략)』의 저자.

27_ 養女太多를 養蓄太多로 수정하였다. (이본에 나와 있다.)

"곡식이 익었는데도 수확하지 않음이 첫 번째 도둑이요
수확한 곡식을 낟가리 하지 않음(쌓아 두지 않음)이 두 번째 도둑이요
할 일 없이 등불을 켜두고 잠드는 것이 세 번째 도둑이요
게을러 터져 농사짓지 않음이 네 번째 도둑이요
주어진 일에 최선을 다하지 않는 것이 다섯 번째 도둑이요
상대의 물건을 훔쳐 피해 주는 일을 일삼는 것이 여섯 번째 도둑이요
가축을 너무 많이 기르는 것이 일곱 번째 도둑이요
늦잠을 자느라 늦게 일어남이 여덟 번째 도둑이요
술을 탐하고 호색함(색을 가까이 함)이 아홉 번째 도둑이요
도에 지나치게 시기하고 질투함이 열 번째 도둑입니다."

武王曰무왕왈

家無十盜가무십도나 不富者何如불부자하여니이꼬

무왕이 말하기를
"(그렇다면) 집안에 열 가지 도둑이 없는데도
가난하게 사는 건 어째서입니까?"

太公曰태공왈

人家인가에 必有三耗필유삼모니이다

태공이 말하기를
"그건 반드시 그 집안에 三耗(세 가지 소모함)가 있기 때문입니다."

武王曰무왕왈

何名三耗하명삼모니이꼬

무왕이 말하기를

"그렇다면 세 가지 소모함은 어떤 것입니까?"

太公曰태공왈

倉庫漏濫창고누람이나 不蓋불개하여

鼠雀亂食서작난식이 爲一耗위일모요

收種失時수종실시가 爲二耗위이모요

抛撒米穀穢賤포살미곡예천이 爲三耗위삼모니이다

태공이(답하여) 말하기를

"창고에 구멍이 나서 곡식이 넘치는데도(쏟아지는데도) 덮어 두지 않아

참새와 쥐가 함부로 먹어 치우게 하는 것이 첫 번째 소모요

씨를 뿌리고 수확하는 때를 놓치는 일이 두 번째 소모요

곡식을 귀히 여기지 않아 버리고 흘려

함부로 함이 세 번째 소모입니다."

武王曰무왕왈

家無三耗가무삼모인데도 不富者何也불부자하야니이꼬

무왕이 말하기를

"(그렇다면) 집안에 세 가지 소모가 없음에도
넉넉지 못함은 어째서 입니까?"

太公曰태공왈
人家必有인가필유 一錯일착 二悞이오
三痴삼치 四失사실 五逆오역 六不祥육불상
七奴칠노 八賤팔천 九愚구우 十强십강이니
自招其禍자초기화요 非天降殃비천강앙이니이다

태공이 말하기를
"그건 분명 그 집안에 첫째 어긋남과, 둘째 그르침과
셋째 어리석음과, 넷째 실수와, 다섯째 거역함과
여섯째 상서롭지 못함과, 일곱째 종놈 근성(노예 근성)과
여덟째 천박함과, 아홉째 어리석음과 열 번째 어거지(강도 근성)가
있어 스스로 그 화를 자초하는 것이지
하늘이 재앙을 내린 것이 아닙니다."

武王曰무왕왈
悉願聞之실원문지하옵니다

무왕이 말하기를
"원하옵건대 그것을 다 듣고 싶습니다."

太公曰태공왈

養男不教訓양남불교훈이 爲一錯위일착이요

嬰孩勿訓영해물훈이 爲二悞위이오이며

初迎新婦不行嚴訓초영신부불행엄훈이 爲三痴위삼치요

未語先笑미어선소 爲四失위사실이요

不養父母불양부모가 爲五逆위오역이요

夜起赤身야기적신이 爲六不祥위육불상이며

好挽他弓호만타궁이 爲七奴위칠노요

愛騎他馬애기타마가 爲八賤위팔천이며

喫他酒勸他人끽타주권타인이 爲九愚위구우요

喫他飯命朋友끽타반명붕우가 爲十强위십강이니이다

태공이 말하기를

"아이를 기르되 가르치지 않음이 첫 번째 어긋남이요

갓난아이라 하여(아이가 어리다 하여) 훈계하지 않음이

두 번째 그르침이요

신부를 맞아들여(신혼 시절) 며느리를 엄히 가르치지 않음이

세 번째 어리석음이요

말하기 전에 먼저 웃는 것이 네 번째 실없음이요

부모를 봉양 하지 않음이 다섯 번째 거역이며

한밤중이라 하여 맨몸으로 일어나는 것이

여섯 번째 상서롭지 못함이며

남의 활쏘기 좋아함이 일곱 번째 종놈 근성이며

남의 말 빌려 타기 좋아함이 여덟 번째 천박함이며
남의 술 얻어먹는 주제에 (자기 술처럼) 남에게 권함이
아홉 번째 어리석음이며
남의 밥 얻어먹는 주제에 (같이 먹자고) 친구를 부르는 일이
열 번째 강도 근성입니다."

武王曰 무왕왈
甚美誠哉 심미성재 是言也 시언야이옵니다.[28]

무왕이 말하기를
"심히 훌륭하고 진실되옵니다. 이 말씀이여!"

慵(용) : 게으를 용.
懶(라) : 게으를 라.
工力(공력) : 생각과 능력.
窃(절) : 훔칠 절 ; '竊'의 俗字(속자).
嗜慾(기욕) : 好色(호색)함.
嫉(질) : 시기 질.
蓋(개) : 뚜껑 개. 덮을 개.
撒(살) : 흘릴 살.
悞(오) : 어긋날 오.
悉(실) : 다 실.
孩(해) : 아이 해(두서너 살 아이).
赤身(적신) : 벌거숭이 적 ; 알몸.
挽(만) : 당길 만.

28_ 이 글은 무왕이 묻고 태공이 답하는 『明心寶鑑(명심보감)』 중 몇 구절 안 되는 대화체 글이다.

제13편 | 치정편

治政篇

위정자는 모범을 통해 국민을 지도하라

본 치정편은 관리(공직자, 지도자)가 갖추어야 할 덕목, 마음가짐을 기록한 글의 모음이다.
공직자의 윤리 정신이 그 어느 때보다 요구되고 있는 요즘에 한 번쯤 마음에 새겨 둘 만한 글이다. 특히 御吏(어리 : 아랫사람을 지도하는 도리)에 대한 명도 선생의 '正己以格物(정기이격물) – 자기를 바로 하여 모범을 통해 아랫사람을 지도하라.'는 구절은 명언이 아닐 수 없다.

1.

明道先生曰명도선생[1]왈

一命之士일명지사라도 苟存心於愛物구존심어애물이면

於人어인에 必有所濟필유소제니라[2]

명도 선생이 말하기를

처음 명을 받은 初任(초임)의 관리라 하더라도

모든 사물을 사랑하는 것에 그 마음이 있다면

사람들에게도 그 구제하는 바가 있을 것이다.

> 처음 임명을 받은 초임의 관리라 하더라도 모든 사물을 사랑하고,
> 애물(심지어 관에서 쓰는 종이 한 장 연필 한 자루까지도)에
> 마음을 쓴다면 그 마음이 두루 미쳐
> 백성도 잘 다스릴 수 있게 될 것이다.
> '하물며 一命之士(일명지사)도 그러한데 높은 지위에 있는 이야
> 오죽하겠는가'의 의미도 내포되어 있는 글이다.

관계되는 말로, '以愛物爲心則惠利赤有以及人矣(이애물위심즉혜리적유이급인의) – 사물을 사랑하는 것으로 마음을 삼는다면 그 은

1_ 明道先生(명도선생, 1032~1085) : 宋代(송대) 학자. 명도는 程顥(정호)의 호. 字(자)는 伯淳(백순). 程頤(정이)의 형. 濂溪(염계)의 제자. 시호는 純(순).

2_『二程全書(이정전서)』「明道行狀(명도행장)」에 나오는 글이다.

혜와 이익이 또한 사람들에게 미침이 있을 것이다(『十八史略(십팔사략)』).'가 있다.

一命之士(일명지사) : 처음 임명을 받은 초임의 관리.

愛物(애물) : 모든 사물을 사랑함. 모든 사물을 애정 어린 눈으로 바라봄.

濟(제) : 구제할 제. 다스릴 제.

2.

唐太宗御製당태종[3]어제

上有麾之상유휘지하고 中有乘之중유승지하고

下有附之하유부지하여

幣帛衣之폐백의지하고 倉廩食之창름식지하니

爾俸爾祿이봉이록이 民膏民脂민고민지라

下民易虐하민이학이나 上蒼難欺상창난기이니라[4]

당태종 어제(황제의 글)

위로는 지휘하는 자가 있고 그 가운데는

(그 명을 받아) 다스리는 자가 있으며

아래로 따르는 백성들이 있는데

비단옷을 입고 창고의 곡식(세곡)으로 밥을 먹는구나.

(벼슬아치) 그대의 녹봉이 백성들의 기름(피와 땀)이다.

아래로 백성을 학대하기는 쉬우나

위로 하늘을 속이긴 어렵다.

이 글은 생략된 부분이 너무 많아 해석하는 데 어려움이 있다. 원전을 참조하여 다시 해석(의역)하면 다음과 같다.

3_ 唐太宗(당태종, 599~649) : 李世民(이세민). 唐(당)의 2대 임금. 아버지 고조를 도와 천하를 통일했다. 그 연호를 따서 貞觀之治(정관지치)라 부를 만큼 임금이 되어서는 선정을 베풀었다(재위 23년).

4_ 『通俗篇(통속편)』「政治條(정치조)」에 실려 있는 글이다.

(관리인 그대들이여)

위로는 지휘하는(이끄는 지도자) 자가 있고,

아래로 따르는 백성들이 있어 그대들은 한갓, 그 명령에 편승하는 전달자의 역할일 뿐이다(무임승차 하는 일이다).

그럼에도, 비단 옷을 입고 창고에 쌓인 稅穀(세곡)으로 밥을 먹는구나. 그대들을 먹고 입히는 그 봉록(봉급)이 백성들의 피와 땀임을 아는가?

따지고 보면 백성들이 너희의 상전이라 할 수 있으니 잘 받들도록 하라. 설사 아무도 모르게 학대한다 하더라도 하늘을 속이긴 어려우니라.

당태종 이전, 중국에는 蜀(촉)의 시기부터 각 행정구역마다 비석을 세워 관리들이 주의해야 할 사항에 대해 새겨 놓았다고 한다. 본문 마지막 구절, '下民易虐(하민이학) 上蒼難欺(상창난기)'는 그 글 가운데 하나로, 전해 오는 글을 당태종이 인용한 것이다.

麾(휘) : 대장기 휘. 지휘할 휘.
乘(승) : 다스릴 승.
附(부) : 붙을 부 ; 따르다.
幣(폐) : 비단 폐.
帛(백) : 비단 백.
廩(름) : 곳간 름.
膏(고) : 기름 고.
脂(지) : 기름 지.
虐(학) : 학대할 학.

3.

童蒙訓曰동몽훈[5]왈

當官之法당관지법이 唯有三事유유삼사하니

曰淸왈청 曰勤왈근 曰愼왈신이다

知此三者지차삼자 則知所以持身矣즉지소이지신의니라[6]

동몽훈에서 말하기를

관리된 자 마땅히 지켜야 할 법도가 세 가지가 있으니

그것은 청렴함과 근면함과 신중함이다.

이 세 가지를 안다면 (관리로서) 지켜야 할 처신

즉, 몸가짐에 대하여 숙지하고 있다고 할 수 있을 것이다.

관리, 즉 지도자·공직자가 갖춰야 할 덕목에 관한 명문이다.

淸(청)이란 의롭지 않은 재물을 멀리하는 것

즉, 선택한 가난을 사는 것이다.

勤(근)이란 주어진 일에 최선을 다하는 것으로,

공적인 일에 부지런하고 사적인 일에 게으르라는 것이다.

愼(신)이란 매사에 신중하고 조심하여

언행에 신중을 기하는 일이다.

조심하고 또 조심하라는 것이다.

5_『童蒙訓(동몽훈)』: 宋(송)나라 呂本中(여본중)이 아이들을 가르치기 위해 지은 책.
6_『小學(소학)』「嘉言篇(가언편)」에 실려 있는 글이다.

4.

童蒙訓曰동몽훈왈

當官者당관자 先以暴怒爲戒선이폭노위계[7]하여

事有不可사유불가어든 當詳處之당상처지면

必無不中필무부중이어니와

若先暴怒약선폭노면 只能自害지능자해라

豈能害人기능해인이리오[8]

동몽훈에서 말하기를

관리된 자 먼저 '크게 화냄'을 경계하여

일에 잘못이 있거든, 마땅히 조용하고 자상하게 처리한다면

필히 성사되지 못할 일이 없을 것이나

만약, 크게 화부터 낸다면 다만 스스로를 해칠 뿐

(그것이) 어찌 상대를 해치는 일이겠는가?

當官者(당관자) : 관청 일을 맡은 자. 지도자. 상급관리(단체의 장).

暴(폭) : 난폭할 폭.

詳(상) : 자상할 상.

處之(처지) : 처리하다.

中(중) : 이치 중 ; 성공.

只(지) : 다만 지.

7_ 淸州本(청주본)의 '必以暴怒爲戒(필이폭노위계)'가 『小學(소학)』에는 '先以暴怒爲戒(선이폭노위계)'로 나와 있다. 원본 『小學(소학)』에 의거하여 '先以暴怒爲戒(선이폭노위계)'로 하였다.

8_ 『小學(소학)』「嘉言篇(가언편)」에 실려 있다.

5.

童蒙訓曰동몽훈왈

事君사군을 如事親여사친하고

事官長사관장을 如事兄여사형하며

與同僚여동료를 如家人여가인하고

待群吏대군리를 如奴僕여노복[9]하며

愛百姓애백성을 如妻子여처자하고

處官事처관사를 如家事然後여가사연후라야

能盡吾之心능진오지심이니

如有毫末不至여유호말부지면

皆吾心개오심에 有所未盡也유소미진야니라[10]

동몽훈에서 말하기를

임금 섬기기를 부모님 섬기듯 하고

(직장이나 관청의) 윗분 섬기기를 형님 섬기듯 하며

동료와 함께함을 가족처럼 하고

아랫사람 대하기를 집안 사람처럼 하며

백성을 아끼고 사랑하기를 아내와 자식처럼 하고

직장이나 관청의 일처리 함을 집안일처럼 한 뒤라야

능히 내 마음을 다했다 할 수 있는 것이니

9_ '待群吏(대군리) 如奴僕(여노복)'은 현대적 표현으로 어울리지 않아 '아랫사람'으로 번역하였다.

10_ 『小學(소학)』「嘉言篇(가언편)」 제5에 실려 있다.

만약 털끝만큼이라도 이에 미치지 못하였다면
내 마음을 다하지 못함이 있는 것이다(최선을 다하지 못한 것이다).

> 직장을 내 가정처럼, 모든 직원을 우리 가족처럼,
> 민원인 대하기를 내 식구처럼 할 수 있다면
> 이 사회가 얼마나 더 따뜻해질까?

事(사) : 섬길 사.
官長(관장) : 단체나 직장의 장. 윗사람.
僚(료) : 동료 료.
奴僕(노복) : 종노, 종복.
毫末(호말) : 털끝.
盡(진) : 다할 진.

6.

或問혹문하되 簿佐令者也부좌령자야인데

簿所欲爲부소욕위를 令或不從영혹부종이면 奈何내하니이꼬

伊川先生曰이천선생[11]왈

當以誠意動之당이성의동지하라

今금에 令與簿不和령여부불화는 只是爭私意지시쟁사의라

令령은 是邑之長시읍지장이니

若能以事父兄之道약능이사부형지도로 事之사지하여

過則歸己과즉귀기하고 善則唯恐不歸於令선즉유공불귀어령하여

積此誠意적차성의면 豈有不動得人기유부동득인이리오[12]

어떤 사람이 와서 묻기를

부(보좌관)는 수령을 보좌하는 사람인데

만약 보좌관이 하고자 하는 일을 수령이 따르지 않는다면

어찌 해야 합니까?

이천 선생이 (대답하여) 말하기를

마땅히 성심으로(성심을 다하여) 그를 움직이게 하라.

지금 수령과 보좌관의 불화는 다만 사사로운 감정이 있기 때문에

다투는 것이다.

11_ 伊川先生(이천선생, 1033~1107) : 程頤(정이)의 호. 북송 중기의 학자로 이름은 頤(이)이고, 字(자)는 正叔(정숙), 호는 伊川(이천)이다. 형 程顥(정호)와 함께 周敦頤(주돈이)에게 배웠고, 형과 아울러 '二程(이정)'이라 불리었다. '理氣二元論(이기이원론)'의 성리학을 수립한 장본인으로 정이의 학문은 주희에게 이어졌다. 宋朝六賢[송조육현 : 周敦頤(주돈이), 程顥(정호), 程頤(정이), 邵雍(소옹), 張載(장재), 朱熹(주희)] 가운데 한 사람.

12_ 『二程全書(이정전서)』「遺書(유서)」에 나오는 글이다.

수령은 고을의 수장이니, 만약 부모와 형을 모시는 도리로
그를 섬겨 잘못이 있다면 내 탓으로 돌리고
좋은 일이 있으면 '그 공이 수령에게 돌아가지 않는다면 어쩌나.'
두려워하는 마음으로 하여(모든 공을 윗분에게 돌리는)
점차 그런 정성스런 마음이 쌓인다면
어찌 그를 움직여 마음을 얻지 못하겠는가?

유사한 글로, 『禮記(예기)』에 '善則稱君(선즉칭군) 過則歸己則民作忠(과즉귀기즉민작충) - 좋은 일은 윗분에게 돌리고 잘못된 일은 자신에게 돌린다면 아랫사람이 그를 따르리라.'는 글이 있다.

或(혹) : 혹 혹 ; 어떤.

簿(부) : 장부 부 ; 여기서 '簿'는 簿者縣之佐(부자현지좌 : 수령을 돕는 보좌관, 회계를 담당하는 아전)를 일컫는다. 陶菴(도암) 李縡(이재)는 '主簿(주부)'로 해석하여 牧使(목사) 밑에 判官格(판관격)으로 해석하였다.

令(령) : 영 령 ; 수령.

奈(내) : 어찌 내.

誠意(성의) : 성심성의. 진심을 다하다.

得人(득인) : 상대의 마음을 얻다.

7.

童蒙訓曰동몽훈왈

當官者당관자[13]는 凡異色人범이색인을

皆不宜與之相接개불의여지상접이라

巫祝尼媼之類尤宜罷絕[14]무축니온지류우의파절이니

要以清心省事爲本요이청심성사위본이니라[15]

동몽훈에 말하기를

관리된 자는 무릇 특이한 직업으로

사람들을 현혹시키는 자들과는 함께 상종함이 옳은 일이 아니어서

남자 무당이나 여자 무당같은 사람들을

더욱 물리치고 관계를 끊음이 마땅한 것이니

요컨대 맑은 마음으로 주어진 일을 살펴보는 것을

근본으로 삼아야 한다.

> 지도자는 혹된 말에 미혹되지 말고
>
> 맑은 마음으로 주어진 일에 최선을 다하라는 것이다.

異色人(이색인) : 일정한 직업에 힘쓰지 않는 자. 특이한 직업으로 사람을 현혹시키는 자.

巫祝(무축) : 무당.

尼(니) : 중 니.

13_ 淸州本(청주본)에는 앞의 '當官者(당관자)'가 빠져 있어 원문에 따라 삽입하였다.

14_ 『小學(소학)』에는 '罷絶(파절)'이 '疎絶(소절)'로 되어 있으나 淸州本(청주본)대로 하였다.

15_ 『小學(소학)』「嘉言篇(가언편)」에 실려 있다.

8.

劉安禮유안례[16] 問臨民문임민하니

明道先生曰명도선생왈

使民各得輸其情사민각득수기정이요

問御吏문어리하니

曰왈 正己以格物정기이격물이니라[17]

유안례가 백성들에게 다가서는 법도를 물으니

명도 선생이 말하기를

백성들로 하여금 자기의 뜻을 (편하게)

전달할 수 있게 하라[下意上達(하의상달)].

또 중간 간부(아전)들을 지휘하는 법도를 물으니

(명도 선생이) 말하기를, 자기를 바로 하여

그들을 바로잡으라(모범을 보여라).

의역하면, '유안례가 관리로서 백성들에게 가까워지는 방법을 물으니 명도 선생께서 말씀하시기를,

"자기(백성)의 뜻과 마음을 자유롭게 얘기할 수 있게 하면 된다."

중간 간부들을 관리하는 요령을 묻자,

"스스로 바르게 하고 모범을 보여 그들을 인도하라."'이다.

16_ 劉安禮(유안례) : 宋(송)나라 程頤(정이)의 제자인 安節(안절)의 아우. 永嘉(영가) 사람. 字(자)는 元素(원소). 劉立之(자는 安禮 : 정호 숙부의 사위)와는 다른 인물.

17_ 『二程全書(이정전서)』「明道行狀(명도행장)」에 나오는 글. 『小學(소학)』에도 실려 있다.

9.

韓魏公問한위공[18]문 **明道先生**명도선생 **說**설

立朝입조 大槩前面路子放敎寬대개전면로자방교관

若窄時異약착시이

한위공에 대해 묻자 명도 선생이

"선생께선 조정에 있을 때는 대개 앞에 서는 것(앞장 서는 것)을

너그러운 마음으로 물리치셨으나

어려운 일을 당했을 때는 다르셨다."고 들었다.

의역하면, '그는 영화로운 일에는 앞장서는 것을 양보하였으나 주변 사람들이 어려움에 처했을 때는 과감히 앞장을 섰다.'이다.

관계되는 말로, 『論語(논어)』「雍也篇(옹야편)」에 '先難而後獲(선난이후획) – 어려운 일에는 앞장서고, 사사로운 이익에는 뒤로 한다.'가 있다. '見官莫向前(견관막향전) – 관리가 되었거든 앞으로 나서지 말라.'는 글도 있다.

立朝(입조) : 벼슬길에 나아가다.

大槩(대개) : 大概. 대략. 거의.

放(방) : 놓을 방 ; 물리치다.

寬(관) : 너그러울 관.

若(약) : 같을 약. 그러나.

窄(착) : 좁을 착 ; 곤궁하다.

18_ 韓魏公(한위공, 1008~1075) : 이름은 韓琦(한기). 북송의 賢臣(현신). 字(자)는 稚圭(치규). 英宗(영종) 때 위국공으로 봉작됨.

10.

和自家화자가면 無轉側處무전측처니라[19]

자기 집안이 화목한 사람은 가까운 곳이라도 옮기지 않는다.

의역하면 다음과 같다.

집안이 화목한 사람은 가까운 곳에 아무리 좋은 곳이 있어도

이사 가지 않는 법이다.

自家(자가) : 자기 집안.

轉(전) : 구를 전 ; 옮기다. 이전하다. 이사하다.

側(측) : 곁 측. 옆 측.

19_ 淸州本(청주본)에 앞에 나온 9번 문장과 연결되어 있으나 뜻이 다르다. 분리하여 수록하였다.

11.

子曰자왈

不敎而殺불교이살을 謂之虐위지학이요

不戒視成불계시성을 謂之暴위지폭이며

慢令致期만령치기를 謂之賊위지적이니라[20]

스승께서 말씀하시기를

(도의를) 가르치지 아니하고(죄를 지었다) 죽이는 것을

잔학함이라 이르고

戒告(계고)하지 아니하고(期日안에) 완성하기를 바라는 것을

난폭함이라 이르며

명령을 내린지 얼마 되지 아니하였는데

기일이 닥쳤다고 다그치는 것을 해침이라 이른다.

> 四惡(사악)을 말함으로, 지도자가 아랫사람을 대하는
>
> 도리를 가르치신 것이다.

원문은 다음과 같다.

子張曰자장왈

何爲四惡하위사악이니꼬

자장이 말하기를

어떤 것이 四惡사악입니까

20_『論語(논어)』「堯曰篇(요왈편)」에 나오는 글이다.

子曰자왈

不敎而殺불교이살 謂之虐위지학

不戒視成불계시성 謂之暴위지폭

慢令致期만령치기 謂之賊위지적

猶之與人也유지여인야나 出納之吝출납지린

謂之有司위지유사니라

어차피 주는 것인데 출납할 때 인색하게 하는 것을 유사라 한다.

(재정을 맡은 사람이나 하는 짓이다.)

虐(학) : 학대할 학.

慢令(만령) : 명령을 게을리하다. 늑장 부리다.

致期(치기) : 기일이 이르렀다 다그침.

賊(적) : 훔칠 적. 해칠 적.

戒告(계고) : 의무의 이행을 관리 감독함.

有司(유사) : 단체의 사무를 맡아 보는 직무.

12.

子曰자왈

擧直錯諸枉거직조제왕이면

能使枉者直능사왕자직이니라[21]

스승께서 말씀하시기를

정직한 사람을 등용하여 쓰고 모든 부정한 사람을 버리면

부정한 자들을 정직한 사람으로 개조(교육)할 수 있다.

擧(거) : 들 거 ; 천거하다. 등용하다.

錯(조) : 둘 조. 버릴 조. 어긋날 착. 섞일 착.

枉(왕) : 굽을 왕 ; '直(직)'의 반대로 '不正(부정)한.'

21_『論語(논어)』「顔淵篇(안연편)」에 나오는 글이다.

13.

子曰 자왈

擧直錯諸枉則거직조제왕즉 民服민복이요

擧枉錯諸直則거왕조제직즉 民不服민불복이니이다[22]

스승께서 말씀하시기를

바른 이를 들여 쓰고 모든 부정한 이를 버리면

백성들이 따를 것이요

부정한 이를 들여 쓰고 모든 정직한 이를 버리면

백성들이 따르지 않을 것입니다.

> 人才登用(인재등용)의 중요성을 강조한 글로,
>
> 人事(인사)가 萬事(만사)라는 의미의 글이다.

魯(노)나라 왕 哀公(애공)이 어떻게 하면 백성이 복종하겠냐고 묻자, 공자님께서 답한 말씀이다. 원문은 '哀公問曰(애공문왈) 何爲則民服(하위즉민복) 孔子對曰(공자대왈)…….'로 시작한다.

22_『論語(논어)』「爲政篇(위정편)」에 나오는 글이다.

14.

子曰 자왈

其身正 기신정이면 不令而行 불령이행이요

其身不正 기신부정이면 雖令不從 수령부종이니라[23]

스승께서 말씀하시기를

(지도자) 그 자신이 바르면 명령이 없어도 행하여지나

그 자신이 바르지 못하면 비록 명령을 내려도 따르지 않는다.

> 지도자가 바를 때 아랫사람이 따른다 하였는데
>
> 그렇다면 바르다는 것은 무엇인가?
>
> 바르다는 의미의 한자, '正'은 '一'과 '止'의 합성어이다.
>
> 즉, 일관되게[一] 멈추는 것[止]이다.
>
> '知止常止(지지상지) 終身無恥(종신무치)'라 하지 않았는가?
>
> '멈출 줄 알아 항상(일관되게) 멈출 수 있다면
>
> 평생토록 부끄러움이 없을 것이다.'라는 뜻이다.
>
> 그러므로 바르게 산다는 것은 어떠한 경우라도 멈추는 것이니
>
> 지도자들이여, 만족하고 멈출 줄 알아 바르게 살자!

不令(불령) : 명령이 없어도, 명하지 않아도.

行(행) : 갈 행 ; 행하다. 일이 진행되다.

不從(부종) : 따르지 않는다.

23_『論語(논어)』「子路篇(자로편)」에 나오는 글로 지도자의 모범을 강조한 명문이다.

15.

子張問行자장문행하니 子曰자왈

言忠信行篤敬언충신행독경이면

雖蠻貊之邦수만맥지방이라도 行矣행의나

言不忠信언불충신하고 行不篤敬행부독경이면

雖州里行乎哉수주리행호재아[24]

자장이 行에 대해 물으니 스승께서 말씀하시기를

(지도자의) 그 말이 참되고 미더우며 행동이 중후하고 공경스러우면

비록 오랑캐의 나라라 하더라도 그 교화가 이루어지겠으나

(지도자의) 그 말이 참되지도 미덥지도 못하고

행동이 중후하지도 공경스럽지도 못하다면

비록 양반 고을이라 한들 어찌 그 교화가 이루어질 수 있겠는가?

言忠信(언충신) : 말이 진실되고 미더움.

行篤敬(행독경) : 행동이 중후하고 공경스러움.

蠻(만) : 오랑캐 만 ; 南蠻(남만).

貊(맥) : 오랑캐 맥 ; '貊'은 北狄(북적). 북쪽 오랑캐.

邦(방) : 나라 방.

州里(주리) : 2,500家를 '州'라 한다. '班村(반촌)'을 이른다.

行(행) : 갈 행 ; 행세하다. 교화가 이루어지다.

24_『論語(논어)』「衛靈公篇(위령공편)」에 나오는 글이다.

16.

子貢曰 자공왈

位尊者 위존자 德不可薄 덕불가박이요

官大者 관대자 政不可欺 정불가기니라

자공이 말하기를

지위가 높은 자 덕이 부족해선 안 되고

벼슬이 높은 자 정사[公事]를 속여선 안 된다.

『周易(주역)』의 '德微而位尊(덕미이위존) 智小而謀大(지소이모대) 力小而任重(역소이임중) 無禍者鮮矣(무화자선의) – 덕을 갖추지 아니하였는데 지위가 높거나 지혜는 모자라는데 계획하는 일이 크거나 능력은 모자라는데 중임을 맡게 되면 화를 입지 않은 자 드물 것이다.'가 떠오르는 글이다.

位尊(위존) : 지위가 높음.

薄(박) : 적을 박.

官大(관대) : 벼슬이 높음.

政(정) : 정사 정 ; 政事(정사). 公事(공사). 공적인 일.

欺(기) : 속일 기.

17.

子謂子産자위자산[25]하시되

有君子之道四焉유군자지도사언이니

其行己也恭기행기야공하고

其事上也敬기사상야경하며

其養民也惠기양민야혜하며

其使民也義기사민야의니라[26]

공자께서 [정나라 穆公(목공)의 손자인]

子産(자산)을 평하여 말씀하시기를

(그에게는) 네 가지 군자의 도가 있으니

그 몸가짐이 공손하며

그 윗사람을 섬김이 공경스러우며

그 백성을 기름이 은혜로우며(백성을 살핌에 혜택이 골고루 미치게 하고)

그 백성을 부림에 의로움이 있었다(백성을 부림에 부당함이 없었다).

> 子産(자산)을 評함으로써
>
> 지도자의 도리를 가르치신 것이다.

行己(행기) : 몸가짐. 처신.

養民(양민) : 백성을 기르다. 먹여 살리다.

25_ 子産(자산) : 목공의 손자. 公孫僑(공손교).

26_ 『論語(논어)』 「公冶長篇(공야장편)」, 『春秋左氏傳(춘추좌씨전)』 「文公二年條(문공이년조)」의 글이다.

18.

子張問仁於孔子자장문인어공자하니 孔子曰공자왈

恭則不侮공즉불모하고 寬則得衆관즉득중하고

信則人任焉신즉인임언하고 敏則有功민즉유공하고

惠則足以使人혜즉족이사인이니라[27]

자장이 仁(인)에 대하여 공자님께 묻자 공자께서 말씀하시기를

(지도자가) 공손하면 업신여김을 당하지 않고

너그러우면 많은 사람의 마음을 얻고(관대해야 민심을 얻고)

미더우면 많은 사람들이 의지하고(믿고 맡기며)

영민하면 일을 잘 성취할 수 있고

베풀면 많은 사람들을 부릴 수 있는 것이니라.

공자께서는 위 말씀을 하시기 전에 다음 말씀을 먼저 하시었다.

能行五者於天下능행오자어천하면 爲仁矣위인의니라

請問之청문지 曰왈

恭공 · 寬관 · 信신 · 敏민 · 惠혜.

능히 다섯 가지를 천하에 행할 수 있다면 仁(인)이 되느니라.

"청컨대 듣고자 합니다." 하니

"그것은 공손과 너그러움과 믿음과 명민함과 베풂이다."하시었다.

27_『論語(논어)』「陽貨篇(양화편)」에 나오는 글이다. 해석의 원활함을 위해 빠진 부분을 삽입하였다.

19.

子曰자왈

君子군자 惠而不費혜이불비

勞而不怨노이불원 欲而不貪욕이불탐

泰而不驕태이불교 威而不猛위이불맹이니라[28]

공자께서 말씀하시기를

군자는 베풀되 허비하지 않으며

(백성들이 이익으로 삼는 일을 이롭게 해 주니 베풀되 비용이 들지 않음)

(일을 시켜) 수고롭게 하되 원망케 하지 않으며

(수고롭게 할 만한 일을 선택하여 시키니 원망하는 사람이 없음)

(하고자 하는) 의욕은 있으되 탐냄이 없으며

의젓하되 교만하지 않으며 위엄이 있으되 사나움이 없는 것이다.

원문은 다음과 같이 시작한다.

子張問於孔子曰자장문어공자왈

何如斯可矣從政矣하여사가의종정의

子曰자왈 尊五美존오미 屛四惡병사악

斯可以從政矣사가이종정의니라

子張曰자장왈 何謂五美하위오미

28_『論語(논어)』「堯曰篇(요왈편)」에 나오는 글이다.

자장이 공자에게 "어떻게 해야 정치에 종사할 수 있습니까?" 묻자, 공자께서 말씀하시기를 "五美(오미)를 존숭하고 四惡(사악)을 버리면 가히 정치에 종사할 수 있을 것이다."

자장의 "어떤 것이 五美입니까?" 하는 물음에 위 문장 '子曰(자왈) 君子(군자) 惠而不費(혜이불비)…….'가 이어진다.

20.

孟子曰맹자왈

責難於君책난어군 謂之恭위지공이고

陳善閉邪진선폐사 謂之敬위지경이며

吾君不能오군불능 謂之賊위지적이니라[29]

맹자께서 말씀하시기를

어려운 일임에도 임금께 권하는 일[堯舜(요순)임금처럼 되라고]을

일러 恭(공)이라 하고

善道(선도)를 널리 펴게 하고 邪道(사도)를 막게 하는 것을 일러

敬(경)이라 하며

우리 임금님은 (안 된다.) 할 수 없다 내버려 두는 것(방치하는 것)을

일러 賊(적)이라 한다.

이 글은 신하가 임금을 섬기는 도리에 관한 것이다.

군주가 옳은 길로 가도록 권하는 일(설혹 피해가 온다 하더라도)이 진정으로 군주를 공경하는 일이요, 우리 임금님은 '할 수 없다.' '안 된다.' 하고 방치하는 것은 군주를 해치는 일이라는 글이다.

責(책) : 꾸짖을 책 ; 바라다. 권장하다.

責難(책난) : 하기 어려운 일을 하도록 권함.

陳善(진선) : 善道, 바른 도리를 펴게 하다.

閉邪(폐사) : 邪道(사도)를 막다.

29_『孟子(맹자)』「離婁章句(이루장구)」 상편에 나오는 글이다.

21.

書云서운

木以繩直목이승직이요

君以諫正군이간정이니라[30]

상서에 이르기를

(굽은) 나무도 먹줄로 곧게 되고(잘려지고)

임금은 충간(목숨을 걸고 간하는 말)으로 바른 지도자가 될 수 있다.

> 학문을 통해 충고(교훈)를 따를 때 훌륭해지는 것이니 배움을 익히고 상대의 충고를 고마운 마음으로 수용하라는 가르침이다.

원문은 '惟木從繩則直(유목종승즉직) 后從諫則聖(후종간즉성) - (굽은) 나무도 먹줄을 따를 때 바르게 잘리고 임금도 충간을 따를 때 훌륭해지는 것이다.'이다.

子路(자로)는 '人告之有過則喜(인고지유과즉희)라 - 사람들이 자신의 단점을 충고하면 기뻐하였다.'한다. 그러나 우리는 어떤가?

繩(승) : 줄 승 ; 먹줄.

諫(간) : 간할 간 ; 충간하다. 바른 길로 인도하다. 직언하여 바로잡다.

30_『書經(서경)』에 나오는 글이다.

22.

抱朴子曰포박자[31]왈

迎斧鉞而敢諫[32]영부월이감간하고 投鼎鑊而盡言투정확이진언이니[33]

此謂忠臣也차위충신야니라

포박자라는 책에서 말하기를

도끼를 맞는 형벌에 처해지더라도 굴하지 않고 간하고

솥에 던져져 삶아지는 형벌을 받더라도

하고자 하는 말을 다할 수 있어야 하나니

이를 일러 충신이라 하는 것이다.

병자호란 때 화친을 반대하다[斥和(척화)] 청나라로 끌려간 세 분, 林溪(임계) 尹集(윤집), 秋潭(추담) 吳達濟(오달제), 花浦(화포) 洪翼漢(홍익한)을 일러 삼학사라 하는데, 이 가운데 수석학사 홍익한을 탐낸 청황제가 자기의 신하가 되어 달라 간청하였으나, 의리를 지켜 말을 듣지 않자 잔혹하게도 그를 기름 솥에 넣어 죽였고[投鼎鑊(투정확)] 두 학사는 참수를 당하게 된다. 후에 의관만 말에 싣고 압록강을 건너 葬事(장사) 지냈는데, 경기도 烏山(오산) 비행장 부근에는 홍학사의 衣冠(의관)만이 묻힌 묘가 있다.

斧鉞(부월)은 도끼로 쳐 죽이는 형벌이고, 鼎鑊(정확)은 솥에 삶아 죽이는 형벌.

31_『抱朴子(포박자)』: 중국의 神仙方藥(신선방약)과 불로장수의 비법을 서술한 도교 서적. 東晉(동진)의 葛洪(갈홍, 283~343)이 지었다.

32_ 淸州本(청주본)에 '正諫'이 '政諫'으로 나와 있다. 원문에 의거하여 수정하였다.

33_ 正諫(정간)이 敢諫(감간)으로 據鼎鑊(거정확)이 投鼎鑊(투정확)으로 나온 글이 있다. 끓는 솥에 던져진다는 뜻이니 더욱 분명해진다. 수정하였다.

23.

忠臣不怕死충신불파사요

怕死不忠臣파사불충신이니라[34]

충신은 죽음을 두려워하지 않는다.

죽음을 두려워하는 자라면 (그는) 충신이 아니다.

'忠(충)'에 대한 짧고도 굵은 선언적인 문장이 아닐 수 없다. 역사는 피를 먹고 자란다는 말도 있듯이, '忠'이라는 명제를 받들어 종묘사직을 위해 목숨을 초개처럼 버린 선현들이 있었기에 오늘의 우리가 존재하는 것이 아니겠는가.

怕(파) : 두려워할 파.

34_ 이 글은 편집본에 나와 있지 않다. 이를 보아도 단종 세력이 『明心寶鑑(명심보감)』을 發刊(발간)하고 세조 세력이 編輯(편집)하였음을 추정(推定)케 하는 대목이다.

제14편 | 치가편

治家篇

가정은 최초이자 최고의 학교다

집안을 이끌어 가는 도리에 관한 글을 모아 놓은 편이다. 가족 구성원으로서의 도리, 손님 접대의 도리, 가족 상호 간의 도리 등에 관한 글이다.

여기서 중요한 것은 집안일이라 하여 대수롭게 여겨선 안 된다는 가르침이다. '修身齊家治國平天下(수신제가치국평천하)'라 하였고, '處官事如家事(처관사여가사)'라 하지 않았던가. 당연한 귀결이다.

1.

司馬溫公曰사마온공[1]왈

凡諸卑幼범제비유는 事無大小사무대소이

毋得專行무득전행하여

必咨稟於家長필자품어가장이니라[2]

사마온공이 말하기를

무릇 모든 (집안의) 아랫사람들(항렬이 낮거나 나이가 어린 사람)은

일의 크고 작음에 관계없이 제 마음대로 해서는 안 되는 것이니

반드시 웃어른께 아뢰고 여쭈어 해야 하느니라.

> 설사 알고 있는 일이라 하더라도 하기 전에 여쭙고
> 일을 마친 다음에 다시 아뢰어야 하는 것으로,
> 어른을 모시는 도리에 대한 가르침이다.

내가 아는 어떤 부인이 있다.

그녀는 주부 생활 30년이 넘어가는지라 요즘 말로 베테랑이요, 음식의 달인이다. 그럼에도 꼭 시어머님께 여쭙는다. 무생채를 담글 때도 소금으로 간을 하는 것을 알면서도 "소금을 넣는 게 좋을

1_ 司馬溫公(사마온공, 1019~1086) : 司馬光(사마광). 字(자)는 君實(군실). 시호는 溫國公(온국공). 宋代(송대) 학자이자 정치가. 산서성 하현 출신. 死後(사후) 太師(태사) 溫國公이 追贈(추증)됨. 저서에 『資治通鑑(자치통감)』, 『獨樂園集(독락원집)』이 있다.

2_ 『溫家公議(온가공의)』라는 책에 나오는 글로, 『小學(소학)』 「嘉言篇(가언편)」에 실려 있다.

까요, 간장을 넣을까요?” 한다. 그러면 시어머님께서도 며느리의 음식 솜씨를 모르는 바가 아니나 “소금을 넣는 게 좋지 않겠어?” 하며 흐뭇해하신다. 며느리는 그 음식을 먹으면서도 “어머님이 말씀하신 대로 하였더니 역시 맛이 좋네요.” 하고 마음을 쓴다.

이것이 바로 윗사람을 모시는 도리라는 것이다.

凡(범) : 무릇 범 ; 모든.
卑幼(비유) : 항렬이 아래이거나 나이가 어린. 아랫사람.
專行(전행) : 제 마음대로 하다.
咨(자) : 물을 자.
稟(품) : 받을 품. 여쭐 품.
咨稟(자품) : 가르침 받기를 청함.
家長(가장) : 집안 어른.

2.

勤儉常豊근검상풍하여

至老不窮지노불궁이니라

근면하고 검소하면 언제라도 풍성하여

노년기에 이르러도 궁핍하지 않으리라.

豊(풍) : 풍년 풍 ; 풍성하다. 넉넉하다.

窮(궁) : 다할 궁 ; 궁핍하다.

3.

待客대객은 不得不豊부득불풍이요

治家치가는 不得不儉부득불검이니라

손님 접대는 풍성하지 않으면 안 되고

집안 살림은 검소하지 않으면 안 된다.

待(대) : 기다릴 대 ; 대우하다. 접대하다.

待客(대객) : 손님 접대.

不得不(부득불) : ~하지 않으면 안 된다. 완곡한 명령.

治家(치가) : 집안 살림살이.

4.

有錢常備無錢日 유전상비무전일하고
安樂須防官病時안락수방관병시하라

넉넉할 때는 항상 어려워졌을 때를 대비하고
편안하고 즐거울 때는(건강할 때는)모름지기
몸이 병들었을 때를 대비하라(건강은 건강할 때 지켜라).

관계되는 문장으로, 「存心篇(존심편)」에 '有錢常記無錢日(유전상기무전일)이요 安樂常思官病時(안락상사관병시)니라 – 넉넉할 때는 항상 어려웠던 때를 기억하고 건강할 때는 항상 몸이 아팠던 시절을 생각하라.'가 있고, 『中庸(중용)』에 '凡事豫則立(범사예즉립) 不豫則廢(불예즉폐) – 모든 일에 준비가 있어야 존재하게 되고 준비가 없으면 없어지게 된다.'가 있다.

有錢(유전) : 금전이 넉넉함. 부유함.
備(비) : 갖출 비 ; 대비하다.
安樂(안락) : 편안한. 즐겁다. 심신이 건강함.
防(방) : 둑 방 ; 방비하다. 대비하다.
官(관) : 몸 관 ; 사람의 器官(기관).

5.

健奴無禮건노무례하고

嬌兒無孝교아무효니라

아랫사람을 너무 대우해 주면 예절머리가 없어지고

아이를 너무 예뻐해 주면 효심이 없어진다(버르장머리가 없어진다).

> 아무리 사랑하고 스스럼없는 관계라도
>
> 위아래는 구별할 줄 알아야 한다.

관계되는 속담으로, '손자를 귀여워하면 할아버지 수염까지 뽑는다.'가 있다.

健(건) : 어렵게 여길 건 ; 대우해 주다.

奴(노) : 종 노 ; 현대에 어울리지 않는 표현이라 '아랫사람'으로 대신하였다.

嬌(교) : 아리따울 교 ; 사랑하다.

6.

教婦初來교부초래하고

教子嬰孩교자영해하라

며느리는 처음 시집왔을 때(신혼 초) 가르치고

아이는 어렸을 때(영유아기) 가르쳐라.

> '三歲志八十至(삼세지팔십지)-세 살 버릇 여든 간다.'는
>
> 말이 떠오르는 명언이다.

婦(부) : 며느리 부.

初來(초래) : 처음 시집 왔을 때. 신혼 시절.

嬰(영) : 갓난아이 영 ; 嬰兒(영아).

孩(해) : 아이 해 ; 두세 살 아이.

7.

太公曰태공왈

痴人畏婦치인외부요

賢女敬夫현녀경부니라[3]

태공이 말하기를

어리석은 사람은 아내를 두려워하고

어진 아내는 남편을 공경한다.

> 떳떳한 남편, 어질고 현명한 아내가 되자는 말이다.
>
> 혼인 예식에서 맞절을 하듯이 서로 공경하는 부부가 되자.

痴(치) : 어리석을 치.

畏(외) : 두려워할 외.

3_ 賢女(현녀)가 賢婦(현부)로 나와 있는 이본(異本)이 있다. 뜻은 같으므로 청주본대로 하였다.

8.

凡使奴僕범사노복에

先念[4]飢寒선념기한하라

무릇 아랫사람을 부림에

먼저 배고픔과 추위를 염두에 두어라.

> 아랫사람을 부림에
>
> 복지 문제(衣食住 문제)를 먼저 염두에 두어라.

勞使問題(노사문제) 해결의 명언이다.

使(사) : 부릴 사.

奴僕(노복) : 종 노, 종 복 ; 노예.

飢(기) : 주릴 기 ; 기아. 배고픔.

寒(한) : 찰 한.

4_ 異本(이본)에는 先念(선념)이 先問(선문)으로 나와 있다. 問(문)으로 하면 '어려움을 묻는다'가 되어 뜻이 너무 간절해진다. 청주본대로 두었다.

9.

時時防火發시시방화발하고

夜夜備賊來야야비적래하라

시간이 날 때마다 화재가 발생할까 예방하고

밤이면 밤마다 도둑 들까 방비하라.

> 불단속, 문단속을 생활화하자는 것이다.

時時(시시) : 언제나. 항시.

發(발) : 쏠 발 ; 일어나다. 발생하다.

夜夜(야야) : 밤에는 항상.

賊來(적래) : 도둑이 오다. 도둑이 들다.

10.

子孝雙親樂자효쌍친락이요

家和萬事成가화만사성이니라[5]

자녀가 효성스러우니 양친이 즐겁고

집안이 화목하니 모든 일이 성취되도다.

가정에서 자녀의 효도와 화목함의 중요성을 피력한 글이다.

雙親(쌍친) : 양친 부모.

成(성) : 이룰 성 ; 성공하다. 성취하다.

5_『通俗篇(통속편)』「倫常條(윤상조)」에 나오는 글이다.

11.

景行錄경행록에 云운하되

觀朝夕之早晏관조석지조안하여

卜人家之興替복인가지흥체니라[6]

경행록에서 이르기를

아침저녁의 이르고 늦음을 보면

그 집안의 흥망을 알아볼 수 있느니라.

'勤爲無價之寶(근위무가지보)'와 '小富惟勤(소부유근)'이 떠오르는 구절이다. 아침저녁의 이르고 늦음을 본다는 말은 근면함을 살핀다는 것이고, 일찍 일어나는 근면한 집안이라야 흥할 수 있다는 뜻이다.

早(조) : 일찍 조.

晏(안) : 늦을 안.

卜(복) : 점 복 ; 점치다. 예측하다.

興替(흥체) : 흥망성쇠.

替(체) : 바꿀 체. 망할 체.

6_ 卜人家之興替가 識人家之興替로 나와있는 이본(異本)이 있다. 뜻은 같으므로 청주본대로 두었다.

12.

司馬溫公曰사마온공왈

凡議婚姻범의혼인에

先當察其壻與婦之性行선당찰기서여부지성행

及家法如何급가법여하니 勿苟慕其富貴물구모기부귀하라

壻苟賢矣서구현의면 今雖貧賤금수빈천이나

安知異時不富貴乎안지이시불부귀호며

苟爲不肖구위불초면 今雖富盛금수부성이나

安知異時안지이시에 不貧賤乎불빈천호리오

婦者부자는 家之所由盛衰也가지소유성쇠야라

苟慕一時之富貴구모일시지부귀로 而娶之이취지면

彼挾其富貴피협기부귀하여

鮮有不輕其夫而傲其舅姑선유불경기부이오기구고하여

養成驕妬之性양성교투지성이니 異日이일에

爲患庸有極乎위환용유극호리오

假使因婦財以致富가사인부재이치부하고[7]

依婦勢以取貴의부세이취귀면

苟有丈夫之氣者구유장부지기자 能無愧乎능무괴호리오[8]

사마온공이 말하기를

무릇 혼인(문제)을 의논함에는

7_ 청주본 借使(차사)의 借를 원문에 의거 假로 수정하였다.

8_『溫公書儀(온공서의)』에 나오는 글로,『小學(소학)』「嘉言篇(가언편)」에도 실려 있다.

먼저 그 사위 될 사람과 며느리 될 사람의 성품이나 행실
그리고 그 집안의 가법이 어떠한지 살피는 것이 마땅한 것이니
다만 상대 집안의 부귀(재산이나 벼슬)는 생각하지 마라(연연하지 마라).
(만약) 사위 될 사람이 참으로 현명한 사람이라면
지금 (현재)은 비록 빈천하나 머지않아
부귀치 못하리라 어찌 알 수(장담할 수) 있으며
다만 그가 현명치 못하다면 현재는 비록 잘살고 풍성하다 하나
먼 훗날 빈천을 면치 못하리라 어찌 알 수 있겠는가?
(또) 며느리는 그 집안의 번성과 쇠락의 이유(단서, 중요한 열쇠)가
되는 것인데(그 집안의 번성과 쇠락은 며느리에게 달려 있는데)
그녀가 한때 부귀하다 하여 맞아들이면
그 친정집의 부귀에 의지하여
남편을 가벼이 대하지 않음이 드물 것이요
그 시부모님께 오만 방자하게 되어
교만한 마음, 질투하는 성품을 기르게 될 터이니
그로써 훗날 후환이 되어 (좋은) 끝이 있겠는가?
만약 아내의 재산(처갓집의 재산)으로 부자가 되고
처갓집의 세력(권세)으로 지위를 얻게 된다면
진실로 장부의 기개가 있는 자 어찌 부끄럽지 않겠는가?

壻(서) : 사위 서.
異時(이시) : 다음날. 훗날.
傲(오) : 거만할 오. 오만할 오.
舅(구) : 시아버지 구.
姑(고) : 시어머니 고.
庸(용) : 어찌 용.

13.

安定胡先生曰안정호선생[9]왈

嫁女가녀엔 必須勝吾家者필수승오가자니

勝吾家則女之事人必欽必戒승오가즉녀지사인필흠필계요

娶婦취부엔 必須不若吾家者필수불약오가자니

不若吾家則婦之事舅姑불약오가즉부지사구고에

必執婦道필집부도니라[10]

안정 호선생이 말하기를

딸을 시집 보낼 때는 반드시 우리보다 나은 집안으로 보내야 하나니

(우리보다) 나은 집안으로 보내야 내 딸이 (시댁 식구) 섬김에

반드시 공경함과 조심함이 있을 것이요

며느리를 얻음에는 반드시 우리 집안보다

조금 못한 집안에서 들여야 하나니

우리 집안보다 조금 못한 집안이라야 며느리로서 시부모를 모심에

그 부도(며느리의 도리)를 지키게 될 것이다.

嫁(가) : 시집갈 가.

勝(승) : 나을 승.

欽(흠) : 공경할 흠.

娶(취) : 얻을 취.

9_ 安定胡先生(안정호선생, 993~1059) : 이름은 胡瑗(호원). 字(자)는 翼之(익지). 시호는 文昭(문소). 泰州人(태주인). 安定은 지명. 성리학의 선구자. 저서에 『周易口義(주역구의)』, 『洪範口義(홍범구의)』 등이 있다.

10_ 『宋名臣言行錄(송명신언행록)』과 『小學(소학)』 「嘉言篇(가언편)」에 실려 있다.

14.

男大不婚남대불혼이면
如劣馬無韁여열마무강이요
女大不嫁여대불가면
如私塩犯首여사염범수니라

남자가 나이 들어 결혼하지 않으면
고삐 풀린 망아지와 같게 되고
여자가 나이 들어 결혼하지 않으면
소금 밀매단 우두머리와 같게 된다.

> 남편과 아내가 서로 충고하고 善導(선도)하지 않아
> 제 마음대로 행동하게 됨을 비유한 글이다.

劣馬(열마) : 어린 말. 망아지.
韁(강) : 고삐 강.
私塩(사염) : 소금을 밀매함. 또 밀매한 소금.
옛날에는 소금을 귀하게 여겨 밀매를 금하였고, 이를 어기면 곤장 100대를 치는 벌을 가했다(凡私塩犯者杖一百, 明律塩法).
犯首(범수) : 범죄 집단의 우두머리.

15.

文中子曰문중자[11]왈

婚娶而論財혼취이론재는 夷虜之道也이로지도야니라[12]

문중자가 말하기를

혼인을 함에 재물을 논하는 것은 오랑캐의 법도니라.

원문은 다음과 같다.

文中子曰문중자왈 婚娶而論財혼취이론재 夷虜之道也이로지도야

君子不入其鄕군자불입기향

古者고자 男女之族남녀지족 各擇德焉각택덕언

不以財爲禮불이재위례

문중자가 말하기를, 혼인을 함에 재물을 논하는 것은

오랑캐 법도여서 군자는 그러한 고을에는 들어가지 않는다.

옛날에는 남녀 간 집안이 각기 덕성(품성이나 성품)으로

상대를 택하였을 뿐, 재물로 예를 삼지 않았다.

娶(취) : 장가들 취, 중매들 서 ; 며느리를 얻음.

夷(이) : 오랑캐 이 ; '동쪽 오랑캐'를 일컫는다.

虜(로) : 오랑캐 로 ; '북쪽 오랑캐'를 일컫는다.

11_ 文中子(문중자, 584~618) : 王通(왕통). 수나라 대유학자. 字(자)는 仲淹(중엄). 호가 문중자. 문인들이 호를 불러 '문중자'라 하였다. 문중자는 원래 책 이름인데, 『論語(논어)』를 본떠 지은 책이다. 저서에 『中說(중설)』이 있다.

12_ 『中說(중설)』「事君篇(사군편)」, 『小學(소학)』「嘉言篇(가언편)」에 나오는 글이다.

16.

司馬溫公曰사마온공왈

凡爲家長범위가장은 必謹守禮法필근수례법으로

以御群子弟及家衆이어군자제급가중이니

分之以職授之以事분지이직수지이사하여

而責其成功이책기성공하고

制財用之節제재용지절하니 量入以爲出양입이위출하고

稱家之有無칭가지유무하여

以給上下之衣食及吉凶之費이급상하지의식급길흉지비하며

皆有品節而莫不均一개유품절이막불균일하고

裁省冗費재생용비하고 禁止奢華금지사화하며

常須稍存贏餘상수초존영여하여 以備不虞이비불우니라[13]

사마온공이 말하기를

무릇 가장이 된 자는, 반드시 삼가 예절과 법도를 지켜(모범을 보여)

여러 자제와 가족을 다스리되

(그들에게) 직분을 나누어 일을 시키고, 그 성공 여부를 독려하며

재물을 사용함에 절약하도록 하여, 수입을 헤아려 지출하게 하고

재산의 많고 적음(있고 없음)을 살펴

상하 식솔들의 옷과 음식(의복과 식량)

그리고 애경사에 드는 비용을 지급하며

13_『溫家公儀(온가공의)』에 나오는 글로, 『小學(소학)』「嘉言篇(가언편)」 제5권에도 실려 있다.

모든 것이 다 품계와 절차가 있어 균등하지 않음이 없게 하고
쓸데없는 비용(낭비)은 줄이도록 제재를 가하고
사치와 화려함을 금하게 하여, 조금이라도 남겨 두어서 예기치 못한
뜻밖의 재앙이나 재난에 항상 대비하게 해야 하느니라.

> 가장은 물론 직장의 長(장) 등 모든 지도자에게 필요한 명문이다.
> 특히 '凡爲家長(범위가장) 必謹守禮法(필근수예법)
> 以御群子弟及家衆(이어군자제급가중)—모범을 보여
> 아랫사람을 지도하라.'는 대목은 압권이다.

家長(가장) : 집안의 어른. 가장.
御(어) : 부릴 어. 다스릴 어 ; 통솔하다.
責(책) : 꾸짖을 책 ; 책망하다. 독려하다.
稱(칭) : 부를 칭. 저울 칭 ; 여기서는 '헤아리다.'의 의미로 쓰였다.
給(급) : 줄 급. 더할 급.
吉凶之費(길흉지비) : 애경사에 드는 비용.
品節(품절) : 품계의 절차.
裁(재) : 제재하다. 억제하다.
冗(용) : 한가로울 용. 쓸데없을 용.
冗費(용비) : 낭비.
稍(초) : 벼줄기 끝 초 ; 조금 적다.
贏(영) : 가득할 영.
贏餘(영여) : 餘分(여분) ; '贏(찰 영)'과 같은 뜻.
虞(우) : 근심할 우. 걱정 우 ; 재난. 난리.

제15편 | 안의편

安義篇

의리와 도리를 다하라

'安義(안의)'란 의리와 도리를 다하라는 말이다.
가족 간, 부부간, 형제간, 나아가 모든 인간관계에서의 도리에 관한 글을 모아 놓았다.
특히 蘇東坡(소동파)의 '富不親兮(부불친혜) 貧不疎(빈불소) 此是人間大丈夫(차시인간대장부) – 소동파가 이르기를, 부자라 하여 가까이 하지 아니하고, 가난하다 하여 멀리 하지 않는 자, 바로 이 사람이 대장부다.'라는 문장은 압권이다.

1.

顔氏家訓曰안씨가훈[1]왈

夫부 有人民而後有夫婦유인민이후유부부하고

有夫婦而後有父子유부부이후유부자하고

有父子而後有兄弟유부자이후유형제하니

一家之親일가지친이 此三者而已矣차삼자이이의라

自玆以往자자이왕으로 至于九族지우구족이

皆本於三親焉개본어삼친언

故고로 於人倫어인륜에 爲重者也위중자야니

不可不篤불가불독이니라[2]

안씨가훈에서 말하기를

무릇 사람이 있고 나서 부부가 있었고

부부(관계)가 있음으로 하여, 부자(관계)가 있고(성립하고)

부자(관계)가 있음으로 하여, 형제가 있으니

한 집안을 이루는 피붙이는 이 세 가지가 있을 뿐이다.

이로부터 출발하여 구족(일가친척)에 이르기까지 모두

이 三親(삼친 : 부부, 부친, 형제)이 기본이 되는 것이다.

그러므로 사람이 지켜야 할 도리 중 가장 중요한 것이니

(서로의 관계가) 돈독하지 않으면 안 되는 것이다.

1_『顔氏家訓(안씨가훈)』: 北齊(북제)의 顔之推(안지추, 531~602)가 지은 책. 子孫(자손)을 훈계하는 내용이 실려 있다.

2_『小學(소학)』「嘉言篇(가언편)」 제5에 실려 있다.

사회의 최소 단위가 가정이고, 그 구성원은 부부, 부자, 형제로 이루어져 있다. 그러므로 이 가족 관계야말로 무엇보다 소중한 것이다. 특히 이 글은 부자 관계에 앞서 먼저 부부 관계를 서술하고 있어 의미가 크다. 그동안 동양 고전은 부자 관계를 중시하여 부부 관계를 소홀히 한 경우가 많았다.

그러나 보라. 윗글대로 부부가 있어야 부자가 있고, 부자가 있으므로 형제가 있다. 사실 '효'라는 것도 그렇다. 부부간의 사랑이 전제되지 않은 효는 보여 주기식 효일 뿐이다.

부부간의 사랑이 없다면 형제간의 우애 역시 속 빈 강정일 뿐이다. 그러므로 필자는 '孝(효)는 百行之本(백행지본)'이라는 말과 함께 '夫婦之愛(부부지애)는 萬行之本(만행지본)'이라는 말도 덧붙이고 싶다. 옛말에도 '禮始於謹夫婦(예시어근부부) – 예절의 출발은 부부간에 서로 조심하는 데서 시작된다.' 하지 않았던가?

而已(이이) : 뿐이다.

玆(자) : 이 자 ; 이것.

九族(구족) : ① 高祖(고조)의 孫(손). 八寸(팔촌) 이내의 친척. 가장 가까운 일가. ② 친족 · 처족 · 외족의 모두. ③ 고조 · 증조 · 조부 · 부친 · 자기 · 아들 · 손자 · 증손 · 현손까지의 同宗(동종) 친족을 통틀어 이르는 말.

三親(삼친) : 부부 · 부자 · 형제.

篤(독) : 돈독할 독.

2.

曹大家曰조대고[3]왈

夫婦者부부자는 以義爲親이의위친이요

以恩爲合이은위합이니

欲行楚撻욕행초달이면 義欲何義의욕하의이며

喝罵叱喧갈매질훤이면 恩欲何恩은욕하은이리요

恩義旣絕은의기절이면 鮮不離矣선불이의니라

조대고(조씨 마나님)께서 말씀하시기를

부부는 의(도리)로써 친밀하고 은애(정)로 함께해야 하나니

(의를 위한답시고) 때리고 매질하여 어떤 일을 하고자 한다면

의롭고자 하나 어찌 의롭게 될 것이며

(정 때문이랍시고) 고함치고 욕하고 큰 소리로 꾸짖는다면

은애롭고자 하나 어찌 은애롭게 될 것인가?

(정이 어찌 깊어지겠는가?)

(그렇게 하여) 은의(은애와 의리)가 끊어지면

헤어지지 않음이 드물게 될 것이다(필경엔 헤어지게 되느니라).

> 부부는 恩義(은의), 즉 인정과 도리로 배려하고
>
> 공경하라는 가르침이다.

3_ 曹大家(조대고) : 後漢(후한) 때 여인. 이름은 班昭(반소). 班固(반고)와 班超(반초)의 누이동생. 미완의 『漢書(한서)』를 완성하였다. 여기에서 曹大家의 '家'는 '姑(마나님 고)'의 뜻이며 '大家'는 女子의 존칭. 궁중의 后妣(후비)를 가르쳤으므로 大家(대고)로 존칭함.

조대고가 간파한 글이 어쩌면 현 사회를 들여다본 듯하단 말인가. 고대 사회나 지금이나 인간 사회가 안고 있는 문제점은 전혀 변함이 없는 듯하다. 후기 산업 사회를 거치면서 개인주의가 팽배해지고, 특히 여성들의 사회 진출이 늘어나면서 부부간의 은애가 균열되고 있음이 주지의 사실이다. 일찌기 부부 문제에 대해 심도 있게 간파한 조대고의 글을 통해 부부 관계를 재정립하는 계기가 되었으면 한다.

恩(은) : 恩愛(은애). 부모와 자식, 부부간의 애정.
楚(초) : 매질할 초.
撻(달) : 매질할 달.
喝(갈) : 꾸짖을 갈 ; 고함치다.
罵(매) : 욕할 매.
叱(질) : 꾸짖을 질.
喧(훤) : 떠들썩할 훤.
鮮(선) : 드물 선.

3.

莊子장자에 云운하되

兄弟형제는 爲[4]手足위수족이요

夫婦부부는 爲衣服위의복이니

衣服破時의복파시엔 更得新갱득신이어니와

手足斷時수족단시엔 難可[5]續난가속이니라

장자께서 이르기를

형제는 수족과 같고 부부는 의복과 같으니

의복은 해지면 다시 새 옷을 구할 수 있으나

수족이 끊기면 다시 잇기 어려우니라.

> 부부간에 헤어지면 새 사람을 만날 수 있으나
>
> 형제간에 우애가 끊기면 회복하기 어렵다는 뜻으로,
>
> 형제간의 우애를 강조한 글이다.

비슷한 의미로, 『張存傳(장존전)』에 '兄弟手足也(형제수족야) 妻妾外舍人耳(처첩외사인이) 何先外人(하선외인) 而後手足乎(이후수족호)'가 있다. 형제간의 우애를 강조한 글로는 『北齊書(북제서)』에 '天下難得者兄弟(천하난득자형제) 易求者田地(이구자전지) – 이 세상에서 얻기 어려운 것은 형제요, 쉬운 것은 밭과 토지이다.'가 있다. 그러나 지금은 어떤가. 유산 때문에 형제를 버린다.

4_ 他本(타본)에는 '爲'가 '如'로 나와 있다. 淸州本(청주본)대로 하였다.
5_ 異本(이본)에는 '可'가 '再'로 나와 있다. 淸州本(청주본)대로 하였다.

4.

蘇東坡소동파[6]에 云운하되

富不親兮부불친혜 貧不疎빈불소는

此是人間大丈夫차시인간대장부요

富則進兮부즉진혜 貧則退빈즉퇴는

此是人間眞小輩차시인간진소배니라

소동파가 쓴 글에 이르기를

부자(넉넉하다, 성공하였다)라 하여 가까이하지 아니하고

가난(어렵다, 실패하였다)하다 하여 멀리하지 않는 자

바로 이 사람이 대장부요

부자라 하여 가까이하고

어렵다고 물러나는 자, 바로 이 사람이 진짜 소인배니라.

> 권력과 부를 쫓는 부나방 같은 인간의 속성을
>
> 경계함과 동시에 대장부로서 취해야 할 바를
>
> 간파한 명문이다.

6_ 蘇東坡(소동파) : 唐宋八大家[당송팔대가 : 唐(당)나라 때의 문인 韓愈(한유, 768~824)와 柳宗元(유종원, 773~819), 그리고 宋(송)나라 때의 문인 歐陽修(구양수, 1007~1072), 蘇洵(소순, 1009~1066), 蘇軾(소식, 1037~1101), 蘇轍(소철, 1039~1112), 曾鞏(증공, 1019~1083), 王安石(왕안석, 1021~1068) 여덟 명의 문인을 통칭해 부르는 이름] 가운데 한 사람. 蘇洵(소순)의 아들이며 이름은 軾(식). 蘇轍(소철)의 형.

5.

太公曰태공왈

知恩報恩지은보은 風光和雅풍광화아[7]요

有恩不報유은불보 非爲人也비위인야니라

태공이 말하기를

은혜를 알아 그 은혜 갚고자 하는 자, 인품이 고상한 사람이요

은혜가 있음에도(입었음에도) 갚으려 하지 않는 자

됨됨이가 덜된 사람이다.

風光(풍광) : 풍모와 광채의 준말. 인품을 가리킴.

雅(아) : 맑을 아. 바를 아 ; 고상하다.

和雅(화아) : 온화하고 우아함.

如(여) : 같을 여 ; 다르지 아니하다.

爲人(위인) : 사람 됨됨이.

7_ 越南本(월남본)에 '風光和雅(풍광화아)'로 되어 있다. 이 말이 맞을 듯하다. 淸州本(청주본)의 '如雅'를 '和雅'로 하였다. '如'와 '和'가 비슷하여 誤刻(오각)한 듯하다.

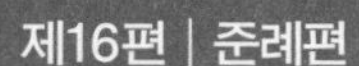

遵禮篇

예를 따르라

예절의 중요성을 간파한 글의 모음이다. '遵(준)'이란 '지키다. 좇다.'의 의미고, '禮(예)'는 '예절'의 의미이니, '예를 따르자. 예절을 지키자.'는 말이다. 예는 무엇인가. 인간관계의 질서이다.
그러나 시간이 흐를수록 권위적이란 이유로 예절이 무너지는 느낌이다. 물론 권위주의는 타파되어야 하겠지만 권위는 필요한 덕목이 아니겠는가? 그렇다면 권위는 어디서 오는가? '자기희생'에서 오는 것이다. 상대를 공경하는 下心(하심)에서 오는 것이다. 솔선수범의 模範(모범)에서 오는 것이다. 예절은 공경에서 오는 것이지[敬人者人恒敬之(경인자인항경지)] 대접 받고자 하는 데서 오는 것이 아니다.

1.

子曰자왈

居家有禮거가유례 故長幼辨고장유변하고

閨門有禮규문유례 故三族和고삼족화하며

朝廷有禮조정유례 故官爵序고관작서하고

田獵有禮전렵유례 故戎事閑고융사한하며

軍旅有禮군여유례 故武功成고무공성이니라[1]

스승께서 말씀하시기를

가정에도 예절이 있어야 위아래의 구별이 있고

안식구들에게도 예절이 있어야 온 집안이 화목하고

조정에도 예절이 있어야 벼슬과 작위의 서열이 있고

사냥에도 예절이 있어야 군사 훈련을 경험할 수 있고

전쟁에도 예절이 있어야 무공을 이룰 수 있느니라.

모두 이해할 수 있는 구절이나 '田獵有禮故戎事閑(전엽유례고융사한)' 즉, 사냥에도 질서가 있어야 군사 훈련을 경험할 수 있다는 말은 언뜻 이해하기 어려울 것이다. 그러나 옛날에는 사냥의 목적이 講武(강무), 즉 군사 훈련에도 있었기에 나온 말이다. 평화로울 때 사냥을 통해 전술을 익히고 실전적 군사 훈련을 할 수 있었다.

1_『孔子家語(공자가어)』와 『禮記(예기)』「孔子閑居篇(공자한거편)」에 나오는 글로, 공자께서 한가하게 있을 때 자장과 자공 등이 禮(예)에 관해 묻자 대답한 글이다.

2.

晏子曰안자[2]왈

上無禮상무례면 無以使下무이사하요

下無禮하무례면 無以侍上무이시상이니라[3]

안자가 말하기를

윗사람이 예절이 없으면 아랫사람을 부릴 수 없고

아랫사람이 예절이 없으면 윗사람을 모시지 않는다.

> 지금까지 전해 내려온 대개의 글은 아랫사람이 윗사람을 모시는 데만
> 관심을 두었다. 즉, 아랫사람들에게만 예절을 강조하였다.
> 그러나 윗사람도 예절이 있어야 한다는 말은 파격이고
> 言中有骨(언중유골)이다.

'身居富貴而(신거부귀이) 能下人者(능하인자) 何人不與富貴(하인불여부귀) 身居人上而(신거인상이) 能愛敬者(능애경자) 何人不敢愛敬(하인불감애경) – 높은 자리, 부귀를 누리는 위치에 있으면서 자신을 낮추고 아랫사람을 사랑하고 공경하는 자를 그 누가 공경하지 않겠는가?'라는 『正己篇(정기편)』 구절과 상통하는 말이다.

2_ 晏子(안자) : 춘추시대 齊(제)나라의 명신. 字(자)는 仲(중). 시호는 平. 영공, 장공을 거쳐 경공 때 재상이 됨. 節儉力行(절검역행)하여 국력 배양에 힘씀. 안자의 언행을 기록한 『晏子春秋(안자춘추)』가 있다.

3_ 『晏子春秋(안자춘추)』에 나오는 글이다.

부하를 존경하는 상관, 제자를 공경하는 스승, 백성을 하늘처럼 떠받드는 지도자, 그 누가 있어 그분들을 따르지 않겠는가?

晏(안) : 늦을 안.
使(사) : 부릴 사.
侍(시) : 모실 시.

3.

子曰 자왈

恭而無禮則勞공이무례즉로하고

愼而無禮則葸신이무례즉시하며

勇而無禮則亂용이무례즉난하고

直而無禮則絞직이무례즉교하니라[4]

스승께서 말씀하시기를

공손하기만 하고 예절을 모르면 수고로울 뿐이고

조심성만 있고 예절을 모르면 겁쟁이가 되고(소극적)

용맹스럽기만 하고 예절을 모르면 세상을 어지럽히고

곧기만 하고 예절을 모르면 융통성이 없게 된다.

> 공손함, 신중함, 용맹함, 곧음은 모두 필요한 덕목이다.
>
> 그러나 예절, 즉 배려가 없는 행동은 부작용을 낳는다는 말이다.
>
> 무턱대고 공경한다고 되는 것이 아니요,
>
> 신중함도, 용맹함도, 정직함도 다 마찬가지다.
>
> 예절을 갖추었을 때 비로소 이러한 미덕이 완성된다.

勞(로) : 수고로울 로.

愼(신) : 삼갈 신.

葸(시) : 두려워할 시.

絞(교) : 목맬 교. 초록빛 효 ; 새끼를 꼬다. 엄하다. 각박하게 굴다. 융통성이 없다.

4_『論語(논어)』「泰伯篇(태백편)」에 나오는 글이다.

4.

子曰 자왈

君子有勇而無禮[5] 군자유용이무례면 爲亂위난이요

小人有勇而無禮소인유용이무례면 爲盜위도니라

스승께서 말씀하시기를

군자(지도자)가 용맹하기만 하고 예절을 모르면 나라를 어지럽히고

소인배가 용맹하기만 하고 예절을 모르면 남에게 해를 끼친다.

> 공자께서는 勇而無禮(용이무례)를 경계하시어
>
> 자공이 어느 날, '군자도 미워함이 있습니까?' 묻자,
>
> '있다.' 하시면서,
>
> '남의 나쁜 점(단점)을 얘기하는 자[稱人之惡者(칭인지악자)]
>
> 윗사람을 비방하는 자[居下流而訕上者(거하류이산상자)]
>
> 용맹하기만 하고 예가 없는 자[勇而無禮者(용이무례자)]
>
> 과감하기만 하고 꽉 막힌 자[果敢而窒者(과감이질자)]'
>
> 라고 가르친다. 새겨 둘 만한 구절이라 덧붙인다.

5_『論語(논어)』「陽貨篇(양화편)」에는 '禮'가 '義'로 나와 있다. '義'를 '禮'로 한 것은 『遵禮篇(준례편)』에 넣기 위한 뜻인 듯한데 확인할 길은 없다. 義나 禮는 원래 같은 의미로 쓰였으니 '克己復禮(극기복례)'에서처럼 설명에는 문제가 없겠으나 왜 글자를 달리했는지는 의문이다. 이러한 사례는 「勤學篇(권학편)」의 '玉不琢不成器(옥불탁불성기) 人不學不知義(인불학부지의)'도 마찬가지다. 원래 『禮記(예기)』의 「學記篇(학기편)」에는 '不知義'가 '不知道'로 나와 있다. 뜻은 같으나 글자는 다르게 적혀 있으니 誤記(오기)인지, 편자의 의도인지 추정할 길이 없다.

윗글의 시작은 이렇다.

子路曰자로왈 君子尙勇乎군자상용호

君子義以爲上군자의이위상

자로가 "군자가 용맹만 숭상하면 어찌 됩니까." 물으니, 공자께서 "군자는 항상 의를 하나의 덕목으로 생각하여야 한다."고 대답하면서 덧붙여 하신 말씀이다.

爲難(위난) : 어지럽히게 되다.

爲盜(위도) : 도둑이 되다. 피해를 주다.

5.

孟子曰 맹자왈

君子군자가 所以異於人者소이이어인자는

以其存心也이기존심야이니

君子군자는 以仁存心이인존심하고 以禮存心이례존심이니라

仁者인자는 愛人애인이요 有禮者유례자는 敬人경인하나니

愛人者애인자 人恒愛之인항애지하고

敬人者경인자 人恒敬之인항경지니라[6]

맹자께서 말씀하시기를

군자가 여느 사람과 다른 것은 (바로) 마음가짐 때문이다.

군자는 仁(인)에 마음을 두며 禮(예)에 마음을 둔다.

어진 사람은 상대를 (늘) 사랑하고

예절이 있는 사람은 상대를 공경한다.

상대를 사랑하는 사람은 상대도 그 사람을 사랑하게 되고

상대를 공경하는 사람은 상대도 그 사람을 공경하게 될 것이다.

存心(존심) : 마음에 두어 잊지 않음. 그런 마음으로 삶.

以仁存心(이인존심) : 인을 지켜 본심을 잃지 않음(성선설에 입각, 인간은 본래 착한 성품을 타고 났기에).

以禮存心(이례존심) : 예절을 지켜 본심을 잃지 않음.

恒(항) : 항상 항.

6_『孟子(맹자)』「離婁章句(이루장구)」하편에 나오는 말이다.

6.

有子曰유자[7]왈

禮之用예지용엔 和爲貴화위귀니라[8]

유자가 말하기를

예를 운용함에는(적용함에는) 화합을

귀하게(중요하게) 여겨야 하느니라.

> 예절이 너무 각박하여 화합을 깨서는 안 된다는 말이다.
>
> 즉, 예절이 너무 형식에 치우쳐 상대나 모두에게
>
> 불편을 끼쳐서는 안 된다는 의미다.

'樂合同(악합동) 禮異別(예이별) – 음악은 모두를 하나로 만들고 예절은 구별을 짓는 데 있다.'는 말에서 볼 수 있듯이 예절을 너무 강조하다 보면 서로의 관계가 각박해질 수 있으니 예를 운용함에 화합을 중시하라는 말은 이를 염려한 말이다.

7_ 有子(유자, BC 508~?) : 공자의 제자인 有若(유약). 字(자)는 子有. 魯(노)나라 출신. 平陰侯(평음후)로 추존.

8_『論語(논어)』「學而篇(학이편)」에 나오는 말이다.

7.
言不和언불화하되 貌且恭모차공이니라

말은 서로 화합하지 못하더라도 행동은 공손하여야 한다.

〔상대의 견해나 의견에 동조하지 않는다 하더라도 태도(모습)는 공손하여야 한다.〕

① 의견은 다를 수 있으나 '모습은 공손하라.'는 말은, 서로 뜻이 다르거나 생각이 다르다 하여 무시하거나 함부로 대하는 경우를 경책하는 말이다. 사람마다 그 얼굴이 다르듯 생각과 뜻이 다를 수 있으니, 다름을 인정하고 상대의 뜻을 존중하는 자세로 반대의 의견에도 귀 기울이라는 의미이자, 설혹 이치에 맞지 않는 말을 하더라도 상대에게 예를 잃지 말라는 뜻이다.

② 『中庸(중용)』에는 '發而皆中節謂之和(발이개중절위지화)'라는 대목이 있다. 하는 말이 모두 다 법도에 맞음을 '和'라 하였는데, 그런 뜻으로 하면 '상대의 말이 설혹 법도나 이치에 맞지 않는다 하더라도 예를 잃지 마라.'로도 해석할 수 있다.

貌(모) : 모양 모 ; 외모. 모습.

且(차) : 또 차 ; 바야흐로.

恭(공) : 공손할 공.

言(언) : 견해. 생각.

8.

有子曰유자왈

恭近於禮공근어례면 遠恥辱矣원치욕의니라[9]

유자가 말하기를

공손함이 예에 가까우면 치욕을 멀리할 수 있느니라.

> 예절을 갖춘 공손함이야말로 치욕을 멀리할 수 있는 길이다.
> 앞의 글, '恭而無禮則勞(공이무례즉로)'라는 말을 떠올리면
> 알 수 있는 글이다. 공손하기만 하고 예절이 없으면
> 過恭非禮(과공비례)가 되어 역효과가 된다.

윗글은 다음 원문 가운데 일부이다.

信近於義신근어의 言可復也언가복야

恭近於禮공근어례 遠恥辱也원치욕야

약속이 의리에 가까우면 말을 실천할 수 있고,

공손함이 예에 가까우면 치욕을 멀리할 수 있다.

9_『論語(논어)』「學而篇(학이편)」에 나오는 글이다.

9.

程子曰정자[10] 왈

無不敬무불경이니라[11]

정자가 말하기를

공경하지 않음이 없게 하라.

> 『明心寶鑑(명심보감)』에서 가장 짧은 글 중 하나다.
>
> '무불경' 단 석자 뿐이다.
>
> 그러나 얼마나 큰 가르침인가!
>
> 매사, 만나는 사람 모두, 주어진 일 하나하나, 공경함으로
>
> 대할 수 있을 때 이 세상이 얼마나 따뜻해질까?
>
> 설사 그가 아랫사람이라도, 축생이라 하더라도,
>
> 풀 한 포기, 나무 한 그루까지도…….

無不(무불) : 하지 않음이 없다.

10_ 程子(정자, 1032~1085) : ① 程顥(정호), 명도 선생을 지칭. ② 춘추시대 진나라 사람 程本(정본).

11_ 『禮記(예기)』 「曲禮篇(곡례편)」에 '毋不敬(무불경)'이라는 말이 나온다. '程子曰(정자 왈)'은 誤記(오기)일 것으로 추정된다.

10.

曾子曰증자[12] 왈

朝廷조정엔 莫如爵막여작이요

鄕黨향당엔 莫如齒막여치요

輔世長民보세장민엔 莫如德막여덕이니라[13]

증자께서 말씀하시기를

조정에서는 벼슬만 한 게 없고

향리(사는 곳)에서는 나이만 한 게 없고

세상을 돕고 백성들을 이롭게 하는 데는 덕만 한 것이 없다.

> 조정에서는 뭐니 뭐니 해도 벼슬 높은 것이 우선이고
>
> 사는 동네에서는 지위고하, 빈부의 차이를 떠나 나이가 우선이고
>
> 세상을 돕고 백성들을 이롭게 하는 데는 덕이 제일이라는 가르침이다.

鄕(향) : 마을 향 ; 2,500가구가 모여 향이 된다.

黨(당) : 마을 당 ; 500가구가 모여 당이 된다.

齒(치) : 이빨 치. 나이 치.

輔(보) : 도울 보.

莫如(막여) : ~만 한 것이 없다.

12_ 曾子(증자, BC 506~BC 436) : 이름은 參(참). 字(자)는 子輿(자여). 點(점)의 아들로, 아버지의 매를 피하지 않고 죽도록 맞아 아비를 불의에 빠뜨리게 할 뻔했다 하여 공자로부터 지적받을 정도의 효자로 알려졌다. 『大學(대학)』을 기술하고 『孝經(효경)』을 지었으며, 子思(자사)에게 학문을 전했다. 孔子(공자), 子思(자사), 孟子(맹자)와 함께 '四聖(사성)'으로 추앙받았다.

13_ 『孟子(맹자)』「公孫丑章句(공손추장구)」 하편에 나오는 글이다.

11.

孟子云맹자운

徐行後長者서행후장자 謂之弟위지제요

疾行先長者질행선장자 謂之不弟위지부제니라[14]

맹자에 이르기를

어른보다 뒤에 서서 느릿느릿 걷는 것을 공경이라 하고

빨리 걸어 어른보다 앞서 걷는 것을

공경스럽지 못하다 하는 것이다.

> 천천히 걸어 어른보다 뒤에서 걷는 것을 '悌(제)'라 하고
>
> 빨리 걸어 어른보다 앞서는 것을 '不悌(부제)'라 한다.

徐(서) : 천천히 서.

弟(제) : 여기서는 '悌(공경할 제)'의 의미로 쓰였다.

疾(질) : 빠를 질. 병 질 ; 疾走하다(빠르게 달리다).

14_『孟子(맹자)』「告子章句(고자장구)」 하편에 나오는 글이다. 청주본에 爲之弟로 나와 있는데 『孟子(맹자)』의 원본에 의거 爲를 謂로 수정하였다.

12.

出門如見大賓[15] 출문여견대빈하고

入室如有人 입실여유인하라[16]

문 밖을 나설 때는 만나는 사람 모두 귀한 손님 대하듯 하고
집에 들어올 때 (집안에 있을 땐) 손님이 와 있는 것처럼(행동)하라.

> 만나는 사람마다 큰 손님(필자는 이를 '바깔사돈처럼'이라 설명한다)
> 대하듯 하고, 자기 집이라 하여도 손님이 와 있는 것처럼
> 늘 조심하라는 말이다. 얼마나 좋은 말인가.
> '無不敬(무불경)'이 떠오르는 말이다.

大賓(대빈) : 큰 손님. 귀빈.

15_ 이본에는 大賓의 大가 빠져있어 前後(전후)의 글자 수가 맞게 된다.

16_ 원래 '出門如見大賓(출문여견대빈)'은 『論語(논어)』「顔淵篇(안연편)」에 나오는 글이다. '仲弓(중궁) 問仁(문인) 子曰(자왈) 出門如見大賓(출문여견대빈) 使民如承大祭(사민여승대제) 己所不欲勿施於人(기소불욕물시어인) 在邦無怨(재방무원)'에 나온다. '出門如見大賓'에 '入室如有人'의 對句(대구)를 붙인 듯하다.

13.

少儀曰 소의[17] 왈

執虛如執盈 집허여집영하며

入虛如有人 입허여유인하라

소의에서 말하기를

빈 것 잡기를 가득 찬 것처럼 하고

빈집에 들어가도 사람이 있는 것처럼 하라.

빈 그릇이라 하더라도 물이 넘쳐흐를지 모른다는 마음으로 그 그릇을 잡고, 설사 빈집에 들어가더라도 손님(사람)이 와 있는 것처럼 행동하라는 것이다. 언제 어디서나 늘 조심하라는 뜻으로, '愼獨(신독) – 홀로 있을 때까지도 조심하라.'는 명언이 떠오르는 말이다.

「存心篇(존심편)」에 나오는 첫 구절 '坐密室(좌밀실) 如通衢(여통구) – 밀실에 앉아 있기를 (종로) 네거리에 앉아 있는 것처럼 하라.' 와도 상통하는 말이다.

儀(의) : 거동 의 ; 의례.
執(집) : 잡을 집.
虛(허) : 빌 허.
盈(영) : 찰 영.

17_「少儀(소의)」: 『禮記(예기)』의 篇名(편명). 이 글은 『小學(소학)』「敬身篇(경신편)」에도 나온다.

14.

孔子於鄕黨공자어향당엔 恂恂如也순순여야하여
似不能言者사불능언자시었다[18]

공자님께서 향리에 계실 때는 공손하시고, 공손하시어 조심하느라
흡사 말을 못하는 사람처럼 보이셨다.[19]

鄕黨(향당) : 향리. 사는 동네. 마을.
恂恂(순순) : 정성 순 ; 삼가고 삼가는 모양. ＊恂恂如 : 공손하기가~

18_ 고향에서는 집안 어른들이 계시는 곳이라 더욱 조심하시는 모습을 말한 것이다.
19_『論語(논어)』「鄕黨篇(향당편)」에 나오는 글이다.

15.

若要人重我약요인중아커든
無過我重人무과아중인하라

만약 상대가 나를 존중하기를 바란다면
내가 (먼저) 상대를 존중해야 한다는 (사실)을 간과하지 마라.

아! 얼마나 멋있는 말인가? 부부간에, 가족 간에, 친구 간에, 회사 동료 간에, 노사 간에, 사제 간에, 이 모든 인간관계에서 이런 마음으로 상대를 대한다면 이 세상은 또 얼마나 아름다워질까?

국가가 나를 위해 무엇을 해 줄 것인가 바라기 전에 내가 국가를 위해 무엇을 할까를 생각하라는 말이 떠오르는 명문이다.

若(약) : 같을 약 ; 만약.
要(요) : 구할 요 ; 요구하다.
人重我(인중아) : 상대가 나를 존중하다.
過(과) : 지날 과 ; 간과하다.
我重人(아중인) : 내가 상대를 존중하다.

16.

太公曰태공왈

客無親疎객무친소하여 來者當受내자당수하라

태공이 말하기를

손님은 친소를 가리지 말고, 찾아오거든 마땅히 맞아들이라.

> **가까운 손님이라 하여 대우하고**
>
> (먼, 모르는, 가깝지 않은) **손님이라 하여 내치지 말라는 것이다.**

친소에 관계없이 상대를 공경하라는 뜻이요, 손님이 찾아오거든 잘 대접하라는 뜻이다.

客(객) : 손 객.

疎(소) : 트일 소 ; 먼 손님. 가깝지 않은.

受(수) : 받을 수.

17.

父不言子之德부불언자지덕이요

子不談父之過자부담부지과니라

부모는 자식의 덕을 말하지 아니하고

자식은 부모의 허물을 말하지 않는 법이다.

> 그러나 지금은 어떤가. 반대이다.
>
> 생각해 볼 일이다.

'子不談父之過(자부담부지과)'와 같은 의미로, 『論語(논어)』에 '子爲父隱(자위부은)'이라는 글이 있다. '자식은 타인에게 부모의 허물을 숨긴다.'는 뜻으로, 부자간의 천륜을 말한 것이다.

談(담) : 말씀 담.

過(과) : 지날 과 ; 허물. 과오.

18.

欒共子曰난공자[20]왈

民민은 生於三생어삼하니 事之如一사지여일하라

父生之부생지하고 師敎之사교지하며

君食之군식지하나니

非父不生비부불생이요 非食不長비식부장이요

非敎不知비교부지니

生之族也생지족야니라[21]

난공자가 말하기를

백성들은 세 가지로 살아가느니, (부모, 스승, 군부를) 섬김에

차등이 있어서는 안 된다(如一하여야 한다).

부모님은 낳아 주시고 스승은 가르쳐 주시고

군부는 먹여 주신다.

부모가 없이 태어날 수 없고 (군부가) 먹이지 않으면 자랄 수 없고

(스승의) 가르침이 없이는 알 수 없는 것이니

살아가는 데 (소중하기가) 동일한 분들이다.

> '군사부일체'의 어원이 되는 글이다(부모와 스승과 군부는 하나이니
>
> 스승을 부모님처럼, 임금을 부모님처럼 공경하라는 글이다).

20_ 欒共子(난공자) : 춘추시대 晉(진)나라 사람. 시호는 共子(공자). 이름은 欒成(난성). 충신. 哀侯(애후) 때 대부.

21_ 國語晉語(국어진어) 1卷에 나오는 글이다.

19.

禮記曰예기왈

男女不雜坐남녀불잡좌하고 不親授불친수하며

嫂叔不通問수숙불통문하고 父子不同席부자부동석이니라[22]

예기에서 말하기를

남녀는 서로 섞여 앉지 아니하고 물건을 (직접) 주고받지 아니하며

형수와 시동생 사이에는 예를 갖추어 함부로 하지 않으며

부모와 자식은 자리를 함께 하지 않는다.

이유가 있다. 남녀가 물건을 직접 주고받으면 지나가는 사람으로부터 오해를 받기 쉬우니 조심하라는 것이며, 부자간에 자리를 함께 하지 말라는 말은, 함께 있지 말라는 뜻이 아니라, 자리에도 위아래가 있다는 것이다.

부모님이 아랫목에 앉으시면 윗목에 앉고, 방에 계시면 한 단계 아래 마루에 위치하고, 토방에 서 계시면 그 밑 마당에 서 있으라는 뜻이다. 그러므로 세배를 올릴 때, 부모님은 방에 계시고 자식은 마루에서 세배를 드리는 것이다.

雜坐(잡좌) : 섞여 앉다.

不通問(불통문) : 예의를 갖추어 함부로 하지 않음.

22_『禮記(예기)』「曲禮(곡례)」에 나오는 글이다.

20.

論語논어에 云운하되

祭如在제여재하시고 祭神如神在제신여신재셨다[23]

논어에 이르기를

(공자께서는) 제사를 모실 때

조상님께서 와 계시는 것처럼 하시었고

신들께 제사를 지낼 때는

그 신이 와 있는 것처럼 하시었다.

> 공자님의 모습을 통해 교훈을 주고자 하는 구절로
>
> 제사를 모실 때 정성과 공경을 다하라는 것이다.

제사를 모실 때는 조상님께서 와 계시는 것처럼 하고, 祭神(제신), 즉 조상들을 제외한 신들께 제사를 드릴 때도 그 신들이 와 있는 것처럼 정성을 다하라는 것이다.

祭(제) : 제사 제 ; 조상들께 드리는 제사.

在(재) : 있을 재 ; 존재하다.

祭神(제신) : 조상들을 제외한 그 밖의 신들께 내는 제사.

23_『論語(논어)』「八佾篇(팔일편)」에 나오는 글이다.

21.

子曰자왈

事死如事生사사여사생하고

事亡如事存사망여사존이면 孝之至也효지지야니라[24]

공자께서 말씀하시기를

돌아가신 분(조상) 섬기기를 살아 계신 것처럼 하고

세상 뜨신 분 섬기기를 생존하신 분처럼 한다면

효가 지극할 것이다.

앞 문장과 뒷 문장이 떨어져 있어 해석하는 데 불편함이 있으나 두 줄의 글을 묶으면 '死亡(사망)한 분 事(섬기기를) 生存(생존)한 분 섬기듯 하면 효가 지극할 것이다. 즉, 지극한 효도가 되는 것이다.'로 된다.

여기서 '死'는 '돌아가신 지 오래된 조상', '亡'은 '돌아가신 분(망자에서 보듯이)'으로 해석하여, 祭禮(제례)와 喪禮(상례)로 구별하면 이해가 빠르겠다.

24_『荀子(순자)』 제13권 「禮論(예론)」에 나오는 글이다.

제17편 | 존신편

存信篇

믿음이 삶의 근본이다

'存信(존신)'이란 '有信(유신)'이라는 뜻으로 믿음이 있어야 한다는 말이다. 신뢰는 어디에서 오는가? 진실에서 오는 것이다. '信(신)'을 정성 혹은 진실로 번역하는 이유다.

仁·義·禮·智·信 가운데 '信'에 관한 글을 모은 편으로, 편집본에는 빠져 있다.

1.

子曰자왈

人而無信인이무신이면 不知其可也부지기가야라

大車無輗대거무예하고 小車無軏소거무월이면

其何以行之哉기하이행지재리오[1]

공자께서 말씀하시기를

사람으로서 믿음(신뢰)이 없으면 그의 가함을 알 수 없는 것이다.

큰 수레(소가 끄는 짐을 싣는 수레)에 마구리가 없고

작은 수레(말이 끄는 사람이 타는 수레)에 멍에 막이가 없으면

그것을 어떻게 운행하겠는가?

> 수레에 마구리와 멍에 막이가 없으면 움직일 수 없듯이
>
> 사람도 신뢰가 무너지면 행세할 수 없다.
>
> 즉, 사회의 일원이 될 수 없다는 가르침이다.

可(가) : 옳을 가 ; 여기서는 '가능함', '할 수 있음'의 의미로 쓰였다.

不知其可也(부지기가야) : 할 수 있음을 모르겠다. 어떤 일을 할 수 있을까 모르겠다.
어떻게 살아갈까. 어찌 행세할 수 있을까 모르겠다.

大車(대거) : 소가 끄는 수레. 곡식이나 땔나무를 싣는 수레.

小車(소거) : 말이 끄는 수레. 사람을 싣는 수레.

輗(예) : 마구리 예 ; 멍에를 묶어 소에게 메우는 것.

軏(월) : 끌채 끝 월 ; 멍에걸이. 멍에를 걸기 위해 가로 댄 나무.

1_『論語(논어)』「爲政篇(위정편)」에 나오는 글이다.

2.

老子曰노자왈

人之有信인지유신은 如車有輪여차유륜이니라

노자께서 말씀하시기를

사람에게 믿음(신뢰·신용)이 있음은

(마치) 마차에 바퀴가 있는 이치와 같으니라.

> 바퀴가 있어야 차가 굴러가듯 사람도 신용이 있어야
>
> 살아갈 수 있다는 가르침이다.

輪(륜) : 바퀴 륜(윤).

3.

君子一言군자일언은

跨馬一鞭과마일편이니라

군자의 한마디 말은

① 말을 타고 채찍질을 한 번 더하는 것과 같다.

② 타고 있는 말에 채찍질을 한 번 더하는 것과 같다.

> 군자의 말 한마디는 많은 사람들에게
>
> 큰 영향을 주어 삶의 원동력이 되게 한다는 뜻이다.

跨(과) : 타넘을 과. 탈 과 ; '騎(탈 기)'나 '乘(오를 승)'의 뜻.

鞭(편) : 채찍 편.

4.

一言旣出일언기출이면

駟馬難追사마난추니라[2]

한번 뱉은 말은

네 필(네 마리)의 말로도 쫓아가기 어렵다.[3]

> 한번 내뱉은 말은(그 확산 속도가 빨라서)
> 네 필의 말로도 따라잡을 수 없는 것처럼 되돌릴 수 없으니
> 믿음이 있는 말, 진실성이 있는 말을 하라는 것이다.

비슷한 말로, 『論語(논어)』「顔淵篇(안연편)」에 자공이 말한 '駟不及舌(사불급설)－네 마리의 말이 끄는 빠른 마차라도 혀의 빠름에는 미치지 못한다.'가 있다.

旣(기) : 이미 기.

駟(사) : 사마 사 ; 네 필의 말.

駟馬(사마) : 네 필의 말이 끄는 수레. 또는 그 네 필의 말.

難追(난추) : '不能追(불능추)'와 같은 뜻.

2_ 宋代(송대) 歐陽脩(구양수)의 『六一詩話(육일시화)』에 '俗云(속운)……' 으로 시작하는 글이다.

3_ 이 편은 앞 구절 '君子(군자) 一言(일언) 跨馬一鞭(과마일편)'과 함께 「言語篇(언어편)」으로 분류함이 좋을 듯하다.

5.

子路자로[4]는 無宿諾무숙락이러라[5]

자로는 허락을 묵혀 둠이 없었다.

> 실천할 수 없는 약속은 하지 말고
>
> 약속을 하였거든 실천을 서두르라는 것이다.

'자로는 승낙한 일, 즉 약속한 일은 묵혀 둠이 없이 바로 실천하였다.'로 의역할 수 있다.

宿(숙) : 묵을 숙.
諾(락) : 허락할 락. 대답할 락 ; 승낙.

4_ 子路(자로, BC 543~BC 480) : 仲由(중유). 字(자)는 子路(자로). 魯(노)나라 출신. 孔門十哲(공문십철) 가운데 한 사람.
 *子路負米(자로부미) : 자로는 가난하여 매일 쌀을 백 리 밖까지 가져다 주고 그 품삯으로 양친을 봉양하였다는 고사.
5_『論語(논어)』「顔淵篇(안연편)」에 나오는 글로, 자로가 평소 진실하고 사려가 깊어 공자께서 칭찬하시는 중에 한 말씀이다.

6.

司馬溫公曰사마온공왈

存誠之道[6]존성지도는 固難入고난입이니 然연이나

當自不妄語始당자불망어시니라

사마온공이 말하기를

진실한 마음을 유지하는 길은 실로 어려운 일이나

망령된 말을 하지 않는 데서 출발하면 되느니라(가능 하느니라).

망령된 말을 하지 않음이 道의 출발이다.

存誠(존성) : 성실한 마음을 가짐. 진실한 마음을 견지함.

存誠之道(존성지도) : 진실한 마음을 유지하는 길.

固(고) : 굳을 고 ; 진실로. 참으로.

然(연) : 그러할 연 ; 그러나.

妄(망) : 망령될 망.

6_ 淸州本(청주본)에 '誠之道(성지도)'로 나와 있으나 他本(타본)에 의거하여 '存誠之道(존성지도)'로 수정하였다.

7.

益智書익지서[7]에 云운하되

君臣不信군신불신이면 國不安국불안하고

父子不信부자불신이면 家不睦가불목하고

兄弟不信형제불신이면 情不親정불친하고

朋友不信붕우불신이면 交易失교이실이니라

익지서에 이르기를

임금과 신하가 서로 믿지 못하면 나라가 평안하지 못하고

부모와 자녀가 믿지 못하면 집안이 화목하지 못하고

형제간에 서로 믿지 못하면 정이 가까워지지 않으며

(정이 멀어지게 되고)

친구 간에 서로 믿지 못하면 우정을 잃기 쉬우니라.

睦(목) : 화목할 목.

情不親(정불친) : 정이 가까워지지 않는다. 멀어진다.

交易失(교이실) : 사귐을 쉽게 잃는다. 우정을 잃기 쉽다.

7_『益智書(익지서)』: 지혜에 도움이 되는 책.

8.

子曰 자왈

無信不立 무신불립이니라[8]

스승께서 말씀하시기를

신의가 없으면 설(존립할) 수 없느니라.

| 믿음이 삶의 기본이라는 뜻이다.

'子貢(자공) 問政(문정), 子曰(자왈) 足食(족식), 足兵(족병), 民信之矣(민신지의) – 자공이 정사를 묻자 공자께서 대답하시기를, 경제를 튼튼히 하고, 국방을 튼튼히 하고, 백성들로 하여금 신뢰를 얻는 것이다.'

자공이 "부득이 세 가지 중에 한 가지를 택한다면 무엇을 택해야 합니까." 다시 여쭈니 공자께서 "民信(민신)이다. 백성들의 신뢰가 없으면 存立(존립)할 수 없는 것이다." 라고 대답하신 말씀 중의 한 구절이다.

8_ 淸州本(청주본)에 없는 구절이나 「存信篇(존신편)」에 어울리는 글이어서 필자의 자의로 수록하였다. 『論語(논어)』「顔淵篇(안연편)」에 실려 있다.

명심보감에 인용된 대표적 자료 (가나다순)

01. 경행록(景行錄) : 착한 행실을 기록한 송대(宋代)의 책.

02. 공자가어(孔子家語) : 가어(家語)라 함은 '공자가어'를 이르는 표현임.

03. 귀전록(歸田錄) : 송(宋)나라 구양수(歐陽脩)가 지은 책.

04. 근사록(近思錄) : 송(宋)나라 때 신유학의 생활 및 학문에 대한 지침서.

05. 금강경(金剛經) : 공사상(空思想)의 원리를 정리한 경전.

06. 동몽훈(童蒙訓) : 송대(宋代)의 아동 교양서.

07. 사기(史記) : 중국 고대 정사(正史)의 으뜸으로 꼽는 사마천의 역사서.

08. 사서(四書) : 논어(論語), 맹자(孟子), 대학(大學), 중용(中庸).

09. 설원(說苑) : 전한(前漢)의 유향(劉向)이 편찬한 책.

10. 성리서(性理書) : 송대(宋代)의 성리학(性理學)에 관한 책.

11. 소서(素書) : 한(漢)나라 황석공(黃石公)의 저서.

12. 안씨가훈(顔氏家訓) : 북제(北齊)의 안지추(顔之推)가 지은 책.

13. 오경(五經) : 시경(詩經), 서경(書經), 주역(周易), 예기(禮記), 춘추(春秋).

14. 이견지(夷堅志) : 송대(宋代)에 홍매(洪邁)가 엮은 설화집.

15. 익지서(益智書) : 송대(宋代)의 교양서.

16. 주례(周禮) : 주공(周公) 단(旦)이 지었다고 전하는 42권의 책.

17. 포박자(抱朴子) : 갈홍이 불로장수의 비법을 서술한 도교 서적.

18. 한서(漢書) : 후한의 반고(班固)가 편찬한 책. 누이 반소(班昭)가 완성.

제18편 | 언어편

言語篇

말이 생명이다

思想感情(사상감정)의 表出(표출)인 언어의 중요성을 간파한 글을 모은 편이다. 말 한마디가 얼마나 소중한가. 말 한마디로 천냥 빚을 갚는다. '男兒一言重千金(남아일언중천금)'이라 하지 않았던가?

1.

子曰 자왈

中人以上중인이상은 可以語上也가이어상야어니와

中人以下중인이하는 不可以語上也불가이어상야니라[1]

스승께서 말씀하시기를

중급(중등) 이상의 사람에게는 높은 것[인생, 철학, 천리와 같은

形而上學的(형이상학적)]인 것을 말해 줄 수 있으나

중급 이하의 사람에게는 상(형이상학적인 것)을 말해 줄 수 없다.

> 상대의 학력, 지식, 지혜, 경험, 근기에 따라
>
> 눈높이대로 교육해야 한다. 유치원생을 모아 놓고
>
> 인생을 논하는 우를 범하지 말라는 뜻이다.

中人以上(중인이상) : 성현. 군자.

中人以下(중인이하) : 소인.

1_『論語(논어)』「雍也篇(옹야편)」에 나오는 글이다.

2.

子曰자왈

可與言而不與之言가여언이불여지언이면 失人실인이요

不可與言而與之言불가여언이여지언이면 失言실언이니

知者지자는 不失人불실인하며 亦不失言역불실언이니라[2]

스승께서 말씀하시기를

함께 말해도 될 사람인데도 말을 하지 않으면

사람을 잃는 것이요

함께 말해서는 안 될 사람인데 말을 하면

그 말을 잃는 것(실언)이 되나니

지혜로운 사람은 사람도 잃지 아니하고

또한 실언도 하지 않느니라.

> 바탕이 선한 사람을 道로 인도하지 못하면 失人(실인)이요,
>
> 진실한 충고를 하였는데도 듣지 않으면 失言(실언)이 된다는 뜻이다.

可與言(가여언) : 함께 말을 해도 되는 선인. 바탕이 훌륭한 사람.

失人(실인) : 사람을 잃다.

失言(실언) : 말을 잃다. 말실수. 헛수고.

知者(지자) : 지혜로운 자. 군자 ; 옛날에는 '知(지)'와 '智(지)'를 혼용하였다. 여기서는 '지혜로운'의 의미로 쓰였다.

2_『論語(논어)』「衛靈公篇(위령공편)」에 나오는 글이다.

3.

士相見禮曰사상견례[3]왈

與君言여군언엔 言使臣언사신이요

與大人言여대인언엔 言事君언사군이며

與老者言여노자언엔 言使弟子언사제자하며

與幼者言여유자언엔 言孝弟于父母언효제우부모하며

與衆言여중언엔 言忠信慈祥언충신자상하며

與居官者言여거관자언엔 言忠信언충신하라

사상견례의 글에서 말하기를

임금과 말할 때는 '신하를 관리하는 문제'를 화제로 삼으며

대인(높은 벼슬, 고관대작)과 이야기할 때는

(그 화제의 중심을) '임금을 섬기는 것'에 관한 것으로 화제를 삼으며

나이 드신 분과 말씀을 나눌 때는

'그 자제분들에 관한 이야기'를 화제로 삼으며

어린 사람들과 이야기를 나눌 때는

'부모님에 대한 효도와 공경'을 화제로 삼으며

여러 사람과 함께 말을 하는 경우에는

'진실, 믿음, 자애로움과 상서로움에 관한 이야기'를

화제로 삼아 말하고

벼슬아치(관리)들과 이야기할 때는 '충의와 신의'에 대한 것으로

화제를 삼으라.

3_「士相見禮(사상견례)」: 『儀禮(의례)』의 편명.

상대에 따라 어떤 것을 화제로 삼는 것이 좋은지에 대한 해설이다. 가능하면 들어 좋은 이야기, 관심 가는 이야기, 교육적인 내용의 이야기를 하라는 글이다.

특히 '慈祥(자상)'은 사랑에 관한 이야기와 상서롭고 들어서 복된 이야기만을 골라 하라는 것이다.

그러나 우리는 어떤가? 話題(화제)의 절반이 비방이요, 악담이요, 험담이다.

使臣(사신) : 신하를 부리다. 관리하다.

孝弟(효제) : 효도와 공경. 孝悌(효제)와 같은 뜻.

祥(상) : 상서로울 상 ; 詳言(상언) : 상서로운 말.

慈祥(자상) : 자애로움. 상서로움(길한 이야기).

言忠信(언충신) : 충(나라에 대한) 신(상대에 대한 믿음).

신하는 위로 임금께 충성하고 아래로 백성에게 '信義(신의)'가 있어야 하므로, 즉 '無信不立(무신불립)', 충의와 신의에 대해 화제로 삼으라는 것이다.

4.

子曰자왈

夫人부인은 不言불언이언정

言必有中언필유중이니라[4]

공자께서 말씀하시기를

(민자건) 저 사람은, 비록 말을 하지 않을지언정

하게 되면 반드시 이치에 맞는다.

| 이치에 맞는 말을 하라는 것이다.

이 글은 '魯人爲長府(노인위장부) 閔子騫曰(민자건왈) 仍舊貫如之何(잉구관여지하) 何必改作(하필개작) – 魯(노)나라 사람이 '장부'라는 창고를 고쳐 짓자 민자건이, "그대로 하는 것이 어떤가? 왜 하필 고쳐 지으려 하는가?"' 하자, 공자가 민자건을 칭찬하며 한 말로, "저 사람은 (평소에) 말을 잘 하지 않지만, 했다 하면 반드시 이치에 맞는 말을 하는 자이다."이다.

夫(부) : 무릇 부.

夫人(부인) : 저 사람. 그 사람.

有中(유중) : 이치에 맞음이 있다. 이치에 맞다.

4_『論語(논어)』「先進篇(선진편)」 열세 번째 구절이다.

5.

劉會曰유회[5]왈

言不中理언부중리면

不如不言불여불언이니라

유회가 말하기를

이치에 맞지 않는 말을 함은

말을 아예 하지 않는 것만 못하다.

> 이치에 맞지 않는 말을 하느니, 차라리 잠자코 있어라.

不中(부중) : 이치에 맞지 않다.

5_ 劉會(유회) : 알려지지 않은 인물. 단, 평성 사람으로 중국 南朝(남조) 齊(제)나라 永明末(영명 말)에 文章(문장)의 領袖(영수)가 된 '劉繪(유회)'라는 사람이 있다.

6.

一言不中일언부중이면 千語無用천어무용이니라

한 마디 말이라도 이치에 맞지 아니하면
천 마디 말도 다 소용이 없게 된다.

그러니 '三思一言(삼사일언)'하라는 말이다.

千語(천어) : 말을 많이 함. 천 마디의 말.
無用(무용) : 소용이 없다.

7.

景行錄경행록에 云운하되

稠人廣座조인광좌에 一言之失일언지실이면

顔色之差안색지차하여 便有悔吝변유회린이니라

경행록에 이르기를

여러 사람과 함께하는 자리에 말 한마디라도 실수하게 되면

(모든 이의) 얼굴빛이 일그러져 (얼굴을 찡그리게 하여)

종국에는 후회와 부끄러움이 따를 것이다.

> 여럿이 모인 자리거나 많은 사람들이 모이는 자리에서는
>
> 특히 말조심을 하라는 가르침이다.
>
> 지도자들이 새겨 두어야 할 명언이다.

비슷한 말로, '群居守口(군거수구) 獨座防心(독좌방심)'이란 말이 있다. '여럿이 있을 땐 언행을 삼가고, 홀로 있을 땐 邪念(사념)이 일지 않도록 조심하라.'는 뜻이다.

稠(조) : 빽빽할 조.

廣座(광좌) : 넓은 자리. 많은 사람들이 모인 장소.

顔色(안색) : 얼굴 빛 ; 顔色之差(안색지차) : 안색이 달라지다.

便(변) : 문득 변 ; 문득. 종국에는.

悔吝(회린) : 후회와 부끄러움.

8.

子曰 자왈

小辯害義 소변해의요

小言破道 소언파도니라[6]

스승께서 말씀하시기를

법도에 어긋난 변설은 의를 해치고

이치에 맞지 않는 말은 도를 깨뜨린다.

> 小言辯(소언변) 害破道義(해파도의)
>
> 이치에 맞지 않는 언변은 도의를 파괴하는 법이니
>
> 도리에 맞는 말을 하라는 것이다.

小辯(소변) : 법도에 어긋난 변설.

小言(소언) : 도리에 맞지 않는 말.

6_『孔子家語(공자가어)』「好生篇(호생편)」에 나오는 글이다.

9.

君平曰군평[7]왈

口舌者구설자는 禍患之門화환지문이요

滅身之斧也멸신지부야니라

군평이 말하기를

입과 혀는 재앙과 환란을 불러들이는 문이요

몸을 망치는 도끼와 같으니라.

> 입은 그 모습이 문처럼 생겼고, 혀는 그 모습이 도끼날처럼
>
> 생긴 것에 착안하여 입을 門(문), 혀를 도끼날에 비유한 명언이다.
>
> 보라, 말로 하여 舌禍(설화) 입은 자 그 얼마이던가?
>
> 그러니 소강절 선생의 말처럼
>
> 樂道善言(낙도선언 : 좋은 말 하기를 즐겨라.)하고
>
> 三思一言(삼사일언 : 세 번 생각하고 한 마디 말한다.)
>
> 정신으로 말조심할 일이다.

禍患(화환) : 재앙과 근심.

滅身(멸신) : 몸을 망치다.

斧(부) : 도끼 부.

7_ 君平(군평) : 한나라 때 蜀人(촉인). 이름은 嚴遵(엄준). 字(자)는 군평. 卜筮(복서)에 능하였다. 저서로 『老子指歸(노자지귀)』가 있다.

10.

四皓謂사호[8]위 子房曰자방[9]왈

向獸彈琴徒盡其音聲也哉향수탄금도진기음성야재요

以言傷人痛如刀戟이언상인통여도극이라오

四皓(사호 : 네 사람의 현인)가 자방(장량)에게 일러 말하기를

짐승을 향하여 거문고를 연주함은

쓸데없이 그 소리를 낭비함(소진)이요

말로 상대에게 상처를 주면(상대에게 상처를 주는 말은)

그 아픔이 창, 칼로 찌름과 같으니라.

> 상대에게 상처 주는 말을 경계하고 삼가라는 것이다.
>
> 칭찬은 고래도 춤추게 한다 하지 않았던가?

皓(호) : 흴 호 ; 희다. 깨끗하다.

獸(수) : 짐승 수.

彈(탄) : 쏠 탄. 연주할 탄.

琴(금) : 거문고 금.

徒(도) : 무리 도 ; 헛되이. 보람 없이.

盡(진) : 다할 진.

痛(통) : 아플 통.

8_ 四皓(사호) : 진나라 말 세상의 어지러움을 피하여 섬서성 商山(상산)에 은거한 네 노인. 수염과 눈썹이 새하야므로 四皓라 함. 園公(원공), 綺里季(기리계), 夏黃公(하황공), 甪里先生(녹리선생) 네 사람을 이름.

9_ 子房(자방) : 張良(장량). 한나라를 일으킨 三傑(삼걸 : 소하, 장량, 한신) 가운데 한 사람. 시호는 文成(문성), 字(자)는 子房(자방).

11.

荀子云순자운

與人善言여인선언은 煖於布帛난어포백[10]이요

傷人之言상인지언은 深於矛戟심어모극이니라[11]

순자에 이르기를

상대에게 주는 좋은 말은 따뜻하기가 의복보다 더하고

상대를 해치는 말은 (그 아픔이) 창으로 찌르는 것보다 심하다.

> 좋은 말을 해 주는 것은 따뜻한 의복을 주는 것 이상으로
>
> 은혜로운 것이다.

與(여) : 줄 여 ; 함께하다. 주다. 여기서는 '주다.'의 의미로 쓰였다.

善人言(선인언) : 선인의 말.

與人善言(여인선언) : 상대에게 주는 좋은 말.

煖(난) : 따뜻할 난.

布帛(포백) : 무명 포, 비단 백 ; 織類(직류)의 통칭. 의복.

矛(모) : 창 모.

戟(극) : 창 극.

10_ 淸州本(청주본)에는 '煖如布帛(난여포백)'으로 나와 있으나 원문에 의거하여 '如'를 '於'로 하였다. 대구로 보아도 '於'가 맞을 듯하다.

11_ 『荀子(순자)』「榮辱篇(영욕편)」에 나오는 글이다.

12.

離騷經云이소경[12]운

甛言如蜜첨언여밀이요

苦語如刀고어여도로다

人不以多言爲益인불이다언위익이요

犬不以善吠爲良견불이선폐위량이니라

이소경에 이르기를

달콤한 말은 꿀과 같고

거슬리는 말은 칼과 같구나.

사람이 말이 많다 하여 (다) 이익이 될 수 없으며

개가 잘 짖는다 하여 (다) 좋은 것이 아니니라.

> 좋은 말이건 나쁜 말이건 말을 너무 많이 하지 말라는 가르침이다.
> '좋은 노래도 세 자리'라는 말이 떠오른다.

윗글은 굴원이 임금에게 충간하다가 참소를 당한 뒤, 배척을 받은 자신의 처지를 노래한 글의 일부이다.

甛言(첨언) : 달 첨 ; '甜(첨)'과 같은 글자.

苦語(고어) : 귀에 거슬리는 말.

12_『離騷經(이소경)』: 楚(초)의 충신 '굴원'이 지은 賦(부)의 이름. 참소를 당하여 임금을 만날 기회를 잃은 憂思煩悶(우사번민)의 심정을 읊은 서정적 대서사시. 초사의 기초가 됨.

13.

刀瘡易可 도창이가나

惡語難消 악어난소니라

칼에 찔린 상처는 쉬이 나을 수 있으나

악한 말의 (여파)는 소멸되기 어렵다.

상대에게 상처 주는 말을 삼가라는 것이다.

의역하면, '칼에 찔린 상처는 쉽게 나을 수 있을지 몰라도 나쁜 말로 인한 그 여파는 오래오래 지속되어 쉬이 사라지지 않는다.'이다.

瘡(창) : 부스럼 창 ; 상처.

可(가) : 가능할 가 ; 치료가 가능하다.

消(소) : 없어질 소.

14.

利人之言이인지언은 煖如綿絲(絮)난여면사(서)[13]요
傷人之語상인지어는 利如荊棘이여형극이라
一言半句(利人)일언반구(이인)[14]이 重直千金중치천금이요
一語傷人일어상인이 痛如刀割통여도할이라

상대를 이롭게 하는 말은 따뜻하기가 솜과 같고
상대를 해치는 말은 날카롭기가 가시와 같네.
단 한마디 말이라도, 소중하기가 천금 같고
상대를 해치는 말 한마디, 그 고통 칼로 베는 듯하구나.

利(이) : 날카로울 이.
利人(이인) : 남을 이롭게 하다.
絮(서) : 솜 서.
荊(형) : 가시 형.
棘(극) : 가시 극. *蕀(극) : 천문동 극. 아기풀 극.
一言半句(일언반구) : 단 한마디 말.
直(치) : 값 치, 곧을 직.
割(할) : 벨 할 ; 칼로 베다.

13_ 淸州本(청주본)에는 '綿絮(면서)'가 '綿絲(면사)'로 나와 있으나 '綿絮(면서)'의 誤刻(오각)인 듯하다.
14_ 편집본에는 '一言半句(일언반구)'가 '一言利人(일언이인)'으로 나와 있다. 대구로 보아 '一言利人'이 맞을 듯하다.

15.

舌詩설시에 云운하되

口是禍之門구시화지문[15]이요

舌是斬身刀설시참신도[16]이니

閉口深藏舌폐구심장설이면

安身處處牢안신처처뢰더라

풍도[17]의 설시에 이르기를

입은 재앙을 불러오는 문이요

혀는 몸을 베는 칼이니

입을 닫고 혀를 깊이 감추면

처신하는 곳마다 그 몸이 편안하리라.

이 시는 당 말기부터 5대 10국 시대까지 다섯 왕조를 거치며 열한 명의 임금을 섬긴 처세의 달인 馮道(풍도)의 舌詩(설시)다. 全唐

15_ 淸州本(청주본)에는 '口是禍之門(구시화지문)'이 '口是傷人斧(구시상인부)'로 나와 있다. 앞서 '口舌者 禍患之門(구설자 화환지문)'에서 설명한 대로 입은 문처럼 생겼지, 도끼처럼 생기진 않았다.

16_ '舌是斬身刀(설시참신도)'가 '言是割舌刀(언시할설도)'로 되어 있다. 혀는 칼(양날의 칼)처럼 생겼으니 비유는 적합하나 뜻이 '말은 혀를 베는 칼'이 되어 도무지 설명이 안 되는 잘못된 비유다. 그러므로 원래의 馮道(풍도)의 舌詩대로 내용을 바로잡는다. 아마 淸州本(청주본) 발간 당시 發刊(발간)을 서두른 탓이거나, 아니면 范立本(범립본)이 시를 인용하는 과정에서 착오가 있었던 듯하다.

17_ 馮道(풍도, 882~954) : 唐末(당말)의 사람. 字(자)는 可道(가도). 唐(당)나라가 망한 뒤에도 진, 거란, 후한, 후주 등 五朝十一君을 섬기고 73세로 장수. 시호는 문의. 『九經(구경)』을 최초로 彫版印書(조판인서)로 출간.

詩(전당시)에 실려 있는 이 詩가 淸州本(청주본)에 잘못 引用(인용)
되어 있어 해석의 어려움을 느끼던 중 우연히 舌詩(설시)를 접하게
되어 그 내용을 원문대로 실었다.

斬(참) : 벨 참.
閉(폐) : 닫을 폐.
藏(장) : 감출 장.
牢(뢰) : 우리 뢰 ; 짐승을 가두어 두는 곳.

16.

子貢曰자공왈

一言以爲智일언이위지요

一言以爲不智일언이위부지이니

言不可不愼也언불가불신야니라[18]

자공이 말하기를

한마디 말로 (모두가) 지혜롭게 여기기도 하고

한마디 말로 (모두가) 지혜롭지 못하다고 여기기도 하나니

말을 함에 삼가지 않으면 안 되는 것이다.

지도자들의 言行(언행)을 경계한 명언이다.

이 글은 말실수한 제자를 꾸짖는 자공의 말이다. 원문은 '君子一言以爲智(군자일언이위지)'로 시작하는데 윗글에는 '君子'가 빠져 있다.

爲智(위지) : 지혜롭다고 여기다.

不可不(불가불) : ~하지 않으면 안 된다.

18_『論語(논어)』「子張篇(자장편)」에 나오는 말이다.

17.

論語云논어운

一言可以興邦일언가이흥방이요

一言可以喪邦일언가이상방이니라[19]

논어에 이르기를

한마디 말이 나라를 일으킬 수 있고

한마디 말이 나라를 잃게도(망하게) 할 수 있느니라.

원문은 '定公問(정공문) 一言而可以興邦(일언이가이흥방) 有諸(유저) - 定公이 묻기를 "한마디 말이지만 나라를 일으킬 수 있다고 하는데 그런 말이 있습니까?"' 하고 묻자 공자께서 답한 글 가운데 일부다.

興(흥) : 흥할 흥.
邦(방) : 나라 방.
喪(상) : 잃을 상.

19_『論語(논어)』「子路篇(자로편)」에 나오는 글이다.

18.

藏經云장경운

人於倉卒顚沛之際인어창졸전패지제[20]라도

善用一言선용일언이면

上資祖考상자조고요

下廕兒孫하음아손이니라

대장경에 이르기를

사람이 예고 없는 위급한 상황에 처한다 하여도

한마디 말이라도 온 정성을 다하여 한다면

위로는 조상이 돕고

아래로는 그 자손들을 보호할 수 있을 것이다.

藏經(장경) : 대장경.

倉(창) : 창고 창. 갑자기 창.

卒(졸) : 마침 졸 ; 졸지에.

倉卒(창졸) : 창졸간에. 갑자기. 졸지에. 급작스럽게.

顚(전) : 구를 전.

沛(패) : 늪 패.

顚沛之際(전패지제) : 위급한 상황.

善用一言(선용일언) : 한마디 말이라도 최선을 다함. 온 정성을 다함.

資(자) : 도울 자.

祖考(조고) : 조상. 할아버지.

廕(음) : 덮을 음 ; 보호하다.

20_ 淸州本(청주본)의 '顚沛之濟'는 '顚沛之際'로 수정하였다.

19.

逢人且說三分話봉인차설삼분화하되
未可全抛一片心미가전포일편심하라
不怕虎生三箇口불파호생삼개구요
只恐人情兩樣心지공인정량양심이니라

사람을 만나 이야기를 나누되 (속마음) 십분의 삼쯤만 말할 뿐
한 조각 속마음까지 다 털어놓지 말아라.
(아가리 벌린) 호랑이 입 세 개가 두려운 것이 아니라
(겉 다르고 속 다른) 사람의 두 마음이 두려울 뿐이다.

> 처음 만나는 사람에게는 마음을 삼 푼쯤 숨기라는 옛말이 있다.
> 말이 갖는 위력과 잘못 뱉어질 경우 가져올 파장을
> 염려한 가르침이다.

아가리 벌린 호랑이 입보다, 그것도 세 마리의 입보다 더 무서운 것이 겉 다르고 속 다른 사람의 마음이다. '面從腹背(면종복배)'라는 말이 있다. 겉으로는 따르는 척하지만 속마음은 다르다는 뜻이다.

역사를 더듬어 볼 때, 말 때문에 영웅이 되고 말 때문에 역적이 되는 경우가 얼마나 많았던가. 최고 지도자부터 張三李四(장삼이사)까지 말을 순화하고 가려서 할 때 보다 나은 선진 사회를 이룰 수 있을 것이다.

三分(삼분)은 '네 말의 뜻은 十分(십분)이해하지만'이라고 말할 때의 '十分(십분)' 가운데 '三(삼)'만큼을 뜻한다. '十分(십분)'은 모든 것을 의미한다.

逢(봉) : 만날 봉.

且(차) : 또 차 ; 장차.

三分(삼분) : 3/10. 3割(할).

未可(미가) : 옳지 않다.

抛(포) : 던질 포.

片(편) : 조각 편.

怕(파) : 두려울 파.

虎生(호생) : 호랑이.

箇(개) : 낱 개.

只(지) : 다만 지.

恐(공) : 두려울 공.

樣(양) : 모양 양.

20.

子曰자왈

巧言令色교언영색이면

鮮矣仁선의인이니라[21]

공자께서 말씀하시기를

말을 꾸며 번지르르하게 하고 외모를 꾸며

거짓된 표정을 짓는 자 치고

어진 사람이 드물다.

> 말을 번지르르하게 하고 외모를 꾸미기 좋아하는 자,
>
> 진실성이 없는 자이다.

巧(교) : 꾸밀 교. 교묘할 교.

巧言(교언) : 실상은 없이 듣기 좋게 꾸며 대는 말(감언이설).

令(영) : 하여금 영. 하여금 령.

令色(영색) : 부드러운 얼굴 빛. 아첨하는 얼굴 빛.

鮮(선) : 드물 선.

21_『論語(논어)』「學而篇(학이편)」과 「陽貨篇(양화편)」에 반복하여 나오는 글이다. 이로 미루어 공자님께서는 특히 '巧言令色(교언영색)'을 경계하신 듯하다.

21.

酒逢知己千鍾少주봉지기천종소요

話不投機一句多화불투기일구다[半句多(반구다)]니라[22]

술이 친구를 만나면 천 잔도 적으나

말이 이치에 맞지 않으면 한마디도 많다.

의역하면, '친구와 마시는 술은 천 잔을 마셔도 적게 느껴지나 말이 이치에 맞지 않으면 단 한마디도 지겹게 느껴진다.'이다.

知己(지기) : 나를 알아주는 친구.

鍾(종) : 잔 종 ; 鐘(종)과는 다르다. 鍾(종)은 컵(Cup)이고, 鐘(종)은 벨(Bell)이다.

投機(투기) : 맞을 투. 이치 기 ; 이치에 맞다.

22_ 元(원)나라 때 楊暹(양섬)의 『西游記(서유기)』와 明(명)나라 高祖(고조)의 『瑟琶記(슬파기)』에는 '千鍾少(천종소)'가 '千杯少(천배소)'로, '一句多(일구다)'가 '半句多(반구다)'로 나와 있다. 개인적 의견으로는 '一句多'보다 '半句多'가 더 나을 듯하다.

22.

能言(능언)은 能語解人(능어해인)이니
胸寬(흉관) 腹大(복대)해야 하느니라

말을 잘한다는 것은 상대가 이해하기 쉽게 말하는 것이니
(그러고자 한다면)가슴이 넓고(포용력) 배포가 커야(자신감) 하느니라.

| 진실로 말을 잘하는 사람은 상대의 말을 잘 이해하는 사람이다.

能言(능언) : 말을 잘하다.
能語解(능어해) : 말의 이해도가 빠르다.
胸(흉) : 가슴 흉.
腹(복) : 배 복.

필자의 오랜 강의 경험으로 말하면 말을 잘하고자 한다면 어떠한 대상이라도 거침없이 말할 수 있는 당당한 자신감이 필요하고, 반면 설사 이해력이 부족한 사람이라도 자상하게 안고 갈 수 있는 따뜻한 포용력이 필요함을 절감하였다.

23.

荀子云순자운

贈人以言증인이언이 重於金石珠玉중어금석주옥이요

觀人以言관인이언이 美於黼黻文章미어보불문장[23]이며

聽人以言청인이언이 樂於鐘鼓琴瑟낙어종고금슬이니라[24]

순자에 이르기를

상대에게 좋은 말을 해 줌이 금은보석이나

주옥을 선사하는 것보다 소중하고

좋은 말을 하는 모습을 보여 주는 것이

보불(황제의 예복에 수놓은 화려한 색채의 무늬)무늬보다 더 아름답고

상대에게 좋은 말을 들려줌이

종소리, 북소리, 비파, 거문고 소리보다 즐거운 것이다.

> 상대방에게 좋은 모습, 좋은 말씨를 선사함이
>
> 그 어떤 금은보화보다도 귀하고 아름답다는 뜻이다.

윗글 다음으로, '故君子之於言無厭(고군자지어언무염)'이 이어진다. 그러므로 군자의 말은 싫어함이 없는 것이다.

23_ 원문에는 '美於詩賦文章(미어시부문장)'이 '美於黼黻文章(미어보불문장)'으로 나와 있다. 원문대로 수정하였다. 참고로 '黼黻(보불)'이란 고대 황제의 예복에 수놓은 화려한 색채의 무늬를 말한다.

24_『荀子(순자)』 제3권 「非相篇(비상편)」 제5에 나오는 글이다.

24.

子曰자왈

惡人難與言악인난여언이니

遜避以自勉손피이자면하라

공자께서 말씀하시기를

악한 사람과는 함께 이야기할 바 못되니

예절을 갖추어 피하여 스스로 권면하라.

> 악한 사람과 이야기함은 온당치 못하니
>
> 그런 사람을 만나거든 예절을 갖추어 피하고
>
> 스스로 공부하여 自得(자득)함이 더 나은 길이다.

與言(여언) : 함께 말을 하다.

遜(손) : 겸손할 손. 삼갈 손.

避(피) : 피할 피.

遜避(손피) : 예절을 갖추어 공손한 태도를 취하여 멀리하다. '敬而遠之(경이원지)'의 뜻.

25.

子曰자왈

道聽而塗說도청이도설이면 德之棄也덕지기야니라[25]

공자께서 말씀하시기를

큰길에서 듣고 골목길에서 말하는 것은 덕을 포기하는 것이다.

좋은 말을 들으면 그것을 마음속에 간직하여 깊이 생각하고 몸소 실천하여 자기 것으로 만들어야 함이 마땅한 일인 데, 그 소중한 말을 실천도 하기 전에 다른 사람에게 말하는 것은 덕을 버리는 처사라는 뜻이다. 그러니 '學行一致(학행일치)'할 일이다.

道(도) : 큰길 도.

塗(도) : 작은 길 도.

棄(기) : 포기할 기.

25_『論語(논어)』「陽貨篇(양화편)」에 나오는 글이다.

26.

子曰 자왈

君子 군자 不以言擧人 불이언거인이요

不以人廢言 불이인폐언이니라[26]

공자께서 말씀하시기를

군자는 말로써 그 사람을 擧用(거용)하지 않으며

사람으로서 그 말을 폐하지 않는다.[27]

> 군자는 상대가 말을 잘하고 못하고에 따라
>
> 들여 쓰지 않으며(요즘의 채용)
>
> 그 사람이 어떤 사람이든(빈부귀천) 간에
>
> 좋은 말이면 취하고 나쁜 말이면 버린다.

擧人(거인) : 들여 쓰다. 채용하다.

廢言(폐언) : 그 말을 버리다. 말을 듣지 않는다.

26_『論語(논어)』「衛靈公篇(위령공편)」에 나오는 글이다.

27_ 淸州本(청주본)에는 나오지 않는 글이나 좋은 글이라 덧붙였음을 밝힌다.

제19편 | 교우편

交友篇

벗을 가려 사귀어라

이 편은 인간관계의 소중함, 특히 우정의 소중함과 벗에 대한 도리 등을 간파한 글의 모음이다.
지능지수보다 감성지수, 감성지수보다 관계지수(NQ)가 중요하다는 지적에서 보듯, 현대 생활에서 가장 중요한 인간관계에 관한 글이니 한 구절 한 구절 음미해 볼 만하다.

1.

子曰자왈

與善人居여선인거면 如入芝蘭之室여입지란지실하여

久而不聞其香구이불문기향하듯 卽與之化矣즉여지화의요

與不善人居여불선인거면 如入鮑魚之肆여입포어지사[1]하여

久而不聞其臭구이불문기취하듯 亦與之化矣역여지화의니라

丹之所藏者赤단지소장자적이요

漆之所藏者黑칠지소장자흑이니

是以君子必愼其所與處者焉시이군자필신기소여처자언이니라

공자께서 말씀하시기를

좋은 사람과 함께 있으면 마치 지초나 난초처럼 향기를 뿜는

香草(향초)를 키우는 방에 들어가 있는 것과 같아서

시간이 지나면 그 향기를 맡을 수 없게 되듯이

함께함으로써 동화되는 것이요

不善(불선)한 사람과 함께 있으면

마치 건어물 가게에 들어가는 것과 같아서

오래되면 그 냄새를(느끼지 못하게 되듯)

또한 함께함으로 동화되는 것이다.

붉은색의 단을 지니고 있으면 붉어지고

(검은) 옻을 지니고 있으면 검어지는 것이니

1_ '소인배들이 모여드는 곳'이라는 뜻의 '鮑魚之肆(포어지사)' 成語(성어)가 이 글에서 由來(유래)하였다.

이러한 까닭에 군자는 반드시 그곳에 누구와 함께할 것인지를
마음에 두어야 한다.

착한 사람과 사귀면 자기도 모르는 사이에
感化(감화)되어 착해진다는 것이다.

인생을 살아가는 데 친구처럼 소중한 존재가 없으니 가려 사귀라는[交必擇友(교필택우)] 말씀이다.

이 글은 원래 공자께서 제자인 자하와 자공을 평하는 가운데 "자하는 갈수록 진보하고 자공은 날로 퇴보할 것이다. 자하는 자기보다 더 나은 사람을 가까이하고 자공은 자기보다 더 못한 사람을 가까이하기 때문이다."에 나오는 글로, 군자는 누구와 함께하느냐가 중요하다는 의미를 '芝蘭之室(지란지실)'과 '鮑魚之肆(포어지사)'에 비유하여 설명한 글이다.

與(여) : 함께할 여.
芝(지) : 지초 지. 영지 지.
化(화) : 될 화 ; 동화되다. 감화되다.
久(구) : 오랠 구.
聞(문) : 들을 문. 냄새 맡을 문.
鮑(포) : 절인 생선 포.
肆(사) : 가게 사.
丹(단) : 붉을 단. 朱砂(주사) 단.
漆(칠) : 옻 칠.

2.

子曰자왈

與好人交者여호인교자는 如蘭蕙之香여난혜지향하여

一家種之일가종지에 兩家皆香양가개향이요

與惡人交者여악인교자는 如抱子上墻여포자상장하여

一人失脚일인실각에 兩人遭殃양인조앙이니라

공자께서 말씀하시기를

좋은 사람과의 사귐은 마치 난초와 혜초의 향기처럼

어느 한 집에 심으면 두 집 모두 향기를 맡게 되는 것과 같고

악한 사람과의 사귐은 마치 아이를 안고 담장 위에 오르는 것처럼

한 사람이 발을 헛디디면

두 사람이 모두 재앙을 입는(다치게 되는) 것과 같으니라.

一家(일가) : 어느 한 쪽 집.

抱(포) : 안을 포.

抱子(포자) : 아이를 안다.

上墻(상장) : 담에 오르다.

失脚(실각) : 떨어지다. 발을 헛디디다. 失足(실족).

遭(조) : 만날 조.

殃(앙) : 재앙 앙.

3.

家語가어에 云운하되

與好學人同行여호학인동행이면 如霧中行[2]여무중행하여

雖不濕衣수불습의라도 時時[3]有潤시시유윤하고

與無識人同行여무식인동행이면 如廁中坐여측중좌하여

雖不污衣수불오의라도 時時聞臭시시문취하고

與惡人同行여악인동행이면 如刀劍中여도검중하여

雖不傷人수불상인이라도 時時驚恐시시경공이니라

공자가어에 이르기를

배움을 좋아하는 사람과 함께 가면

마치 안개 속을 지나가는 것과 같아서

비록 젖은 옷을 입지 않았으나 서서히 그 옷이 젖어드는 것과 같고

무식한 사람과 함께 가면 마치 측간에 앉아 있는 것과 같아서

비록 더러운 옷을 입지 않았으나 시간이 흐름에

그 냄새가 배어 풍기게 되는 것과 같고

악한 사람과 함께 가면 마치 도검(칼, 무기)을

지니고 있는 사람과 함께하는 것과 같아서

비록 그가 해치지 않는다 하더라도 시간이 흐름에

놀람과 공포감에 빠져들게 되는 이치와 같으니라.

2_ 淸州本(청주본)에 '霧露中行(무로중행)'을 '霧中行(무중행)'으로 수정하였다.

3_ '時時'에 대한 해석이 관건이다. 대개 '때때로'로 번역한 경우가 있으나 문맥상 맞지 않는다. 필자는 '時時刻刻(시시각각)'에서 온 '時時'로 보아 '시간이 흐름에 따라', '서서히'로 번역하였다.

좋은 사람에게서는 좋은 영향을 받고
나쁜 사람에게서는 나쁜 영향을 받는다.

霧(무) : 안개 무.
潤(윤) : 젖을 윤.
厠(측) : 측간 측 ; 변소. 화장실.
聞臭(문취) : 냄새를 맡다. 냄새를 풍기다.
刀(도) : 칼 도.
劍(검) : 칼 검 ; 양날의 칼.
驚(경) : 놀랄 경.
恐(공) : 두려울 공.

4.

太公曰태공왈

近朱者赤근주자적이요 近墨者黑근묵자흑이며

近賢者明근현자명이요 近才者智근재자지며

近痴者愚근치자우하고 近良者德근량자덕하며

近智者賢근지자현하고 近愚者暗근우자암하며

近佞者諂근영자첨이요 近偷者賊근투자적이니라

태공이 말하기를

朱砂(주사)를 가까이하는 자 붉어지게 되고

먹을 가까이하는 자 검어지며

현자 가까이하는 자 사리에 밝게 되고

재주 있는 사람과 가까이하는 자 지혜롭게 되며

어리석은 사람과 가까이하는 자 우매하게 되고

선량한 사람과 가까이하는 자 덕스럽게 되며

지혜로운 사람과 가까이하는 자 현명하게 되며

우매한 사람과 가까이하는 자 막히게 되고

영악한 사람과 가까이하는 자 아첨하게 되고

훔치는 사람과 가까이하는 자 도적이 된다.

벗을 가려 사귀라는 격언이다.

비슷한 말로, 伝玄(전현)의 『太子少傳箴(태자소전잠)』에 '近朱者赤(근주자적) 近墨者緇(근묵자치)'가 있다.

朱(주) : 붉을 주.

朱砂(주사) : 붉은빛이 나는 '鑛(광)' 물질. 정제하여 염료나 한약재로 씀.

才(재) : 재주 재.

痴(치) : 어리석을 치.

佞(영) : 아첨할 영. 영악할 영.

諂(첨) : 아첨할 첨.

偸(투) : 훔칠 투.

賊(적) : 도적 적.

緇(치) : 검을 치.

5.

橫渠先生曰횡거선생[4]왈

今之朋友금지붕우는 擇其善柔以相與택기선유이상여하여

拍肩執袂박견집결하여 以爲氣合이위기합타가

一言일언이라도 不合불합이면 怒氣相加노기상가하나니

朋友之際붕우지제는 欲其相下不倦욕기상하불권이라

故고로 於朋友之間어붕우지간에 至於敬者지어경자[5]라야

日相親與일상친여하여 得效最速득효최속이니라[6]

횡거 선생이 말하기를

지금의 친구 사귐은 자기에게 아첨 잘하는 사람을 골라

서로 함께하며

어깨를 두드리고 소매를 끌면서

이로 하여 의기가 투합하였다고 하다가

(막상) 단 한마디라도 뜻이 맞지 않으면

(금방) 노기가 서로 倍加(배가) 되나니

(무릇) 친구 사귀는 도리는(자기를 낮추어)

서로 아래에 서고자 하기를 게을리하지 않는 것이다.

4_ 橫渠先生(횡거선생, 1020~1077) : 북송 때의 학자. 이름은 張載(장재). 자(字)는 子厚(자후). 號(호)는 橫渠(횡거). 宋朝六賢(송조육현) 가운데 한 사람으로, 저서에 『東銘(동명)』, 『西銘(서명)』, 『易說(역설)』이 있다.

5_ 『小學(소학)』 「嘉言篇(가언편)」에는 '至於敬者(지어경자)'가 '主其敬者(주기경자)'로 나온다. 뜻은 그대로이므로 淸州本(청주본)대로 하였다.

6_ 『張子全書(장자전서)』 「橫渠語錄(횡거어록)」에 나오는 글이다.

그러므로 친구지간에는 공경함에 머무는 자

(공경함으로 상대를 대하는 자)라야

서로 간에 날로 친밀해져 효과를 얻는 데 가장 빠른 길이니라.

(그 우정이 깊어지게 되는 것이다.)

> 朋友之際(붕우지제) 欲其相下不倦(욕기상하불권)'은
>
> 가슴에 새겨 둘 金言(금언)이다.
>
> 친구지간의 도리는 서로 상대를 공경하여 자기를 낮추고
>
> 아래에 서고자 하는 일을 게을리하지 않는 데 있다는 뜻으로,
>
> 모든 인간관계에 적용되는 명언이 아닐 수 없다.

善柔(선유) : 아첨할 뿐. 성실치 못함.
『論語(논어)』「季氏篇(계씨편)」'益者三友 損者三友(익자삼우 손자삼우)'.
*益者三友 : 友直(우직 : 정직), 友諒(우량 : 신의), 友多聞(우다문 : 지식).
*損者三友 : 友便辟(우편벽 : 비위를 잘 맞춤), 友善柔(우선유 : 아양 떠는 것),
友便佞(우편녕 : 말만 잘하는 것)

拍(박) : 두드릴 박.

肩(견) : 어깨 견.

袂(결) : 옷소매 결.

倦(권) : 게으를 권.

效(효) : 본받을 효.

6.

子曰 자왈

晏平仲안평중은 善與人交선여인교로다

久而敬之구이경지하는구나[7]

공자께서 말씀하시기를

안평중은 사람을 잘 사귄다.

오래되어도 공경함을 잃지 않는다.

> 얼마나 소중한 말씀인가?
>
> 인간관계를 중시하는 현시대에 이 말씀만큼 귀한 것이 어디 있을까?
>
> 모든 사람들, 그것이 어떤 관계의 사람이든,
>
> 그 관계가 오래될수록 함부로 하게 되어 있다.
>
> 부부간, 친구 간, 동료 간, 지도자와 백성들 간에…….
>
> 그러나 상대의 빈부귀천의 변화와 관계없이 처음 대할 때의
>
> 그 마음으로 久而敬之(구이경지)할 수 있다면
>
> 이 세상은 얼마나 품격 있는 사회가 될까?

善與人交(선여인교) : 사람을 두루 잘 사귄다.

久而敬之(구이경지) : 세월이 흘러도 공경함을 잃지 않는다.

晏(안) : 늦을 안. 姓(성) 안 *平仲(평중)은 晏嬰(안영)의 字(자).

久(구) : 오랠 구.

7_『論語(논어)』「公冶長篇(공야장편)」에 나오는 글로 공자께서 齊(제)나라 대부인 晏嬰(안영)을 칭찬한 글이다.

7.

嵇康曰혜강[8]왈

凶險之人흉험지인은 敬而遠之경이원지하고

賢德之人현덕지인은 親而近之친이근지하라

彼以惡來피이악래라도 我以善應아이선응하고

彼以曲來피이곡래라도 我以直應아이직응이면

豈有怨之哉기유원지재리오

혜강자가 말하기를

사악하고 음흉한 사람은 공경은 하되 멀리하고

어질고 덕이 있는 사람은 친절히 하여 가까이하라.

저쪽에서 (상대가) 악으로 대하더라도 나는야 선으로 응대하고

상대가 도리에 어긋나게 대하더라도 나는야 도리에 맞게 응한다면

어찌 원망이 있을 수 있겠는가?

嵇(혜) : 산이름 혜 ; 하남성에 있는 산.

凶險(흉험) : 흉험한. 사악하고 음흉한.

敬而遠之(경이원지) : 겉으로 공경하는 체하면서 속으로는 꺼리어 멀리함.

彼(피) : 저 피 ; '我(아)'의 반대. *彼我(피아) : 서로 간.

曲(곡) : 굽을 곡 ; 不正(부정). '直(직)'의 반대개념.

應(응) : 응할 응.

8_ 嵇康(혜강, 223~262) : 삼국시대 魏(위)나라 사람. 字(자)는 叔夜(숙야). 竹林七賢(죽림칠현) 가운데 한 사람. 저서로 『養生論(양생론)』이 있다.

*竹林七賢(죽림칠현) : 晉(진)나라 때 속세를 떠나 죽림에서 한가롭게 지낸 일곱 사람. 阮籍(완적), 阮咸(완함), 嵇康(혜강), 山濤(산도), 劉伶(유령), 王戎(왕융), 尙秀(상수).

8.

孟子曰맹자왈

自暴者자포자 不可與有言也불가여유언야요

自棄者자기자 不可與有爲也불가여유위야니라[9]

맹자께서 말씀하시기를

스스로를 해치는 자와는 함께 말할 수 없고

스스로를 버리는 자와는 함께 일할 수 없다.[10]

> 자기 몸을 스스로 해치고 포기하여 몸가짐이나 행동을 마음대로
>
> 한다는 뜻의 '自暴自棄(자포자기)'를 경계하는 말로,
>
> '自重自愛(자중자애)'를 강조하고 있다.

원문에는 다음 문장이 이어진다.

言非禮義謂之自暴也언비예의위지자포야

吾身不能居仁由義謂之自棄也오신불능거인유의위지자기야

예의를 비방함을 '自暴(자포)'라 하고 '내 몸은 仁에 머물고 義를 따르는 일을 할 수 없다.' 하는 것을 '自棄(자기)'라 한다.

暴(포) : 사나울 포 ; 난폭하다. 해치다. 여기서는 '해치다.'의 의미.

棄(기) : 버릴 기. 포기할 기.

9_『孟子(맹자)』「離婁章句(이루장구)」 상편에 나오는 글이다.

10_ 이 글은 KBS 에서 방영한 사극 「정도전」에서 정몽주가 제자 등을 가르치는 장면에서 한 대사로도 유명한 글이다.

9.

太公曰태공왈

女無明鏡여무명경이면 不知面上精麄부지면상정추요

士無良友사무양우면 不知行步虧踰부지행보휴유니라[11]

태공이 말하기를

아녀자에게 맑은 거울이 없으면

얼굴이 거친지 깨끗한지를 알 수 없고

사내에게 좋은 친구가 없으면

자신의 행보가 부족한지 넘치는지를 알 수 없다.

여자에게 거울이 필요하듯, 사내에겐 좋은 벗이 필요하다. 좋은 벗은 진심 어린 충고를 하므로 그로 하여 자신의 과오를 알 수 있기 때문이다.

鏡(경) : 거울 경.

精(정) : 깨끗할 정.

麄(추) : '麤(거칠 추)'의 俗字(속자).

士(사) : 선비, 남자.

行步(행보) : 행위. 행적.

虧(휴) : 이지러질 휴 ; 모자람. 不及(불급).

踰(유) : 넘을 유. 넘칠 유 ; '過(과)'와 같은 뜻.

11_ 異本에는 士無良友 不知行步虧踰가 男無良友 不知己之有過(남무양우 부지기지유과) '사내에게 좋은 벗이 없으면 자신의 허물이 있음을 모르게 된다.' 로 나와 있다. 참고로 싣는다.

10.

孟子曰맹자왈
責善책선은 朋友之道也붕우지도야니라[12]

맹자께서 말씀하시기를
권면하여 선행으로 인도하는 것이 친구 간의 도리다.

> 濟人之惡不曰義(제인지악불왈의)
> 잘못이 있으면 따뜻한 말로 권면하여
> 선행으로 인도하는 것이 친구 간의 도리니,
> 악행을 방조함은 친구 간의 도리가 아니라는 것이다.

원문은 다음과 같다.
責善책선은 朋友之道也붕우지도야니
父子責善부자책선은 賊恩之大者적은지대자니라
선을 권함은 친구 간의 도리이니,
부자간에 책선함은 서로 간의 정(부자간의 정)을
해침이 클 것이니라.

그러므로 易子而教之(역자이교지)한 것이다.
부자지간에 책선함은 서로의 정을 해칠 수 있으니 조심하라는 것이 孟子(맹자)의 가르침이다.

12_『孟子(맹자)』「離婁章句(이루장구)」 하편에 나오는 글이다.

11.

結朋[13]결붕하되 須勝己수승기하라

似我사아면 不如無불여무니라

우정을 맺되(친구를 사귀되) 나보다 나은 사람을 사귀어라.

나와 대등한 사람이라면 차라리 없느니만 못하니라.

학식이나 인품이나 덕망이 나보다 나은 사람을 사귀란 뜻으로, 돈, 권력, 명예를 이르는 말이 아니다. 앞에 나온 10번 문장과 같은 의미로, 친구는 責善(책선)이 도리이므로 나보다 나은 사람을 사귀라는 것이다.

結朋(결붕) : 우정을 맺다. 사람을 사귀다.

勝(승) : 나을 승.

似(사) : 같을 사.

不如(불여) : ~만 못하다.

13_ 석시현문(昔時賢文)에는 結朋이 結交로 나와 있다. 뜻은 유사하므로 그대로 두었다.

12.

相識滿天下상식만천하하되

知心能幾人지심능기인고

서로 알고 지내는 이 천하에 가득한데

마음 알아주는 이 과연 몇이나 될까?

그렇다. 얼굴만 안다고 친구가 아니다. 마음을 알아주는 이가 진정한 친구다. 管鮑之交(관포지교)의 이야기를 빼놓을 수 없다.

齊(제)나라 관중과 포숙은 둘도 없는 친구였다. 그러나 관중은 가난하고 생활이 어려워 포숙을 여러 번 속였다. 포숙은 그것을 알면서도 잘 대해 주었다.

훗날 관중은 포숙에 대해 이렇게 적었다.

"나는 어렸을 때 그와 함께 장사를 하였는데 내가 이익금을 더 많이 차지하였는데도 욕심 많은 사람이라 하지 않았다. 내가 가난하다는 것을 알고 있었기 때문에. 또 내가 그를 위해 한 일이 잘못되어 궁지에 몰렸는데도 나를 원망하지 않았다. 일에는 성패가 있다는 것을 알고 있었기 때문에. 또 나는 전쟁터에 나가 도망친 적이 한두 번이 아니었는데 겁쟁이라 놀리지 않았다. 내게 노모가 계시다는 것을 알고 있었기 때문에. 아! 나를 낳아 준 이는 부모지만 나를 알아주는 이는 포숙뿐이다[生我者父母(생아자부모) 知我者鮑叔也(지아자포숙야)]."

과연 그대들은 포숙 같은 친구가 있는가?

13.

種樹莫種垂楊枝종수막종수양지하고

結交莫結輕薄兒결교막결경박아하라

나무를 심되 수양버들 가지를 심지 말고

친구를 사귀되 경박한 사람과 사귀지 마라.

> 나무를 심되 바람에 흔들려 줏대 없는 버들가지를 심지 말고
>
> 친구를 사귀되 重厚(중후)한 사람을 사귀어라.

垂楊(수양) : 수양버들. 바람에 흔들리므로 줏대 없음을 비유.

輕(경) : 가벼울 경.

薄(박) : 엷을 박.

14.

古人고인은 結交결교하되 惟結心유결심이나
今人금인은 結交결교하되 惟結意유결의니라

옛사람은 사귀되 오로지 마음으로 맺어 사귀었는데
지금의 사람은 사귀되 오로지 의도를 가지고 사귄다.

옛사람들은 오직 마음으로 사귀었는데 지금의 사람들은 의도(목적)를 가지고 이익과 권세와 명예를 쫓아 사귄다는 것이다.

얼마나 통쾌한 지적인가? 그 옛날 선현들의 삶 속에서 지적된 이치와 요즈음의 인간관계에서 드러나는 현상이 어찌 이리도 맞아 떨어진단 말인가. 과거를 통해 현재를 성찰한다는 측면에서 고전은 역시 가치 있는 것이다.

結交(결교) : 우정을 맺다. 친구를 사귀다.
惟(유) : 오직 유 ; 오로지.
意(의) : 뜻 의 ; 의도. 목적.

15.

宋弘曰송홍[14]왈

糟糠之妻不下堂조강지처불하당이요

貧賤之交不可忘빈천지교불가망이니라[15]

송홍이 말하기를

술지게미나 겨로 밥을 해 먹어야 될 만큼 어려웠던 시절을

함께 보낸 아내는 언제라도 함께하고

어렵고 힘든 시절 곁을 지켜준 친구는 언제라도 잊지 마라.

> 어려울 때 함께하여 곁을 지켜준 사람이 義理(의리) 있는 사람이니,
>
> 그 사람들의 은공과 우정을 잊지 말라는 가르침이다.

이 글은 東漢(동한) 광무제의 누나인 호양공주가 정직하고 후덕하며 정중한 송홍을 사모하자, 둘 사이를 맺어 주고자 광무제가 송홍의 뜻을 넌지시 물으니, 송홍이 집에 있는 아내를 생각하면서 한 명언이다.

糟(조) : 술지게미 조.

糠(강) : 겨 강.

不下堂(불하당) : 소중하게 생각하여 버리지 못함.

下堂(하당) : 내치다. 이혼하다.

14_ 宋弘(송홍) : 字(자)는 仲子(중자). 건무 2년 대사공이 됨. 東漢(동한) 광무제 때 인물.

15_『後漢書(후한서)』「宋弘傳(송홍전)」에 나오는 글로,『후한서』에는 '貧賤之交(빈천지교)'가 '貧賤之知(빈천지지)'로 나와 있다.

16.

施恩시은커든 於未遇之先어미우지선하고

結交결교커든 於貧寒之際[16]어빈한지제하라

은혜를 베풀려거든 그 환란(어려움)을 당하기 전에 먼저 돕고

우정을 맺으려거든 춥고 가난할 때(어려움을 당했을 때) 맺어라.

> 은혜는 어려움을 당하기 전에 베풀고
>
> 우정은 어려움을 당했을 때 맺어라.

그렇다. 우리는 대개 남을 도울 때 그 일이 일어난 뒤에, 어려운 일을 당한 뒤에 돕는다. 그러나 '焦頭爛額(초두난액)'의 고사에서 보듯이 평소 그러한 일이 일어나기 전에 관심을 두고 돕는 마음이 필요하다. 우정도 그렇다. 상대가 높은 지위에 있을 때, 넉넉할 때 친구를 맺으려 하는 것은 사람의 간사한 마음이다. 그러나 참다운 우정은 어려운 일을 당했을 때 친구가 되어 주는 것이다.

遇(우) : 만날 우 ; 여기서는 '당하다.'의 의미로 쓰였다.

遇難(우난) : 어려움을 당하다.

貧寒之際(빈한지제) : 빈한할 때.

焦頭爛額(초두난액) : 화재가 나지 않도록 미리 주의를 시킨 자에게는 그 고마움 모르더니, 화재가 난 뒤 그 불 끄느라 화상 입은 자는 대우함을 풍자한 사자성어.

16_ 淸州本(청주본)에는 '際(제)'가 '濟(제)'로 나와 있으나 誤記(오기)이므로 수정하였다.

17.

人情常似初相識인정상사초상식이면
到老終無怨恨心도로종무원한심이니라

사람이 항상 처음 알았을 때 마음으로 함께할 수 있다면
오랜 세월이 흘러도 서로 간에 서운한 마음이 결코 없을 것이다.

> 아! 얼마나 고맙고도 훌륭한 말씀인가?
> 세상사 제행무상이라지만 순간의 이해득실에 따라
> 너무나 쉽게 변하는 요즘의 인간관계를 돌아보아
> 초심을 잃지 말고 久而敬之(구이경지)하자.

人情(인정) : 사람의 마음.
常似(상사) : 항상 같다. 변함이 없다.
到老(도로) : 나이가 들어도. 오랜 세월이 흘러도.
怨恨(원한) : 여기서는 '서로 간의 서운한 마음'.

18.

酒食兄弟千箇有주식형제천개유나
急難之朋一箇無급난지붕일개무리

술 마시고 밥 먹으며 형제라고 하던 이, 천 명이나 되더니
급하고 어려우니 친구라고 나서는 이, 한 명도 없구나.

> 넉넉하여 함께 술 마시고 밥 먹을 땐 호형호제 하던 이
> 그렇게나 많더니 막상 어려워져 급한 일, 어려운 일 터지니
> 친구라고 나서는 이 한 명도 없구나.
> 아! 인간사 炎凉世態(염량세태)를 얼마나 잘 대변한 말인가?

箇(개) : 낱 개 ; 물건이나 사람을 세는 단위.
酒食兄弟(주식형제) : 술 마시고 밥 먹으며 형제라고 가까이한 사람.
急難之朋(급난지붕) : 어렵고 힘들 때 곁을 지켜 주는 친구.

19.

不結子花休要種불결자화휴요종이요

無義之朋不可交무의지붕불가교니라

열매 맺지 않는 꽃나무는 심을 필요 없고(심지를 말고)

의리 없는 친구와는 사귀지 마라.

不結子花(불결자화) : 有實樹(유실수)의 반대. *子(자) : 여기서는 '열매'의 의미로 쓰였다.

休(휴) : 쉴 휴 ; ~마라.

無義(무의) : 의리 없는.

20.

君子之交군자지교는 淡如水담여수하고

小人之交소인지교는 甘若醴감약례니라[17]

군자의 사귐은 담백하여 물과 같고

소인의 사귐은 달콤하여 단술과 같다.

> 군자의 사귐은 헛된 꾸밈이 없어 흡사 흐르는 물처럼 담백하지만
> 소인의 사귐은 목적 의식이 있어 가까이하기에,
> 이용가치가 있을 때는 간이라도 내줄 듯하다가
> 그렇지 못한 경우에는 언제 그랬냐는 듯 돌아서는 모습이,
> 달지만 금세 쉬어 버리는 단술과 같다는 것이다.

원문에는 다음 글이 이어진다.

君子淡以親군자담이친 小人甘以絶소인감이절

군자는 담담하므로 그 정이 더 깊어지고,

소인은 달콤하기에 그 정이 끊어지는 것이다.

같은 의미로, 『禮記(예기)』에 '君子之接如水(군자지접여수) 小人之接如醴(소인지접여례) 君子淡以成(군자담이성) 小人甘以壞(소인감이괴)'라는 글이 있다. 윗글의 내용과는 조금 다르다.

17_『莊子(장자)』「山木篇(산목편)」에 나오는 글이다.

21.

人用財交인용재교요
金用火試금용화시니라[18]

그 사람의 용도(쓸모)는 재물로 사귀어 보면 알 수 있고
그 쇠붙이의 쓸모는 불에 시험해 보면 알 수 있다.

의역하면 다음과 같다.
상대를 알고자 한다면 재물로 사귀어 보고
그 쇠붙이를 알고자 한다면 불에 녹여 보아라.
(그 사람의 진심은 돈거래를 해 보면 드러난다는 속언이다.)

用(용) : 쓸 용 ; 용도. 능력.
財交(재교) : 재물로 사귀다. 재물을 주고받다.
試(시) : 시험할 시.

18_ 人用金試 金用火試 : 개인적인 생각으로 이 문장이 맞을 듯하다. 그 사람의 쓸모는 돈으로 시험해 보면 알 수 있고 쇠붙이의 쓸모는 불에 시험해 보면 알 수 있다.

22.

水持杖探수지장탐 知深淺지심천이요

人與財交인여재교 便見心변현심이니라

물은 막대기로 더듬어 보아야 깊고 얕음을 알 수 있고

사람은 재물과 함께 사귀어 봐야 그 마음을 알 수 있다.

의역하면 다음과 같다.

물은 막대기를 꽂아 봐야 깊고 얕음을 알 수 있고,

사람은 재물로 사귀어 봐야 비로소 그 마음을 알 수 있다.

앞에 나온 21번 문장과 같은 의미의 글이다.

持(지) : 가질 지.

杖(장) : 막대 장.

探(탐) : 탐색할 탐. 더듬을 탐.

淺(천) : 얕을 천.

與(여) : 줄 여. 함께할 여 ; 여기서는 '與'와 '持'가 같은 의미다.

便(변) : 문득 변. 비로소 변.

23.

仁義인의를 莫交財막교재하라
交財교재면 仁義絶인의절이니라

도리를 다하고자 한다면 재물로 사귀지 말라.
재물로 사귀면 도리는 끊어지느니라.

> 훌륭한 인간관계를 유지하고자 한다면
> 상대와 재물로 사귀지 말라.
> 재물로 사귀면 도리는 끊어지느니라.

仁義(인의) : 도덕의 핵심. 사람이 지켜야 할 도리.

24.

路遙知馬力노요지마력이요

日久見人心일구견인심이니라[19]

먼 길을 가 봐야 말의 능력을 알 수 있고

세월이 흘러 봐야 그 사람의 마음을 알 수 있다.

'路遙知馬力(노요지마력)'은 원곡선이 쓴 『爭報恩(쟁보은)』에도 나오는 글로, '路遙知馬力(노요지마력) 疾風知勁草(질풍지경초) – 먼 길을 가 봐야 말의 힘을 알 수 있고, 세찬 바람 속에 강한 풀을 안다.'로 인용되었다.

바꿔 말하면, 훌륭한 인재는 역경 속에서 빛을 발하는 것이고, 친구는 오래 사귀어 봐야 그 진가를 알 수 있다. 그래서 친구와 술은 묵힐수록 진국이 된다는 얘기를 하는 모양이다.

路(노) : 길 노(로).

遙(요) : 멀 요.

久(구) : 오랠 구.

見(견) : 볼 견 ; 알다.

19_『通俗篇(통속편)』에 나오는 글이다.

명심보감에 등장하는 대표적 인명 (가나다순)

01. 강절소선생(康節邵先生) : 송(宋)대의 유학자. 이름 옹(雍). 자(字) 요부(堯夫).

02. 공자(孔子) : 유교의 시조이며 사상가. 이름 공구(孔丘). 자(字) 중니(仲尼).

03. 노자(老子) : 자(字) 담(聃). 본명 이이(李耳).

04. 맹자(孟子) : 공자 다음가는 성인이라 하여 아성(亞聖)이라 불림.

05. 명도선생(明道先生) : 이름 정호(程顥). 동생 정이(程頤)와 함께 '이정자(二程子)' 로 불림.

06. 소동파(蘇東坡) : 이름 소식(蘇軾). 호(號) 동파(東坡).

07. 순자(荀子) : 전국시대 조(趙)나라 사람. 이름 순황(荀況). 자(字) 순경(荀卿).

08. 열자(列子) : 전국시대 정(鄭)나라 사람. 성(姓) 열(列). 이름 어구(禦寇).

09. 염계선생(濂溪先生) : 북송(北宋) 의 학자. 이름 주돈이(周敦頤). 호(號) 염계(濂溪).

10. 유자(有子) : 공자의 제자인 유약(有若, BC 508~?). 자(字) 자유(子有).

11. 이천선생(伊川先生) : 북송(北宋)의 학자. 이름 정이(程頤).

12. 자장(子張) : 공자(孔子)의 제자. 이름 사(師). 자(字) 자장(子張).

13. 장사숙(張思叔) : 북송(北宋)의 학자. 정이천(程伊川)의 제자.

14. 장자(莊子) : 전국시대 송(宋)나라에서 태어나 노자(老子)사상을 계승함. 이름 주(周).

15. 주문공(朱文公) : 주자(朱子). 이름 주희(朱熹). 자(字) 원회(元晦). 호(號) 회암(晦庵).

16. 증자(曾子) : 공자(孔子)의 제자. 이름 삼(參). 자(字) 자여(子輿).

17. 태공(太公) : 이름 강여상(姜呂尚). '강태공(姜太公)' 이라 불림.

18. 포박자(抱朴子) : 이름 갈홍(葛洪). 호(號) 포박자(抱朴子).

제20편 | 부행편

婦行篇

아녀자가 따라야 할 도리

아녀자들이 따라야 할 도리를 적은 글의 모음이다.

1.

子曰자왈

婦人부인은 伏於人也복어인야니

是故시고로 無專制之義무전제지의하여

三從之道삼종지도하니

在家從父재가종부하고 適人從夫적인종부하고

夫死從子부사종자하여 無所敢自遂也무소감자수야니라

教令不出閨門교령불출규문하여

事在饋食之間而已矣사재궤식지간이이의이니라

是故女及日乎閨門之內시고여급일호규문지내니라

不百里奔喪불백리분상하며 事無擅爲사무천위하고

行無獨成행무독성이니

參知而後動참지이후동하며 可驗而後言가험이후언하고

晝不遊庭주불유정하며 夜行以火야행이화하나니

所以正婦德也소이정부덕야니라[1]

공자께서 말씀하시기를

부인은 모든 이에게 자신을 낮춘다.

이러한 까닭에 모든 일을 자기 뜻대로 해서는 안 되는 것이

도리여서 삼종의 도를 따라야 하나니

친가에 있을 때는 부모의 뜻을 따르고

시집을 가서는 남편의 뜻을 따르고

1_『孔子家語(공자가어)』, 『大戴禮記(대대예기)』에 나오는 글이다.

남편이 세상을 뜨면 자식의 뜻을 따라야 하므로
감히 스스로 할 수 없는 것이다.
아녀자는 문밖으로 나가지 않게 가르쳐
그 일이 음식을 만들어 해 올리는 일에 있게 할 뿐이다.
그러므로 아녀자는 종일토록 하는 일이 집안일에 미칠 뿐이다.
(설혹 부모가 돌아가셨다고 해도) 백 리를 넘어 문상하지 않으며
일을 독단적으로 하거나, 처리함에 홀로 결정해서는 안 되느니
가족과 상의한 뒤에 처리하며, 증거가 있는 것만을 말하며
낮에는 뜰에 나가 놀지 않으며 밤에는 등불을 들고 다녀야 하나니
(이것이) 바로 부덕을 바로 하는 일이기 때문이다.

현대를 살아가는 사람들의 인식과는 동떨어지는 내용이나 고대의 문화와 사상을 연구하는 자료 차원에서 싣는다. 다만, '모든 일을 가족과 相議(상의)한 후에 처리하라.', '증거가 있는 것만 말하여 말 조심하라.' 부분은 새겨 둘 만한 글귀다.

專制(전제) : 독단으로 일을 처리함.
適(적) : 시집갈 적 ; 만나다. 맞이하다.
敎令(교령) : 부모의 명령. '敎化(교화)'를 이름.
饋(궤) : 먹일 궤.
饋食(궤식) : 음식을 해 올리다.
奔(분) : 달릴 분. '犇(달아날 분)의 옛 글자.
奔喪(분상) : 초상에 달려감. 먼 곳에 계신 어버이가 돌아가셨다는 소식에 급히 집으로 달려감.
擅(천) : 멋대로 천.

2.

益智書익지서에 云운하되

女有四德之譽여유사덕지예하니

一曰婦德일왈부덕이요 二曰婦容이왈부용이요

三曰婦言삼왈부언이요 四曰婦工也사왈부공야니라

익지서에 이르기를

아녀자는 네 가지 덕을 갖춤으로 칭송을 받는 것이니

그 첫째는 부덕(마음씨)이요, 두 번째는 부용(맵시)이요

세 번째는 부언(말씨)이요, 네 번째 부공(솜씨)이다.

婦德者부덕자 不必才名絕異불필재명절이요

婦容者부용자 不必顏色美麗불필안색미려이며

婦言者부언자 不必辯口利詞불필변구이사요

婦工者부공자 不必伎巧過人也불필기교과인야니라

부덕이란, 반드시 재주와 명망이 다른 사람보다

뛰어나야 한다는 것이 아니며

부용이란, 반드시 얼굴이 아름답다는 것을 의미하는 게 아니며

부언이란, 반드시 미사여구를 이용하여 말을 잘하는 것을

의미하는 게 아니며

부공이란, 반드시 다른 사람보다 재주와 기교가 빼어나야 함을

말하는 게 아니다.

其婦德者기부덕자 淸貞廉節청정염절로 守分整齊수분정제하고
行止有恥행지유치하며 動靜有法동정유법함이
此爲婦德也차위부덕야요

그 부덕이란, 청렴하고 곧은 성품으로 분수를 지켜 흐트러짐이 없고
행하고 멈추는 데 부끄러움이 있으며
움직이고 쉬는 데[一動一靜(일동일정)] 법도가 있는 것
이것을 일러 부덕이라 하는 것이요

婦言者부언자 擇辭而說택사이설로 不說非語불설비어하고
時然後言시연후언하여 人不厭其言인불염기언함이
此爲婦言也차위부언야며

부언이란, 말을 가려 함으로써 이치에 어긋나는 말을 하지 않으며
때가 이른 後(말을 해야 할 때) 말을 하여
사람들이 그 말을 싫어하지 않게 함이 부언이며

婦容者부용자 洗浣塵垢세완진구하여 衣服鮮潔의복선결하고
沐浴及時목욕급시하여 一身無穢일신무예함이
此爲婦容也차위부용야며

부용이란, 먼지를 털어내고 빨래를 하여 의복을 깨끗이 하고
때맞추어 씻어 몸을 깨끗하게 유지함이니

이를 일러 부용이라 하는 것이요

婦工者부공자 專勤紡織전근방직으로 勿好葷酒[2]물호훈주하며
供具甘旨공구감지하여 以奉賓客이봉빈객이
此爲婦工也차위부공야니라

부공이란, 부지런히 실을 뽑아 옷감을 짤 뿐
술과 향신료를 즐겨하지 않으며
맛있는 음식을 장만하여 손님을 잘 모시는 것
이를 일러 부공이라 하는 것이다.

此四德者차사덕자 是婦人之大德也시부인지대덕야라
爲之甚易위지심이니 務在於正무재어정하여
依此而行의차이행이면 是爲婦節也시위부절야니라

이 네 가지 덕은 부인들이 지켜야 할 큰 덕성이니
실천하기로 하면 매우 쉬운 일이다(그리 어려운 일이 아니다).
바르게 실천하도록 노력하여 이대로만 행할 수 있다면
이것이 바로 아녀자가 지녀야 할 범절이 되는 것이다.

소위 여성 상위 시대를 살아가고 있는 요즘 여성들이 이 글을 보

2_ 淸州本(청주본)에는 '勿好葷酒(물호훈주)'의 '葷酒'가 '暈酒'로 나와 있으나 誤刻(오각)인 듯하여 수정하였다.

면 콧방귀를 날릴 수도 있다. 그러나 부덕[마음씨], 부용[맵시], 부언[말씨], 부공[솜씨]으로 대별되는 네 가지 덕을 갖추라 함을 웃어넘길 일만은 아니라고 본다. 溫故而知新(온고이지신)에 입각하여 옛 전통을 취사선택한다면 흔들리는 현대 가정을 지키는 데 매우 긍정적인 요소로 작용할 수 있으리라 믿는다.

葷(훈) : 매울 훈. 냄새날 훈 ; 향신료. 옛날에는 술과 향신료가 수양의 걸림돌이 된다고 여겼다. 그리하여 '한번 빠지면 여행 때도 휴대해야 할 만큼 헤어나기 어렵다.'고 『莊子(장자)』에 나와 있다. 그러기에 '勿好葷酒(물호훈주)'라 한 것이다.

暈(훈) : 무리 훈 ; 해나 달의 주위를 두른 둥근 테 모양의 빛.

譽(예) : 칭찬할 예 ; 명예.

絶(절) : 끊을 절. 빼어날 절.

利詞(이사) : 利舌(이설)과 같은 뜻. 말을 잘하는 것.

伎(기) : 재주 기.

恥(치) : 부끄러울 치.

厭(염) : 싫을 염.

浣(완) : 씻을 완.

塵(진) : 먼지 진.

垢(구) : 때 구.

穢(예) : 더러울 예.

紡(방) : 실 뽑을 방.

織(직) : 짤 직.

甘旨(감지) : 맛있는 음식.

3.

太公曰태공왈

婦人之禮부인지례는

語必細(聲?)어필세(성?)하고

行必緩步행필완보하며 止則斂容지즉렴용하고

動則躊躇동즉주저하며 耳無餘聽이무여청하고

目無餘視목무여시하며 出無諂容출무도용하여

廢飾裙褶폐식군습하고 不窺牆壁불규장벽하고

不觀牖户불관유호하며 早起夜眠조기야면하여

莫憚勞苦막탄노고하고 戰戰兢兢전전긍긍하여

常憂玷辱상우점욕이니라

태공이 말하기를

부인이 지켜야 할 예절은

말은 부드럽고 나지막한 소리로 하여야 하며

걸음걸이는 천천히 느리게 걸어야 한다.

집에 있을 때는 용모를 단정히 하여 조심하고

거동함에는 느긋함이 있어야 한다.

귀로는 도리에 어긋난 소리를 듣지 않으며

눈으로는 예에 어긋난 것을 보지 않으며

밖에 나갈 때는 의심받을 만한 용모를 꾸미지 않아

장식은 떼어 버리고 덧치마를 입을 것이며

남의 집 담 넘어 훔쳐보지 말고

창문이나 문틈으로도 들여다보지 마라.
아침 일찍 일어나 잠들 때까지 힘들고 어려워도 피하지 않으며
(매사를) 두려워하고 조심하고 또 조심하여
항상 치욕을 당하지 않을까 근심하는 마음을 지녀라.

淸州本(청주본)에는 '太公曰 語必細○ 行必緩步'로 되어 있어, 지금까지는 '太公曰 語必細'를 독립된 한 문장으로 봐 왔는데, 필자는 語必細( )로 보고, 아래 글 行必緩步와의 對句로 생각했다. 그래야 글자 수도 맞고, 앞뒤 문맥이 맞다.

아울러 '語必細(?)'에서는 '聲'이 빠진 게 아닌가 추정된다.

그러므로 '婦人之禮(부인지례)는 ㊀語必細聲(어필세성)하고 行必緩步(행필완보)하며 止則斂容(지즉렴용)하고 動則躊躇(동즉주저)'로 言行動止(언행동지)가 되어 의미가 맞다.[3]

참고로 越南本(월남본)에는, '太公曰(태공왈) 婦人之禮(부인지례)는 耳無餘聽(이무여청) 目無餘視(목무여시) 不窺牆壁(불규장벽) 不觀戶牖(불관호유)'로 나와 있다.

躊躇(주저) : 머뭇거릴 주. 머뭇거릴 저 ; 주저. 느긋함.
*淸州本(청주본)에 '躇'는 誤刻(오각)인 듯하다.

諂(도) : 의심할 도. *淸州本(청주본)의 '諂(첨)'은 誤刻(오각)으로 보인다.

窺(규) : 훔쳐볼 규. *'規'는 誤刻(오각)으로 보인다.

3_ 청주본은 다음 문장으로 넘어갈 때 ○표시를 하였다. 그러므로 語必細(어필세)를 한문장으로 보고 편집본에도 太公曰(태공왈) 語必細(어필세)만 나와 있어 혼동을 자초하였다는 것이 필자의 소견이다. ○가 아니고 ( )로 보아 앞뒤가 연결된 문장이란 뜻이다.

4.

賢婦현부는 令夫貴영부귀하고

惡婦악부는 令夫賤영부천이니라[4]

현명한 아내는 남편을 귀하게 만들고

못된 아내는 남편을 천박하게 만든다.

> 성공한 사람 뒤에는 賢明(현명)한 아내가 있다.
>
> 內助(내조)의 공을 강조한 글이다.

그렇다면 과연 賢婦(현부)란 어떤 아내일까? 옛글이 있어 적는다.

有德女유덕여 且服且使於夫차복차사어부

덕이 있는 아내는 한편으로 따르고 한편으론 바른길로 안내하는 아내다.

賢婦(현부) : 현명한 아내.

令(영) : 하여금 영.

惡婦(악부) : 못된, 사악한 아내.

4_ 昔時賢文에 나오는 글이다.

5.

家有賢妻가유현처면

夫不遭横事부부조횡사니라

집안에 현명한 아내가 있으면

그 남편이 부정한 일에 연루되지 않는다.

淸州本(청주본) 이하 모든 『明心寶鑑(명심보감)』에 '横事(횡사)'가 '横禍(횡화)'로 되어 있다. '横禍'로 하면 '집안에 어진, 또는 현명한 아내가 있으면 그 남편은 뜻밖의 재앙이나 화를 당하지 않는다.'로 된다. 뜻밖의 재앙은 그야말로 뜻밖의 재난이어서 人力(인력)으로 되는 게 아니라는 의심을 갖던 중, 『通俗篇(통속편)』 倫常(윤상)에 '家有賢妻丈夫不遭横事(가유현처장부부조횡사)'로 나와 있음을 발견하였다. 丈夫는 夫의 뜻과 같으니 그대로 두고, '横禍'를 '横事'로 하였다. 그렇게 되면, '집안에 현명한 아내가 있으면 그 남편이 부정한 일에 연루되지 않는다.'는 뜻이 되어 그 의미가 明確(명확)하다.

遭(조) : 만날 조. 당할 조.

横事(횡사) : 부정한 일.

6.

賢婦현부는 和六親화육친이요

佞婦영부는 破六親파육친이니라

어진 아내는 온 집안을 화목하게 하고

못된 아내는 온 집안의 화목을 깨뜨린다.

> 한 집안의 화목 여부는 안식구에게 달려 있다.

六親(육친) : 부 · 모 · 형 · 제 · 처 · 자 ; 한 집안 = 六戚(육척).

和(화) : 화할 화.

佞(녕) : 간사할 녕. 망녕될 녕. 아첨할 녕 ; 僞善(위선).

破(파) : 깨뜨릴 파.

7.

或問혹문하되 孀婦於理似不可取상부어리사불가취는

如何여하니이고

伊川先生曰이천선생왈

凡取以配身也범취이배신야라

若取失節者약취실절자면 是己失節也시기실절야라

又問우문하되 或有孀婦혹유상부가 貧窮無托者빈궁무탁자면

可再嫁가재가니이고

否曰부왈 只是後世怕寒餓死지시후세파한아사하여

故有是說然고유시설연이나 餓死事極小아사사극소요

失節事極大실절사극대니라[5]

혹자(어떤 이)가 묻기를

"과부와는 혼인해서는 안 된다는 법이 있던데 어째서입니까?" 하자

이천 선생이 말하기를

"무릇 혼인이란 자신의 짝을 취하는 일인데,

만약 실절한(법도를 잃은) 자를 취하게 되면

이는 스스로가 실절하게 되는 것이기 때문이다."

(그러자) 또 묻기를

"만약 어떤 청상과부가 곤궁하여 의지할 곳이 없는 자라면

再嫁(재가)하는 일이 可(가)합니까?" 하자

5_ 이 글 역시 당시 문화의 이해 차원에서 싣는다.

"아니다."라고 말하면서
"이는 다만 후세에 춥고 가난하여
굶어 죽는 사람이 있을까 두려워하여 이러한 말이 있을 수 있겠으나
(중요한 것은) 굶어 죽는 일은 극히 사소한 일이요
절개를 잃는 것은 극히(심히) 큰일이기 때문이다."라고 했다.

시대에 맞지 않은 글이다. 다만 다른 환경에서 자란 남녀가 만나 동반자가 된다는 것은 인생에서 최대의 변곡점이 되는 것이니, 서로 화합하여 인생 여정을 끝까지 함께함은 무엇보다 축복된 일이다. 따라서 이천 선생이 설파한 대로 여성들은 모름지기 법도를 잃지 않도록 삼가고 또 삼갈 일이다.

孀(상) : 과부 상.
取(취) : 가질 취 ; 취하다. 혼인하다.
配(배) : 짝 배 ; 배필.
托(탁) : 밀 탁. 맡길 탁.
嫁(가) : 시집갈 가.
餓(아) : 배고플 아.
極(극) : 끝 극.

8.

列女傳열녀전[6]에 曰왈

古者고자는 婦人姙子부인임자면

寢不側침불측하고 坐不邊좌불변하고 立不蹕입불필하며

不食邪味불식사미하고 割不正不食할부정불식하며

席不正不坐석부정부좌이더라

目不視邪色목불시사색하고 耳不聽淫聲이불청음성하며

夜則令瞽誦詩야즉령고송시하고 道正事도정사더라

如此則生子여차즉생자하니 形容端正형용단정하고

才過人矣재과인의니라[7]

열녀전에서 말하기를

옛날 부인들은 회임(아이를 임신)을 하면(몸과 마음을 조심하여)

옆으로 눕지 않으며, 모서리에 앉지 아니하며

외발로 서지 않으며, 부정한 음식을 먹지 않으며

바르게 자른 음식이 아니면 먹지 않으며

부정한 자리라면 앉지 않았다.

눈으로는 부정한 모습을 보지 않으며

귀로는 속된 음악을 듣지 않으며

밤이 되면 소경(시각장애인)을 불러 시를 외우게 하여(듣고)

법도에 맞는 말만 하였다.

6_『列女傳(열녀전)』: 漢(한)나라 劉向(유향)이 지은 책. 전7권.

7_『列女傳(열녀전)』과 『小學(소학)』「立教篇(입교편)」에 나오는 글이다.

이렇게 (정성을 다하여) 아이를 낳으니

그 모습이 단정하고 재주가 뛰어나더라.

> 태교에 관한 명문이다.
>
> 배 속의 아이도 이런 마음으로 가르치는 법인데
>
> 아이를 낳아 기르는 부모의 자세는 어찌해야 할까?

列女(열녀) : 성품이 단정하고 정조가 굳은 여자. '烈女(열녀)'와 같은 뜻.

姙(임) : 아이 밸 임.

側(측) : 곁 측.

邊(변) : 갓 변.

蹕(필) : 기댈 필. 한 발로 설 필.

邪味(사미) : 부정한 음식.

割(할) : 자를 할. 벨 할.

瞽(고) : 소경 고.

道(도) : 말할 도.

誦(송) : 외울 송.

淫聲(음성) : 외설스런 소리. '正樂(정악)'의 反對(반대) 의미인 俗樂(속악).

『김병조의 마음공부』는 이 글로 마지막을 장식한다.

「繼善篇(계선편)」'子曰(자왈) 爲善者(위선자) 天報之以福(천보지이복)'으로 시작하여 '如此則生子(여차즉생자) 形容端正(형용단정) 才過人矣(재과인의)'「婦行篇(부행편)」 태교의 글까지 『明心寶鑑(명심보감)』의 글을 모두 옮기고 필자가 내린 結論(결론)은 이렇다.

선행[爲善(위선)]으로 후세[後孫(후손)]의 모범이 되자.

총 20편 781구절의 주옥같은 명문을 한 줄로 꿰고 보니 시공을 넘어 '청주판 명심보감' 출간을 위해 노심초사했을 忠淸監司(충청감사) 閔騫(민건), 淸州牧使(청주목사) 皇甫恭(황보공), 牧判官(목판관) 具人文(구인문), 都事(도사) 金孝給(김효급), 儒學教授官(유학교수관) 庾得和(유득화), 이 다섯 분의 염원이 울려 오는 듯하다.

無人不學善教무인불학선교 興民風淳흥민풍순
傳之後世無窮矣전지후세무궁의 豈曰小補之哉기왈소보지재
모든 사람들이 이 책을 통해 마음을 맑고 바르게 하여
인성을 순화시켜 아름다운 사회를 만들어 후세에 오래도록
전할 수만 있다면 이것이 어찌 작은 일이겠는가.

동양 인문학의 진수
청주판 명심보감

김병조의 마음공부 [下]

초판 1쇄 펴낸날 2014년 10월 30일
초판 4쇄 펴낸날 2021년 1월 15일

옮긴이 김병조
펴낸이 서경석
편집장 권태완 | **편집** 류미진, 서지혜, 이문영
디자인 김민희, 박보라 | **마케팅** 서기원
펴낸곳 청어람M&B | **출판등록** 2009년 4월 8일(제313-2009-68호)
주소 경기도 부천시 원미구 부일로 483번길 40 서경빌딩 3층 (우)420-822
전화 032-656-4452 | **팩스** 032-656-4453
전자우편 chungeorambook@daum.net

ISBN 979-11-953326-4-9 04100
ISBN 979-11-953326-2-5 (세트)

※이 도서의 국립중앙도서관 출판예정도서목록(CIP)은 서지정보유통지원시스템 홈페이지(http://seoji.nl.go.kr)와
국가자료공동목록시스템(http://www.nl.go.kr/kolisnet)에서 이용하실 수 있습니다
(CIP제어번호 : CIP2014027532)